湖南省非物质文化遗产概论

主　编　余会春　王含光

副主编　聂敦格　周新娟　张　野

编　委　黄丽玲　李旻宓　周学斯

　　　　王应子　夏梦筠　窦　骏

　　　　陈　俊　翟　清　喻　佳

　　　　张敏敏

中南大学出版社　·长沙·
www.csupress.com.cn

图书在版编目(CIP)数据

湖南省非物质文化遗产概论／余会春，王含光主编.
—长沙：中南大学出版社，2021.8
湖南艺术职业学院公共课立体化规划教材
ISBN 978-7-5487-4492-4

Ⅰ.①湖… Ⅱ.①余… ②王… Ⅲ.①非物质文化遗
产—介绍—湖南—职业教育—教材 Ⅳ.①G127.64

中国版本图书馆 CIP 数据核字(2021)第 112727 号

湖南省非物质文化遗产概论
HUNANSHENG FEIWUZHI WENHUA YICHAN GAILUN

主编 余会春 王含光

□责任编辑	陈应征	
□责任印制	唐 曦	
□出版发行	中南大学出版社	
	社址：长沙市麓山南路	邮编：410083
	发行科电话：0731-88876770	传真：0731-88710482
□印　　装	湖南省汇昌印务有限公司	

□开　　本　787 mm×1092 mm　1/16　□印张 13.25　□字数 331 千字
□互联网+图书　二维码内容　视频 7 小时 33 分钟　音频 1 分 23 秒
□版　　次　2021 年 8 月第 1 版　□2021 年 8 月第 1 次印刷
□书　　号　ISBN 978-7-5487-4492-4
□定　　价　39.00 元

丛书编委会

◇ **主　审**

余会春　黄新平

◇ **主　任**

王含光　李　莉

◇ **编　委**（按姓氏笔画排序）

卢　璇　付媛媛　刘晓飞　李星龙

谈大双　龚洁薇　谭志斌

前　言

　　非物质文化遗产是人类的生命记忆，也是人类创造力的精神源泉。湖南历史文化底蕴深厚，非物质文化遗产丰富多彩，在 2019 年文化和旅游部公布的数据中湖南省共有 10 个大类，4000 余个非物质文化遗产项目，其中国家级非物质文化遗产项目就有 118 个。细致华美的湘绣、韵味十足的花鼓戏、古朴浑厚的傩戏和技艺超群的醴陵釉下五彩瓷，每一个非物质文化遗产项目的背后都承载着文化记忆和岁月沧桑，蕴藏着的是精湛技艺、思维形式和精神内涵。

　　根据中共中央办公厅、国务院办公厅《关于实施中华优秀传统文化传承发展工程的意见》和教育部关于《完善中华优秀传统文化教育指导纲要》的通知要求，推动非物质文化遗产"进校园进课堂"成为各级各类学校的重要工作。湖南艺术职业学院是以戏剧、音乐、舞蹈等表演艺术专业为特色，涵盖各艺术门类的综合性高等院校，一直致力于文化艺术的传承、保护和发展。面对当前湖南非物质文化遗产教材匮乏的现状，我们组建了优秀教师团队共同撰写本教材，旨在让青年学生了解本地区、本民族的历史文化，提升民族自豪感和自信心，激发他们爱国、爱家乡的热情，在传统文化的滋养中成为文化的传承者、传播者、保护者。

　　本教材共四章内容，以湖南非物质文化遗产为视角，介绍了非物质文化遗产的基本知识、非物质文化遗产的保护工作、非物质文化遗产的经典代表项目和非物质文化遗产的法律保障，形成了一个完整的逻辑体系。教材注重理论阐述与项目描述的结合，力图使学习者对非物质文化遗产能够全方位全过程地了解。教材囊括了湖南省国家级非物质文化遗产项目的全部内容，案例丰富、图文并茂、直观实用、趣味性强，既可作为湖南高校非物质文化遗产相关专业的基础课教材，也可作为各专业学生的美育课教材，还可作为大众普通读物。本教材体现"互联网+纸质"的编撰理念，充分利用网络"数据化、移动化、个性化、精准化"的优势，构建了立体化的教材内容。

　　本教材由余会春、王含光担任主编，负责统稿、审稿。聂敦格、周新娟、张野担任副主编，负责把握结构和风格的统一。参编人员及具体分工为：第一章王含光，第二章周新娟，第三章第一节余会春、窦骏，第二节张敏敏、窦骏，第三节喻佳、李旻宓，第四节陈俊、李旻宓、周学斯，第五节翟清、周学斯、王应子，第六节王应子，第七节翟清、王应子，第八、第九、十节聂敦格、夏梦筠，第四章黄丽玲、张野。本教材在编写过程中得到了湖南省文旅厅相关部门的大力支持，在此表示感谢。

　　由于本教材参编人数较多，编写水平有限，观点和认识难免有不妥之处，欢迎各位批评指正，以便再版时予以修正，使其日臻完善。

编　者

2021 年 3 月 20 日

目 录

第一章 非物质文化遗产概述

中国是一个有着五千年文明史的古老国度，56 个民族共同生活在这片热土上，他们用歌声传承文化，用服饰记载历史，用舞蹈渲染生命，最终形成了一批博大精深、丰富多彩且具有浓郁地域特色的非物质文化遗产。这些非物质文化遗产在历史、艺术、宗教、人类学、社会学、语言学、文学和手工艺等方面具有突出价值，它们是中华文化的优秀代表，也是世界文化的精粹。非物质文化遗产在代代相传中不断发展和创新，同时随着所处环境、与自然界的相互关系和历史条件的不断变化，很多有价值的非物质文化遗产也遇到濒临消失的危险。近几年国家高度重视中华优秀传统文化的传承，在非物质文化遗产的抢救、保护和宣传方面做了大量工作，"非物质文化遗产"已经从一个陌生的概念开始家喻户晓，许多青年人自觉加入到了非物质文化遗产的保护者行列。本章主要介绍非物质文化遗产的概念、分类、特征、价值以及湖南省非物质文化遗产的形成和分布。

第一节 非物质文化遗产的概念和分类

随着人民生活水平的不断提高，丰富的精神文化生活越来越成为人们的热切需求，非物质文化遗产已经悄然走进了人们的生活。什么是非物质文化遗产？非物质文化遗产有哪些类别？许多人的认识还是比较模糊的。掌握这些基本知识是我们了解湖南省非物质文化遗产的基础和前提。

一、非物质文化遗产的概念

(一)《保护非物质文化遗产公约》的定义

1. 概念的提出

国际公约中非物质文化遗产概念的确定有一个演变过程。1972 年联合国教科文组织大会第 17 届会议在巴黎通过的《保护世界文化和自然遗产公约》(*Convention Concerning the Protection of the World Cultural and Natural Heritage*)中，规定了文化遗产和自然遗产的定义。根据该公约的精神，联合国教科文组织自 1976 年开始实施《世界遗产名录》项目，其中只提到"文物""建筑群"和"遗址"三类物质文化遗产，未涉及非物质文化遗产。1989 年联合国教科文组织大会第 25 届会议通过了《关于保护传统文化与民俗的建议》(*Recommendation on the*

Safeguarding of Traditional Culture and Folklore），该《建议》指出：会员国对民众或社团具有象征意义精神价值的"非物质遗产"要给予更大的关注，呼吁政府通过立法的形式保护民间文化。1997 年 11 月，联合国教科文组织第 29 次全体会议又通过了"联合国教科文组织宣布人类口头遗产优秀作品"的决议。上述的建议和决议虽已涉及非物质文化遗产问题，但并没有明确提出非物质文化遗产的概念。1998 年联合国教科文组织正式提出了"非物质文化遗产"的概念，并于同年 10 月通过了《人类口头与非物质文化遗产工作条例》，"人类口头和非物质遗产"的定义来自《关于保护传统文化与民间创作的建议》，即"人类口头和非物质遗产"的定义其实就是民间创作的定义。经过多年的努力，联合国教科文组织第 32 届大会通过了《保护非物质文化遗产公约》（*the Convention for the Safeguarding of the Intangible Cultural Heritage*），该公约使用了规范的非物质文化遗产的概念，并详细界定了非物质文化遗产的概念、非物质文化遗产包括的范围。

2.什么是非物质文化遗产

《保护非物质文化遗产公约》指出：非物质文化遗产指被各群体、团体、有时为个人所视为其文化遗产的各种实践、表演、表现形式、知识体系和技能及其有关的工具、实物、工艺品和文化场所。各个群体和团体随着其所处环境、与自然界的相互关系和历史条件的变化，不断使这种代代相传的非物质文化遗产得到创新，同时使他们自己具有一种认同感和历史感，从而促进了文化多样性和激发人类的创造力。①

（二）我国对"非物质文化遗产"概念的补充

《保护非物质文化遗产公约》所界定的非物质文化遗产概念是面对世界各国、各种文化样式的，在很多方面并不完全切合我国实际。我国有关非物质文化遗产保护的立法工作可以追溯到 1998 年。自 1998 年起，文化部与全国人大教科文卫委员会在对国内外立法调研的基础上开始组织起草《中华人民共和国民族民间传统文化保护法（草案）》。而在联合国教科文组织通过《保护非物质文化遗产公约》后，我国法律草案的名称即变更为《中华人民共和国非物质文化遗产保护法》。根据《保护非物质文化遗产公约》的宗旨，结合我国的实际情况，2005 年 3 月国务院办公厅发布了《关于加强我国非物质文化遗产保护工作的意见》（以下简称《意见》）。其中规定：非物质文化遗产指各族人民世代相承、与群众生活密切相关的各种传统文化表现形式和文化空间。并在《意见》附录 1《国家级非物质文化遗产代表作申请评定暂行办法》的第二条中进一步扩展了规定：非物质文化遗产指各族人民世代相承的、与群众生活密切相关的各种传统文化表现形式（如民俗活动、表演艺术、传统知识和技能，以及与之相关的器具、实物、手工制品等）和文化空间。2005 年 12 月，国务院又颁发了《关于加强文化遗产保护的通知》（以下简称《通知》），其中规定："非物质文化遗产是指各种以非物质形态存在的与群众生活密切相关、世代相承的传统文化表现形式"，包括"口头传统、传统表演艺术、民俗活动和礼仪与节庆、有关自然界和宇宙的民间传统知识和实践、传统手工艺技能等以及与上述传统文化表现形式相关的文化空间"。②

---

① 参见 https://baike.baidu.com/item.
② 参见 http://www.ihchina.cn/zhengce.

二、非物质文化遗产相关概念的关系

(一)与文化遗产的关系

文化遗产是指人类过去的生活中生产、使用，经过历史淘汰、选择、留存到现在，并且应该被传承的一种共同财产。文化遗产承载着一个国家和民族的历史文化和价值观念，同时也关乎着国家的前途和命运。

1977年联合国教科文组织有关遗产保护的第一期计划(1977—1983年)中，第一次提到文化遗产由"有形和无形"两部分组成。一般认为物质文化遗产与非物质文化遗产是文化遗产的两个组成部分，或者说文化遗产可分为物质文化遗产和非物质文化遗产，文化遗产属于上位概念，非物质文化遗产与文化遗产是从属关系。

(二)与物质文化遗产的关系

物质文化遗产是具有历史、艺术和科学价值的文物，包括古遗址、古墓葬、古建筑、石窟寺、石刻、壁画、近代现代重要史迹及代表性建筑等不可移动文物，历史上各时代的重要实物、艺术品、文献、手稿、图书资料等可移动文物，以及在建筑式样、分布均匀或与环境景色结合方面具有突出普遍价值的历史文化名城(街区、村)。简言之，物质文化遗产是指有形的或不可移动的物体或景观，如印度的泰姬陵、中国的长城和埃及的金字塔。这些物体或景观对人类文化和历史有着重要意义。非物质文化遗产与物质文化遗产同属于文化遗产，二者共同承载着人类社会文明，是世界文化多样性的体现，但也有明显区别。

1.一个强调"物质性"，一个强调"非物质性"

物质文化遗产的物质性表现为有形的文化，它的物质性和形态使它具有形象性和直观性，文化内涵深藏于物质载体之中，即物质文化遗产是看得见、摸得着的客观实体。而非物质文化遗产的本质特征是它的非物质性。尽管非物质文化遗产往往通过一定的物质和人的表演、技艺等体现，但物质或人本身不属于非物质文化遗产。如古琴是一种物质的体现，通过人演奏古琴所蕴涵并传出的美妙的传统音乐则是"无形的"，是"非物质的"文化遗产。又如剪纸作品是物质文化，剪纸艺人的艺术传承和创作构思，剪纸的技巧工艺则是无形的非物质文化。值得注意的是所谓非物质性，并不是与物质绝缘，而是指其偏重以非物质形态存在的精神领域的创造活动及其结晶。

2.一个强调"历史的客观性"，一个强调"历史的活态性"

任何物质文化遗产都是一定时代(或年代)的产物，无不打上时代的烙印，蕴含着当时政治、经济、军事、科技、文化艺术等诸多内容。作为物质文化遗产，其历史客观性决定了它不能再生产、制作、建造。它的历史地位是客观存在的，不因人们的意志而转移。因此，物质文化遗产是历史文化的载体，是人类历史发展的见证，具有永恒的文化性、唯一性和不可再生性。但非物质文化遗产却不然。一方面，非物质文化遗产是经过长时间形成并传承下来的，具有作为遗产的历史性特点；另一方面，非物质文化遗产必须能在现实生活中被继承，仍具有生命力，是一种"活"文化。即在历史发展的进程中，通过传承人的口头传授、表演等行为，以延续非物质文化遗产在现代社会中的生命力。例如，戏曲如果不表演就衰亡了，只有"活着"的非物质文化遗产才能持续存在。正因为如此，有学者通俗地称非物质文化遗产为"活遗产"。

3. 一个强调"客观保存性"，一个强调"积极的传承性"

物质文化遗产要得到长时间的保存，应尽量避免人类活动的介入。人类行为的介入只会影响并破坏物质文化遗产的价值。人类需要做的是当其遭受自然的或人为的破坏之时，采取一定的措施予以维修保护。而非物质文化遗产则不同，需要人类的积极行为以不断地传承和弘扬来发展。如果没有人类行为来传承与弘扬发展，一些非物质文化遗产就会消失。

(三) 与传统知识的关系

关于传统知识的概念并没有统一的认识和定义。比较有代表性的是世界知识产权组织（WIPO）对传统知识的界定，除突出"基于传统"这一本质特征之外，几乎与《成立世界知识产权组织公约》中对知识产权的界定完全一致。根据 WIPO 秘书处的表述：传统知识是指基于传统的文学艺术或科学作品；表演；发明；科学发现；设计；标记、名称和符号；未公开信息；以及其他一切来源于工业、科学、文学或艺术领域的智力活动；基于传统的革新和创新成果。根据 WIPO-IGC 第七次大会（2004 年 10 月 31 日至 11 月 4 日）所讨论的 WIPO/GRTKF/IC/7/5 号文件附录 I，"传统知识"应当具有以下因素：(1) 在传统或世代相传的背景下产生、保存和传递；(2) 与世代保存和传递传统知识的传统或本地社区、人民有特殊联系；(3) 与被承认持有该知识的本土或传统社区、个人的文化特性（cultural identity）相一致。该一致性通过照管关系（custodianship）、监护关系（guardianship）、集体所有或文化责任（例如对恰当保存、利用和传递知识的责任感，或认为允许不当利用或贬损性利用是伤害或冒犯该知识的意识）等形式表现出来。这种关系可以正式或非正式地表现为习惯或传统惯例、礼仪（protocols）或法律。毋庸置疑，非物质文化遗产与传统知识有交叉之处，如民间文学艺术既属于非物质文化遗产，也是一种传统知识。但传统知识具有通俗性、民间性，其范围模糊不定。而非物质文化遗产已成为正式的国际用语，有自己的概念和范围。

对非物质文化遗产及其相关概念进行辨析，目的是力求进一步明确非物质文化遗产的内涵和范围，这对于保护和传承非物质文化遗产有着重要的意义。

三、非物质文化遗产的分类

因为每个国家的民族、历史、文化乃至国情都不相同，因此每个国家对于非物质文化遗产的具体分类并非完全一致。联合国在综合了各国的非物质文化遗产情况之后，于 2003 年联合国教科文组织第 32 届会议正式通过并颁布了《保护非物质文化遗产公约》，对非物质文化遗产进行了分类。

(一)《保护非物质文化遗产公约》的分类

《保护非物质文化遗产公约》明确非物质文化遗产划分为五大类（表 1-1）：口头传统和表现形式，包括作为非物质文化遗产媒介的语言；传统表演艺术；社会实践、礼仪、节庆活动；有关自然界和宇宙的知识和实践；传统手工艺。

表 1-1 《保护非物质文化遗产公约》的分类

非物质文化遗产	口头传统和表现形式，包括作为非物质文化遗产媒介的语言
	传统表演艺术
	社会实践、礼仪、节庆活动
	有关自然界和宇宙的知识和实践
	传统手工艺

1.口头传统和表现形式

口头传统和表现形式指各种口头表述，包括对群体有意义的诗歌、史诗、神话、民间传说以及其他形式的口头表述，也包括作为载体的语言，比如苗族古歌，作为苗族特有的口碑文献，其内容涵盖了苗族历史、文化、政治、经济、社会各个方面，形式上采用了对仗句的韵文体句式，通过历代苗老司的口碑相传一直流传至今。

2.传统表演艺术

传统表演艺术包含戏剧、音乐、舞蹈、曲艺、杂技等不同艺术形式。中国的传统戏曲、傩戏、木偶戏、哑剧、音乐、舞蹈、曲艺、杂技、木偶、皮影等表现形式都是传统表演艺术中的精品。每种艺术形式又有不同的流派和风格，千姿百态，构成了一座绚丽夺目的艺术大宝库。

3.社会实践、礼仪、节庆活动

社会实践、仪式、节庆活动包括重要的节庆、游戏、游艺活动、运动和重要集会等活动，有原始的打猎、捕鱼和收获等习俗，日常生活中的有意义的居住、饮食、习俗，人生历程的各种仪式、亲族关系及其仪式、确定身份的仪式、季节的仪式、宗教仪式等，如端午节、舜帝祭典。

4.有关自然界和宇宙的知识和实践

有关自然界和宇宙的知识和实践，包括时空观，宇宙观，对宇宙和宗教的信仰，巫术，图腾崇拜，计数和算数的方法，历法纪年知识，关于天文与气象的知识和语言，关于海洋、火山的知识与对策，农耕活动和知识，植物的知识等。如传统医药、针灸等。

5.传统手工艺

传统手工艺，包括传统民间建筑理论和实践，传统冶炼等传统工艺技术知识和实践，医药知识和治疗方法，书法与传统绘画，保健与体育知识，畜牧产品、水产品、果实的处理，食品的制作和保存，烹饪技艺，传统工艺美术生产、雕刻技术，包含设计、染色、纺织等环节在内的纺织技艺，丝织技术，包含文身、穿孔、彩绘在内的人体传统绘饰技艺和服饰装扮等。如侗锦织造技艺、浏阳花炮制作技艺等。

(二)国家级非物质文化遗产目录的分类体系

1.国家级非物质文化遗产目录的分类

2006 年 5 月 20 日，国务院发布《关于公布第一批国家级非物质文化遗产名录的通知》，批准第一批国家级非物质文化遗产名录(共计518项),并予以正式公布。《第一批国家级非物质文化遗产名录》将我国非物质文化遗产划分为10类:(1)民间文学;(2)民间音乐;(3)民间舞蹈;(4)传统戏剧;(5)曲艺;(6)杂技与竞技;(7)民间美术;(8)传统手工技艺;(9)传统医药;(10)民俗。2008年国家公布了《第二批国家级非物质文化遗产名录》;2011年,国家公布了《第三批国家级非物质文化遗产名录》。第二、第三批名录沿用了《第一批国家级非物质文化遗产名录》所制定的上述十大类分类法,只是将第一批名录中的"民间音乐""民间舞蹈""民间美术"分别改为"传统音乐""传统舞蹈""传统美术";将第一批名录中的"杂技与竞技"和"传统手工技艺"分别修改为"传统体育、游艺与杂技"和"传统技艺"。自此,国家级非物质文化遗产名录的分类体系基本确立(表1-2)。

表1-2 国家级非物质文化遗产名录的分类

	民间文学
	传统音乐
	传统舞蹈
	传统戏剧
非物质文化遗产	曲艺
	传统体育、游艺与杂技
	传统美术
	传统技艺
	传统医药
	民俗

2. 国家与国际非物质文化遗产分类对应关系

联合国教科文组织《保护非物质文化遗产公约》对非物质文化遗产的权威定义及分类体系,是立足于世界范围内保护非物质文化遗产的需要,适用于各国、各地区、各民族的一般的、普遍的分类方法。我国国家级非物质文化遗产分类是以世界非物质文化遗产分类原理为指导,充分考虑我国非物质文化遗产的实际情况和保护传承的实际情况,制定的具有中国特色的非物质文化遗产分类方法和分类体系。国家非物质文化遗产分类体系与联合国教科文组织《保护非物质文化遗产公约》的分类体系所涵盖范围大体是一致的,两种分类各自产生的语境不同,适应的对象也不尽相同,对此不能简单机械地归纳(表1-3)。

表1-3 对应关系

国家级非物质文化遗产名录的分类	《保护非物质文化遗产公约》分类
民间文学	口头传统和表现形式
传统音乐、传统舞蹈、传统戏剧、曲艺、传统体育、游艺与杂技	传统表演艺术
传统美术、传统技艺	传统手工艺
传统医药	有关自然界和宇宙的知识和实践
民俗	社会实践、礼仪、节庆活动

随堂练习 ▶▶

根据《保护非物质文化遗产公约》的规定，传统表演艺术属于(　　　)。
A. 文化遗产　　　　　　　　　　B. 自然遗产
C. 文化和自然遗产　　　　　　　D. 人类口头与非物质文化遗产

第二节　非物质文化遗产的特征和价值

一、非物质文化遗产的特征

与人类物质文化遗产相比，非物质文化遗产有着自己的特殊性。基于对非物质文化遗产的产生时间、空间、社会环境、人文以及存续方式的逻辑分析，非物质文化遗产的特点可以概括为活态性、传承性、地域性、综合性。

(一)活态性

非物质文化遗产的主要传播方式是通过一方有意识地学习，另一方悉心传授，或通过老百姓之间自发地相互学习等方式得以流传到其他民族、国家和区域。这种传播呈现出活态的性质，使共有共享非物质文化遗产成为可能，而且这也是它与物质文化遗产的重要区别之一。所以非物质文化遗产的活态性是其核心特征，是一种以"人"为核心的活态遗产。它重视人的价值，重视鲜活的、动态的、精神的因素，并在传承人群中以"口传心授"方式相传。它不同于物质文化遗产固态、基本恒定不变的特性，而是在人类与自然、历史、现实的互动中，不断生发、变化、传播、发展、活态传承的文化遗产。我们谈论非物质文化遗产，既不能抛开物质，也不能仅仅停留在物质层面上。以传统技艺类的非物质文化遗产项目"滩头木版年画"为例，年画印制工具或最终印制出的年画作品是物质的，但蕴含在其中的印版雕刻、印制技艺、图案流变、审美思维等，全都在动态实践中所得，因其活态性得以传承和发展。民俗类的非物质文化遗产项目如苗族"四八姑娘节"、火宫殿庙会、"舜帝陵祭典"等，其活态性的特点更加突出。正如美国现代人类学家克莱德·克鲁克洪对于文化的定义："(文化)是指整个人类环境中由人所创造的那些方面，既包括有形的，也包含无形的。"非物质文化遗产中的无形遗产恰恰是其流传和存在的关键。

(二)传承性

所谓传承性，指非物质文化遗产所具有的被人类以集体、群体或个体的方式一代接一代地继承或发展的性质。"世代相传"是非物质文化遗产延续至今的主要因素。以人为本、活态传承正是非物质文化遗产的生机所在。而以"口传心授"为主的传承方式则反映着鲜明的民族与家族特点。它们之中有些是家族传承，也有些是群体传承。如国家级非物质文化遗产项目——苗族银饰锻制技艺，则大多为家族式传承。在湘西苗族的主要聚住地如凤凰县内的山江苗寨、德夯苗寨等，当地每个制作银饰的家庭皆有十分明晰的传承谱系，其中多为父子、兄弟、父女间的传承，当然也有些是师徒传承。传承时间一般在三代人以上，有些可追溯至八代人之久，可见每个家族传承历史之悠久。而苗银的制作技艺没有模板可循，每一位银匠主要通过口头语言讲解、亲手示范演示等方式，将掌握的技艺流传至下一辈，较好地让每个家族保留和延续了各自银饰锻制技艺的风格和特色。非物质文化遗产这种"口传心授"的传承方式确保了其基因的保存与延续。同时，因为人是自然界中有智慧、思想和创造力的高级动物，每个传承群体或团体随着其所处的人文环境、与自然的关系、历史变迁而变化，会不断地对拥有的非物质文化遗产进行改进与创新，从而又使非物质文化遗产在传承中烙印上时代的特点。

(三) 地域性

一般来说，非物质文化遗产大多产生在一定的地域范围内，并长期在此流传发展。被当地自然环境、文化传统、生活习俗等浸润滋养的非物质文化遗产，不可避免地带着该地域文化深深的烙印，形成其独特的文化特色。以几个主要的少数民族织锦——土家族织锦技艺、侗族织锦技艺、瑶族织锦技艺为例，它们分别源于湖南省不同的少数民族地区，各自拥有不同的艺术特征、文化内涵以及工艺特点。地处湘西北的土家族织锦，历史悠久、色彩绚丽，采用通经断纬挖花工艺，使得图案配色变化多端；怀化通道县的侗族织锦拥有竹笼提花的复杂工艺，通经通纬织造，图案繁复、精细秀雅，与侗族妇女温柔内敛的性格相关；而偏居湘南的江华瑶族织锦则是典型的经起花工艺，色彩艳丽、线条古朴，用在瑶族服饰上绚丽多彩，较好地体现了自古瑶族"好五色斑衣"的传统。可见，非物质文化遗产的地域性差异，丰富了民间织锦艺术的表现形式。目前，土家族织锦、侗锦织造技艺为国家级非遗项目，瑶族织锦为省级非遗项目。非物质文化遗产不仅是地域文化的一部分，也是凸显地域文化特征的重要因素。在互相依存的文化语境中，二者相融共生、共同发展。

(四) 综合性

非物质文化遗产是一定历史时期、环境、文化、精神的产物，也是当时社会生活的有机组成。由于它基本上是集体创造，这就导致了它的综合性，有许多非物质文化遗产常常与物质文化遗产联系在一起。从构成与功能来讲，非物质文化遗产往往是各种表现形式的综合，且承担多种功能。湖南省的民间戏曲就是一种综合性的文化，它包含了文学、音乐、舞蹈、美术等多种表现方式，又常常承担欣赏、文教、娱乐、消遣等多种作用。如湖南花鼓戏就是一个系统庞大的地方剧种，分支繁多，多以声腔和地域区分，有长沙花鼓戏、岳阳花鼓戏、邵阳花鼓戏等。然而在实际生活中，它们是相互渗透影响的，剧种的特征也在逐渐变化。因此，非物质文化遗产的传承与延续首先需要最大限度地保护其赖以生存的文化环境，其次是最大限度地保护其赖以传承的文化生态土壤，使之在这样的土壤上、这样的环境里延续下去。

二、非物质文化遗产的价值

丰富多彩的非物质文化遗产，是中华优秀传统文化的重要组成部分，是我国各族人民宝贵的精神财富，代表着中华民族独特的精神标识和身份认同，对增进民族团结、维护社会稳定和保持国家统一，具有重要意义。

(一)社会价值：为促进社会和谐提供了空间

非物质文化遗产保护项目中，众多的项目实质上是广大人民群众参与的文化节日，如：岳阳汨罗市的"端午习俗"，永州道县的"传统龙船赛"，汨罗长乐镇、益阳桃江马迹塘镇的"元宵节故事会"，株洲炎陵县的"炎帝陵祭典"，永州宁远县的"帝陵祭典"，永州江华的"盘王节"，湘西花垣县的"赶秋"，绥宁县的"四八姑娘节"，怀化靖州苗族侗族自治县的"芦笙节"，湘西永顺县的"过赶年"，湘西吉首市的"乾州春会"，长沙市火宫殿的"火神庙会"，衡阳耒阳市的"敖山庙会"，怀化通道侗族自治县的"大梁歌会"等。这些节日或祭日，为社会的和谐和人民的欢乐提供了巨大的文化空间，成为广大人民群众精神生活与经济交往的特定场所。这些文化节日的开展，有利于和谐社会的创建。

(二)教育价值：为教育提供了民族化的教材

学习与教育是一个民族提高自身素质的必要途径。我们的教材都是来自前人对历史的总结和文化的创造，随着非物质文化遗产的发展，一些民间文学、传统音乐、传统舞蹈、传统戏剧、曲艺、传统美术、传统手工技艺民间知识等遗产项目的认定，为青少年一代德、智、体、美各方面的培养提供了生动而又鲜活的教材。如民间文学《古老话》能让我们了解苗族的历史；民间音乐"船工号子""夯歌""硪歌"等能让我们听到从前劳动者的心声；民间戏"傩戏""判河戏""巴陵戏""湘昆"等能让我们看到古时先人的身影、听见他们的嗟叹；民间工艺"醴陵釉下五彩瓷""浏阳菊花石雕"等能使我们更加尊重充满着智慧的前人。这些地方化的历史文化教材所体现出来的厚重的历史感和深邃的美学价值，也是现行的教材所不可比拟和替代的。

(三)历史价值：为历史研究开辟了新的途径

人类社会有史以来，主要是通过历史典籍和文物考古来了解自己的历史。非物质文化遗产的发掘使我们了解到还有第三条途径，即人类的口传历史和遗产本身体现出来的文化记忆。如从甲骨文时代的文字记录和后来的典籍中，我们知道了历史上的"杀牛祭"是上古时代祭祀中的一项重要内容，但它的过程与细节，却随着时间的推移而渐渐地模糊、消失。然而在我们的苗族民间"椎牛"祭祀中，它居然还有完整的保存。再如，人类戏剧的产生曾经是一团无法认清的迷雾，它的最初形态如何也是史学界争论不休的话题。然而在土家族的"社巴日"祭祀大典中，居然还有原始形态的戏剧"毛古斯"的遗存。因此，学者们称其为原始戏剧的"活化石"。非物质文化遗产的人类学、艺术学价值正是我们对历史进行深入研究的新的材料。

(四)资源价值：为旅游产业提供了文化支撑

旅游活动的主要内容是"观光"。一片独特的自然风光，一处久远的历史遗迹，它不仅仅是一些山水风景、一些城楼庙阁等的物质遗存，更重要的是它的非物质文化内涵。有了这些文化内涵，景观才会变得厚重，才会让人流连忘返。比如岳阳楼和君山岛，如果没有《岳阳楼记》所承载的精神和历史，没有老百姓在那里留下的湘妃哭竹、秦皇封印、柳毅传书等动人的传说，就谈不上什么魅力。因此，有了非物质文化的支撑，物质的景观才会演变成为文化名胜。非物质文化遗产能为旅游景点增力，同时也为人们增添知识和乐趣。

（五）文化价值：为世界文化增添了新的精神财富

文化是一个民族共有的精神家园，它深深地融在民族的生命力、创造力和凝聚力之中。文化的民族性构筑了世界文化的多样性；文化多样性与差异性的存在，构成了人类文化生态。人类文化多样性的存在是人类社会的福祉，也是人类生生不息的生机所在。尊重和承认世界文化的多样性已成为当今世界大多数国家所普遍接受的国际关系准则。在这样一种世界大格局下，我们如何珍爱中华民族的优秀文化传统，抢救、整理、发展最具民族特征的文化遗产，并将其融进现代生活之中，使其在世界舞台发出自己的声音，就显得异常重要了。我们常说：越是民族的，就越是世界的。其意义就在于，只有每一个民族的文化特征得到充分发展和展示，整个世界才会更加丰富多彩，才会形成相互影响、相互辉映的世界文化局面。从世界文化多样性的角度来保护好我们的非物质文化遗产，也就是为世界文化的宝库增添了新的财富。

非物质文化遗产既是历史发展的见证，又是珍贵的、具有重要价值的文化资源。充分理清非物质文化遗产本身的内涵和特征，了解非物质文化遗产的价值，才能真正继承弘扬优秀传统文化，推动优秀传统文化繁荣发展。

随堂练习 >>

非物质文化遗产的主要特征为（　　　　）。
A.活态性　　　　　B.传承性　　　　　C.地域性　　　　　D.综合性

第三节　湖南省非物质文化遗产的形成和分布

一、湖南省非物质文化遗产的形成

随着社会与时代的进步，不同地区与民族之间的交流逐步增多，带来的是文化观念和意识形态的逐渐交叉与融合，这就促进了文化的多样性。可以这样说，非物质文化遗产是不同族群的文化积淀，反映了人类社会漫长历史所形成的传统。它所代表的是鲜活的文化，这是它的核心价值，也是其他文化价值无法比拟的。湖南位于中国东南腹地，长江中游，是中原文化向南迁徙的必经通道，也是连接东部沿海省与西部内陆省的文化走廊。湖南因地处洞庭湖之南，故名"湖南"。又因省内最长河流为湘江，简称"湘"。湖南非物质文化遗产指的是湖湘历史文化中制度文化层面的民俗风情与社会习尚，精神文化层面的知识、技能和信仰，经过千百年的历史传承，至今仍在人们生活中产生影响和作用的那种"活态"的文化。

（一）湖南自然地理与非物质文化遗产

自然环境是各种自然因素的总和，如大气、水、植物、动物、土壤、岩矿、日照等，都是人类赖以生存的物质基础。因此非物质文化遗产的生存、传承与环境有着密切的关系。湖南为大陆性中亚热带季风湿润气候，光、热、水资源丰富且气候年内与年际的变化较大，表现为冬冷夏热，春温多变，秋温陡降，春夏多雨，秋冬干旱，这样的自然环境适合人类居住。十万年前，人类的活动开始在洞庭湖平原频繁地出现。1979年在澧县鸡公垱旧石器遗址发掘和采集到的石片、刮削器、石锤、石球、尖状器、砍砸器等旧石器有200多件；2000年在洞庭湖区的核心部位沅江赤山发现了三棱大尖状器等8件旧石器时代器物，这都证明十万年之前人类就在这里繁衍和生活过。

湖南地处东经108°47′～114°15′，北纬24°38′～30°08′，土地总面积211829平方公里。其中，51.2%为山地，13.9%为盆地，13.1%为平原，15.4%为丘陵，水面135.37万公顷，占总面积的6.4%。海拔高度在5米以下的面积占总面积的9.9%，海拔高度在1000米以上的占总面积的4.3%，大部分地区海拔高度在100～800米。这种自然环境使湖南经济发展不平衡：江湖平原农耕发达地区，农业祭祀历史悠久，与水相关的龙舟、龙灯等非物质文化遗产项目多姿多彩；而山地丘陵区域，经济相对滞后，与贫困相关的巫风、傩祭等原始文化多有保存。

湖南省北部、中东部地势低平，西部、南部、东部三面山地环绕，全省地形呈马蹄状丘陵型盆地。西北有武陵山脉，西南面有雪峰山脉，南部是五岭山，即南岭山脉，东面有与江西交界的九岭、武功、万山等诸多高山。高山流水，从万山丛中流出了湘、资、沅、澧四大水系。水往低处流，湖南四水自南向北流向广袤的洞庭湖平原；人往高处走，外来的先进文明不断地进入湖南，大多溯江而上，传播至湘南。在文明的冲突中，相对落后的采猎文明被相对先进的农耕文明不断地侵蚀，渐渐退守至深山老林，至今在湘西湘南的边远山寨仍保存着异常丰富的、带有浓郁原始气息的非物质文化遗产。

正因为湖南有着这样丰富多彩的自然环境，所以繁荣发达的世俗艺术和几近消亡灭绝的原始祭祀文化，才能在这块广袤的大地上不同程度地存在。自然环境是社会环境的基础，而社会环境又是自然环境的发展。人类是自然的产物，而人类的活动又影响着自然环境。湖南文化就是在这种自然环境与社会环境的交替发展中不断地发生、发展、衰落、消亡、再生，生生不息。

（二）湖南历史与非物质文化遗产

湖南历史悠久，旧石器时代即有人类活动，自古为三苗之地。这里最早居住着古越、蛮、濮、巴等族，他们分别是今侗族、苗族、瑶族和土家族人的祖先。考古资料表明这些原居民早在9000年前就开始人工栽培水稻。稻作农业的出现，改变了过去游猎不定的居住习俗。据传说和史志记载，中国农业最早的开创者神农氏及其部落，在湖南留下诸多活动足迹。如耒阳有"神农创耒"，嘉禾县亦得名于"天雨粟"的传说。古三苗族在经过与尧、舜、禹北方华夏族长期的战争失败后，主要退居江南一带，湖南中北部是其活动中心。

商周之际，湖南先民被称为"荆蛮"和"百越"，这个时期湖南已进入青铜时代，所制造的古铜器不仅形体高大厚重，而且纹饰优雅。商文化的南下带来了湖南民俗的变迁。

春秋战国时期，楚人征湘，早期湖南西北部的澧水流域和沅水中下游地区纳入楚国的政治势力范围，后楚文化开始渗入洞庭，并沿沅水逆流而上。沅湘间的巫傩文化深深地留下了那个时代的印痕。战国后期，楚三闾大夫屈原被流放沅湘，写下了《九歌》等被誉为千古绝唱的诗篇。公元前223年，巴国、楚国先后被秦国所灭，一部分巴族士兵在武陵山区留居下来，征服了当地的土著人，他们在这里共同创造了灿烂的土家族文化，其中舍巴日、跳马等民间习俗一直沿袭至今。

秦朝统一后，湖南古民族曾有一次大的融合和分化，特别是秦王朝采取的征越人、戍五岭的政策，使湖南境内的越人大为减少。汉以后，境内不少居民被逐渐"汉化"，牛耕民俗逐渐得到传播，铁器农具明显增加，农副产品种类和产量都不断增长。魏晋南北朝时期，中原连年战乱，天灾人祸频繁发生。东汉末年，大量流民从北方流入湖南，由此带来北方中原的民俗文化。其中佛教和道教的传入对湖南的民俗文化影响尤大。

到了唐代，湖南经济进一步发展，每年均有大批稻米运往北方。君山茶和洞庭橘都被列为朝廷贡品。长沙窑的釉下彩更是远销欧亚十多个国家。唐代中叶"安史之乱"后，大批北方移民进入湖南，又一次带来北方民俗文化。

北宋时期，统治者实行奖励农耕政策，客观上促进了湖南经济文化的发展。北宋熙宁年间，统治者派兵开发"梅山蛮"和"南江诸蛮"，又催化了湘中、湘西山区一带少数民族的渔猎民俗文化及"刀耕火种"、游耕民俗文化向定居农业民俗文化的演变。南宋之后，中原文化向南扩展，此时湖南有了"鱼米之乡"的美誉。宋代是民间戏剧开始兴盛的年代，湖南的土地上戏剧同样活跃，湘南人焦德进入宫廷演戏被载入史册。焦德成为祁阳戏的始祖，民国年间他还是祁剧戏班供奉的戏神。自唐到宋，佛教和道教的传播由湘中、湘北扩展到湘南、湘西一带。宋代著名学者周敦颐及胡安国父子所创立的湖湘学派对湖南民俗文化影响巨大。

元代实行行省制，但在湘西少数民族地区则沿用宋代的"以土制土"的羁縻政策，并发展为土司制度。宋末元初，一支来自云南的白族人落籍桑植县，带来了白族民俗文化。到元末明初，由于战乱，湖南大部分地区田园荒废，人口亡散。明王朝便将外省人口大量迁入，这便是历史上的"江西填湖广"事件，江西人的大量迁入，带来了丰富的客家文化。像元宵"扎故事"一类的民间游艺活动，遍布全省，湖南民间的文化开始焕然一新。明朝时湖南成了全国粮食的主要生产与供应基地，稻作民俗文化更具系列性。

到了清代，农业地位进一步加强，以致乾隆皇帝要将"湖广熟，天下足"改为"湖南熟，天下足"。雍正年间的"改土归流"，很大程度上加强了少数民族与汉族之间的民俗文化交流。受满人影响，湘西苗族妇女在服饰上有了变化。满族妇女的旗袍也在汉族妇女中流行。鸦片战争后，西方的天主教、基督教相继深入湖南各地传教。到清末民初，湖南有 47 个州县设立教堂。随着长沙、岳州等城市被开为商埠，湖南逐渐变为西方列强商品倾销和原料供应地，由此也刺激了一部分实业家投资于近代工矿业，商业民俗、工矿民俗随之产生发展。此后，历经辛亥革命、"五四运动"和中华人民共和国成立等重大历史事件，中国社会发生了巨大变化。湖南民俗民间文化也和全国各地的民俗民间文化一样，以较快的速度发生演变。淘汰了缠足、蓄辫、跪拜等旧俗；出现了舞台、旅馆等新名词。服饰习俗经历了满服与本民族服饰并存，到中山装，又到中西混，最后到当代西服占优势的变迁过程。

从历史发展脉络中我们可以发现：湖南省非物质的民族民间文化是在不断经受外来文明的洗礼中传承至今的。

（三）湖南文化区域与非物质文化遗产

在漫长的历史长河中，江河湖泊既是人类生存和繁衍的福地，又是文化传播、交会与繁荣发达之所在，深山峡谷是人类避难与安居的处所，高山阻碍了文化的发展，山脉隔断了文化的传播。而恰恰就是这种阻碍和隔断，造就了一个个闭塞的"独立王国"，保存了一些原始状态的文化，构成各具色彩的文化之圈，形成独具特色的民间文化。

现在所说的湖南省民族民间五个文化区域的格局在宋代已经基本定型，它们分别是：湘北洞庭文化圈、湘东至湘南的湘江文化圈、湘西北武陵文化圈、湘中梅山文化圈、湘西南雪峰文化圈。湖南的非物质文化遗产与这五大文化圈中的地域文化有着密切的关联。

洞庭文化圈：洞庭湖区是湖南最早被开发的地区，它包括岳阳全境以及益阳、常德的部分市县。在洞庭湖区的岳阳、益阳、华容、安乡、临澧、澧县、常德等地区，发现的数十处新石器时代文化遗址，说明洞庭湖区是中华民族的文化发祥地之一。如果说湖南省是一个三面环山、相对封闭的王国，那么洞庭湖区则是这个王国开放的大门和敞亮的窗口。中原文化、楚文化、吴文化，都是从这张大门进入湖南的。"吴楚东南坼，乾坤日夜浮"，这里的民间文化，如岳阳端午节的龙舟习俗、汨罗长乐故事会、湘北的戏剧声腔和丝弦艺术等非物质文化遗产项目，既有吴、楚文化的影响，又受岁月更替的浸润，呈现出了一种内外交融、多姿多彩的形态。

湘江文化圈：面积最为宽广，包括湖南东部、地处湘江流域的长沙、湘潭、株洲、衡阳至南部州、永州的部分地区。这一区域是具有湖南本土特色、较为先进的区域文化带。炎帝南迁、舜帝南巡都是沿湘江而上。依据民间传说，炎帝南迁的足迹，是从湘江至衡阳转水路到达了郴州地区；而舜帝巡视却是继续沿湘江而上，其终点达到了永州。也就是说，炎帝的水路旅程为湘江下游，而舜帝却走过了湘江的下游和中游。考古资料证明，农耕文明在远古时代就已经进入了这一地区。在湘江文化圈中有一处文化景观值得注意，那就是祁阳县湘江西岸的浯溪。浯溪处在湘江中、上游之间，是通往永州、广西以及境外越南的必经之路。自唐代文学家元结辞官居此后，历代名人黄庭坚、张轼、秦观、王冕、杨维桢、米芾、解缙等都在此题词。这一文化景观充分证明了远在文化发达的唐宋时代，湘南文明所达到的高度，并不亚于湖南省其他任何地区。这一区域与炎帝、舜帝有关的传说，与道教文化相连的仙话，与市场相连接的手工技艺，以及汉民族较为普遍的民间传统习俗等非物质文化遗产项目十分丰富。

武陵文化圈：是以水流湍急的沅水、酉水为边界，以武陵山脉南为栖息地的文化区域。它包括现在的张家界市全境，以及常德市、湘西土家族苗族自治州、怀化市部分地区。考古资料显示：武陵文化圈内，从新石器晚期到商周时代的文化趋势，是外来文化的不断迁入。武陵文化圈的民间文化，多为土家族历史文化。至今，无论是沅陵"辰州傩戏"，还是张家界"阳戏"，当地人还是称其为"土家傩"和"土家族阳戏"。土家族的毛古斯、打溜子、土家织锦等，近年来已经走出古老的山寨，成为举世瞩目的非物质文化遗产项目。在这一区域中，还有白族与维吾尔族两个民族居住。白族为宋末元初因战事由云南大理迁徙而来，至今已有700多年历史，主要聚居在桑植县。湖南省有维吾尔族人口近8000人，是除新疆维吾尔自治区之外维吾尔族人口最多的省份，他们是明洪武初年迁至常德桃源的维吾尔族人的后裔。在这里，维吾尔族人留下了自己富有特色的传统文化。

梅山文化圈：梅山是一个以湘中梅山为核心的古老历史地域的称呼。梅山文化的影响不但深入到了湘南、湘西南，而且也波及广东、广西、贵州和云南。其范围包括湘中的娄底以及益阳、邵阳、湘潭的部分市县。梅山文化圈的文化，实际上存在着以北宋熙宁五年（即公元1072年）为分界线的前后两期截然不同的文化。前期为早期的瑶苗族文化，后期为汉人的移民文化。前期瑶苗文化成为部分湘西南雪峰山文化的根脉；后期的移民文化成为近、现代湖湘文化的重要源头。因此，梅山文化圈内的民间文化，既保留了早期瑶苗文化的印痕，如安化境内的风雨桥建筑工艺，新化境内的祭"捉猫公"仪典；又具有受外来先进文化影响、与本地文明相融合而形成的特征，如崇礼数重耕读传家、尚武仗义、开拓进取的文化传统。这种传统文化的积累并向外辐射的结果，就是梅山及周边地区厚重的文化和近现代的人才辈出。

雪峰文化圈：包括湘西土家族苗族自治州南部，以及怀化、邵阳、永州的部分地区。湘西南雪峰文化圈的文化形态十分丰富和复杂。其中包括以苗族文化为主体，苗、瑶、侗、汉族文化为内容的各民族文化。各族之间，既有关联系、相似之处，又呈现出一定的文化差异。苗族是世居在这一片土地上的古老的民族。现居住在湘西土家族苗族自治州内的苗族，多以蚩尤和驩兜为自己的祖先；而居住在怀化、永州境内的苗人（包括沅陵境内 31 万名自称为"果熊翁""瓦乡人"的苗人）、瑶人，多以盘瓠为自己的祖先。居住在湖南境内的侗人，现存的文化形态与苗族、瑶族有一定的差别，如侗族的"祭萨文化"在通道族自治县还十分兴盛；鼓楼、风雨桥等民族建筑，也有着各自的显著特征。但有一点值得注意：湖南苗族与湖南侗族在人类学特征方面并没有明显的差别。有学者采用活体观测的方法，对湖南苗族 328 例、侗族 320 例的头面部进行了 10 项形态特征观测，结果表明两个民族之间并不具备明显的民族差异，但他们与国内其他民族比较，却具有显著的民族特点。同样，从非物质文化遗存来看，湖南的侗族大歌与苗族飞歌，也没有什么本质上的差异。湘西南雪峰文化圈的形成，与湖南的历史变迁有很大的关联。受外族入侵的影响，原居住在湖南全境的古苗人开始向西和西南迁徙，最终定居在沅水中、上游的雪峰山区（部分徙居更遥远的两广乃至越南）。雪峰山区峰高林密、岭壑交替，艰苦的生活环境使这里的人们聚集而居、同甘共苦，从而形成了不畏艰难、乐观向上、诚实敦厚的民族精神。在这种民族精神的引领下，人民能歌善舞、乐聚好客的民间习俗至今十分兴盛。

湖南五大文化圈的形成不仅受自然环境影响，也是历史变迁的结果。五大文化圈之间有重叠和交汇的部分，如洞庭文化圈、湘江文化圈、武陵文化圈相交接的地区，文化的边界就不那么明显；在武陵文化圈与雪峰文化圈接壤的五溪地区，其文化形态就更加丰富复杂、多姿多彩。湖南省的非物质文化遗产在这五大文化圈内，呈现出丰富多彩、自成体系、互有影响而各具特色的形态。

二、湖南省非物质文化遗产的分布

湖南省作为非物质文化遗产资源大省，有 30 多处旧石器时代遗址、900 多处新石器时代遗址的非物质文化遗产，118 个国家级非物质文化遗产代表性项目，作为"活态文化"的非物质文化遗产不仅是维系民族发展的源泉，更是人类文明传承下来的宝贵财富。了解湖南非物质文化遗产的分布，将有助于我们提高非物质文化遗产的管理和保护水平，还可以进一步促进区域旅游资源的开发和旅游经济的发展。

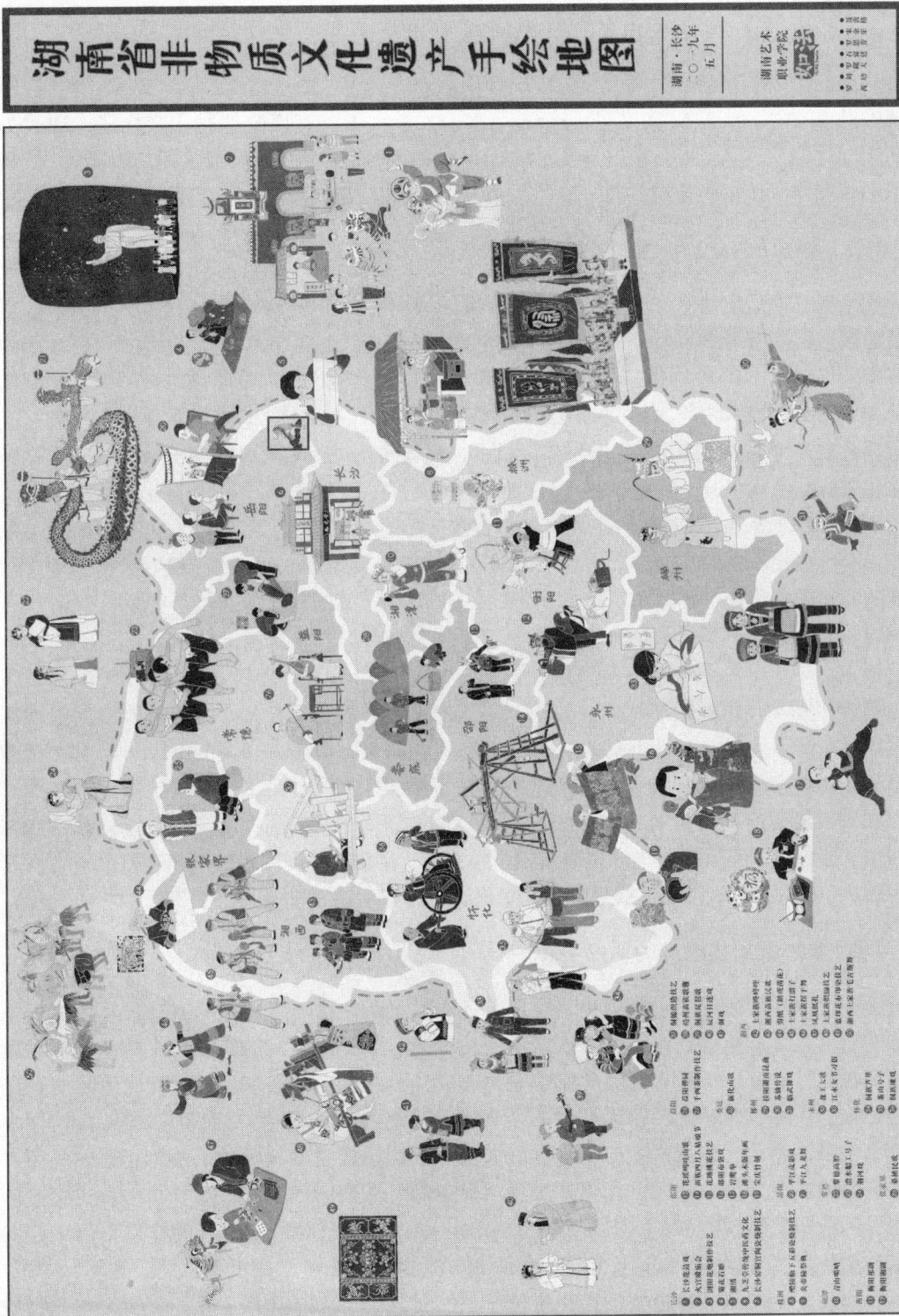

湖南省非物质文化遗产手绘地图

(一)非物质文化遗产类型结构

湖南省非物质文化遗产的分类标准是根据国办发〔2008〕19号文件中所涉及的相关规定进行划分的，具体类型是民间文学、传统音乐、传统美术、传统舞蹈、传统戏剧、传统技艺、传统医药、民俗、传统体育、游艺与杂技、曲艺共十大类。湖南省非物质文化遗产项目类型分布差异化明显，呈现以传统技艺类、传统戏剧类和民俗类为主，传统音乐、传统舞蹈、传统美术和民间文学为次，传统体育、游艺与杂技、曲艺以及传统医药项目稀缺的结构特征。

(二)非物质文化遗产空间分布及集聚区域

湖南省非物质文化遗产项目在湖南各市级区域均有分布，除有两处明显集聚的地区之外，其余地区集聚程度不太明显，形成了1个点状高密度集聚区、1个片状高密度集聚区、2个带状中等密度集聚区。其中，点状高密度集聚区主要为长沙盆地区域，位于该区域的长沙是湖南省政治、经济、文化中心，同时也是首批历史文化名城。片状高密度集聚区主要聚集在湘西土家族苗族自治州所在的武陵山区，这一片区是少数民族聚居地，不同民族交流融合带来丰富独特的文化资源。带状中等密度集聚区主要聚集在洞庭湖平原地区和雪峰山所在的江南丘陵地形区，非物质文化遗产的聚集区域本质是一个自然、人文、经济等因素形成的文化区，该区域的民族或社会群体在长期的社会生产实践中逐渐形成独特的文化，并通过相互联系、交流、扩散，使不同的非物质文化遗产聚集在一起，从而形成不同区域、不同程度的非遗密集区。

(三)非物质文化遗产的行政市域空间

蕴含深厚文化内涵的非物质文化遗产不仅能够提升城市文化形象，而且能够促进城市经济发展，在城市构建中有着重要的经济意义和文化意义。湖南省14个市级非物质文化遗产根据分布在各市国家级和省级非遗数量的多寡，可以将非物质文化遗产聚集的地区在国家级层面和省级层面的基础上划分为富集区、一般区和匮乏区。其中，湘西土家族苗族自治州、长沙市、怀化市、邵阳市属于非遗富集区，常德市、岳阳市、衡阳市、郴州市、永州市属于非遗一般区，株洲市、湘潭市、张家界市、娄底市、益阳市属于非遗匮乏区。

(四)非物质文化遗产的时序空间格局

历史上的湖南不仅是荆楚之地，而且还是中国西南少数民族文化的重要发祥地之一。其独特的自然环境，使得湖南经过一次次的历史变迁，形成了丰富的非物质文化遗产。湖南省第一、二批国家级非物质文化遗产项目主要集中分布在湘西、湘东地区，其他地区非遗分布较为均衡，差别不大，主要以传统戏剧、传统舞蹈、传统技艺为主。以民间文学、传统美术为主的第三批非物质文化遗产主要集中在以湘西土家族苗族自治州为中心的湘西地区，而以长沙为中心的湘东地区非物质文化遗产项目明显下降。截至第四批，湖南省非物质文化遗产项目在空间分布上呈现明显的扩散现象，由起初以湘西、湘东等地为中心的非遗集聚中心向各地区均匀扩散。其中，益阳市、湘潭市、株洲市非物质文化遗产项目最少。

非物质文化遗产有着重要的历史价值、文化价值和经济价值。通过了解湖南省非物质文化遗产的类型、级别、批次以及市域的空间分布，有助于加强湖南省非物质文化遗产的发掘保护和传承，将文化资源优势转化为经济价值，实现由文化大省向文化强省的质的飞跃。

随堂练习 ▶▶

湖南非物质文化遗产点状高密度集聚区在(　　)。

A. 长沙市　　　　B. 湘西土家族苗族自治州　　　　C. 株洲市　　　　D. 衡阳市

思考探究 ▶▶

1. 以一个湖南省非物质文化遗产项目为例,简要分析该项目的特征。

2. 走访一位非物质文化遗产传承人,了解他们对非物质文化遗产的坚守情况。

第二章 湖南省非物质文化遗产保护

在党的十九大报告中，习近平总书记明确指出，加强文物保护利用和文化遗产保护传承。文化遗产是中华文明几千年延续不断的载体，它不仅有形式多样的外在表现形式，而且有丰富的思想内涵，这一鲜明的特性在非物质文化遗产中表现得最为鲜明。孕育产生于特定农耕时代的非物质文化遗产，受到经济快速发展的制约，受到文化多元化的浸润，受到生活习惯方式悄然改变的影响，一些宝贵的传统技艺和表现形式面临着保护传承和发展的困境。我们要做好非物质文化遗产普查和保护工作，通过全社会的共同努力逐步建立起比较完备的、有中国特色的非物质文化遗产保护制度，使我国珍贵的、濒危并具有历史、文化和科学价值的非物质文化遗产得到有效保护，并得以传承和发扬。

第一节 非物质文化遗产普查工作

根据国务院办公厅《关于加强我国非物质文化遗产保护工作的意见》精神，2005年6月，文化部在全国范围内部署了非物质文化遗产普查工作，文件下发后，湖南省积极推动非物质文化遗产普查工作。同年，湖南省政府发文《湖南省人民政府办公厅关于加强非物质文化遗产保护工作的意见》（湘政办发〔2005〕27号），意见指出要积极开展非物质文化遗产普查工作，将其作为非物质文化遗产保护的基础性工作开展。意见中对非物质文化遗产的普查工作提出了具体的措施，要在湖南十部民间文艺集成志等工作成果和研究成果的基础上，分不同的地区、不同的类别制定普查的工作方案，建立非物质文化遗产名录，建立非物质文化遗产数据档案资源库等，为非物质文化遗产的有效保护奠定基础。

一、非物质文化遗产普查的必要性

作为一个国家和民族历史文化成就重要标志的非物质文化遗产，它不仅对于研究人类文明的演进具有重要意义，而且对于展现世界文化的多样性具有独特作用，是人类共同的文化财富。

（一）非物质文化遗产普查是其有效保护的基础

对非物质文化遗产进行大规模的文化普查，是掌握湖南省各地、市、州非物质文化遗产蕴藏状况和了解民情民心的重要手段。非物质文化遗产普查所获得的资料和数据，是全面分析湖南省省情的重要资料，是对非物质文化遗产的继承和发展，是对非物质文化遗产进行有效的保护、对濒危的非物质文化遗产进行抢救的基础，也是湖南各地、市区主管机构制定文化政策乃至制定法规的重要依据。

(二)优秀的传统文化在普查中发展

每个国家、每个民族都应当将其具有的地方文化、民族文化和局部文化等看不见、摸不着的非物质事物、深厚的文化历史价值与深厚的文化内涵进行普查，从而避免因为失传而导致后人研究、学习的精神财富的缺失，我们需要对其进行重点的关注和保护。

(三)非物质文化遗产普查提升软实力

普查非物质文化遗产的过程中，引起了人们对非物质文化遗产的关注。了解熟悉以文化为载体的非物质文化遗产，使非物质文化遗产得到普及、传播、宣传，让人民群众真实地感受到它的魅力，感受到中华传统文化的优秀，这对非物质文化遗产目录的建立、命名、保护、利用，对于其所在地的形象、软实力提升都具有非常重要的作用。

非物质文化遗产的普查可以更合理地利用非物质文化遗产，让人民群众共享文化发展成果。非物质文化遗产普查是非物质文化遗产保护的重要基础，认真做好非物质文化遗产普查，对非物质文化遗产保护的方案、制度的制定都具有十分重要的意义。

二、非物质文化遗产普查开展情况

新中国成立后，我国组织了两次与非物质文化遗产相关的调查。第一次是 1955 年到 1962 年连续进行的全国民族调查。这是新中国成立以来第一次大规模的民族调查，对不同的民族所拥有的民间文化做了全面详细的调查和记录，留存了宝贵的文字资料、照片，有的还拍摄制作成了新闻纪录片。第二次是 1979 年起开展的《中国民间歌曲集成》《中国曲艺音乐集成》《中国民间故事集成》《中国曲艺志》《中国民族民间器乐曲集成》《中国戏曲音乐集成》《中国民族民间舞蹈集成》《中国戏曲志》《中国歌谣集成》《中国谚语集成》等 10 部中国民族民间文艺集成志书的普查、编撰和研究工作。这项工作由文化部、国家民委和中国文联等相关的艺术家协会联合开展，涉及民间文学、民间舞蹈、民间音乐、戏曲、曲艺 5 个艺术门类的 10 个不同领域。这项工作前后进行了约 25 年，全国有 10 万左右的基层文化普查工作人员，民间文艺和编撰的专家学者参与其中，书写了被称为"中华民族文化万里长城"的大型民族民间文艺丛书。丛书为我们保留了民族非物质文化遗产在当时的生存状态，也为后续开展全国性的民族民间文化保护工程奠定了坚实的基础。

2005 年 3 月，国务院办公厅颁发的《关于加强我国非物质文化遗产保护工作的意见》对非物质文化遗产保护工作提出了具体要求："认真开展非物质文化遗产普查工作。要将普查摸底作为非物质文化遗产保护的基础性工作来抓，统一部署、有序进行。要在充分利用已有工作成果和研究成果的基础上，分地区、分类别制订普查工作方案，组织开展对非物质文化遗产的现状调查，全面了解和掌握各地各民族非物质文化遗产资源的种类、数量、分布状况、生存环境、保护现状及存在问题。要运用文字、录音、录像、数字化多媒体等各种方式，对非物质文化遗产进行真实、系统和全面的记录，建立档案和数据库。"同时还要求"建立非物质文化遗产代表作名录体系。要通过制定评审标准并经过科学认定，建立国家级和省、市、县级非物质文化遗产代表作名录体系。国家级非物质文化遗产代表作名录由国务院批准公布。

省、市、县级非物质文化遗产代表作名录由同级政府批准公布，并报上一级政府备案。"为认真落实意见精神，自 2005 年起我国开始了真正意义上的全国非物质文化遗产普查摸底，并在此基础上建立"非物质文化遗产的代表作名录体系"，以此加强对非物质文化遗产的研究、认定、保存和传播工作，形成科学有效的传承机制。非物质文化遗产普查以分地区、分类别制定普查工作方案的组织形式有效开展，充分运用了文字、录音、录像、数字化多媒体等方式手段，对非物质文化遗产进行真实、系统和全面的记录整理，全方位多角度了解和掌握各地各民族非物质文化遗产资源的种类、数量、分布状况、生存环境、保护现状及存在问题，摸清我国非物质文化遗产的家底，运用现代科技手段建立了档案和数据库。同年，国务院办公厅制定印发了《国家级非物质文化遗产代表作申报评定暂行办法》（国办发〔2005〕18 号），启动了第一批国家级名录的申报工作。

2005 年 6 月，文化部办公厅印发《文化部办公厅关于开展非物质文化遗产普查工作的通知》（办社图函〔2005〕21 号），通知要求在全面性和真实性的指导原则下，分普查试点阶段、普查全面开展阶段、普查总结阶段三个阶段开展非物质文化遗产普查工作。

三、湖南省开展非物质文化遗产普查

湖南是一个历史悠久的多民族聚居省份，有着丰富的非物质文化遗产资源。湖南省非物质文化遗产普查是一项重要的基础性工作，是湖南省文化遗产抢救与保护的重要任务，对于湖南文化生态环境建设有着重要意义。湖南省根据《文化部办公厅关于开展非物质文化遗产普查工作的通知》的总体要求，下发了《湖南省文化厅关于开展非物质文化遗产普查工作的通知》，以 2006 年底在湘西土家族苗族自治州开展的非物质文化遗产普查工作为试点，逐步在全省范围内全面铺开。2009 年 3 月，在湘西土家族苗族自治州召开了非物质文化遗产普查现场经验交流会，这也是非物质文化遗产普查工作培训会。全省各地认真落实普查工作要求，根据统一部署和安排，精心组织人员扎实有效地推动普查工作的开展。经过 4 年多的努力，至 2009 年底，湖南省基本完成预定普查任务，较为全面的了解和掌握了湖南省各地各民族非物质文化遗产的种类、数量、分布状况、生存环境、保护现状和存在问题等，为制定、实施非物质文化遗产保护规划提供了可靠而科学的依据。

（一）湖南省非物质文化遗产普查总况

湖南省全体非物质文化遗产普查工作人员，历经四年多的努力付出，行程数万里，基本完成了湖南省 14 个市州、113 个县（市、区）的普查。据不完全统计，湖南省非物质文化遗产普查工作全社会参与人员众多，达到 71751 人，举办非物质文化遗产普查培训班 979 期，参与人数 24676 人次，投入普查经费 1335.778 万元，投入普查设备电脑 641 台，照相机 572 台，摄像机 260 台，录音笔 219 支，其他 74 件，普查广播电视宣传 2653 次，简报 535 期，报刊报道 851 篇。湖南省出动的普查工作人员达 8497 人，召开非物质文化遗产项目知情人会议 7579 次，走访传承人 28424 人次，调查项目数 29162 个，收集实物 19531 件，登记实物 19233 件，撰写调查报告 362 份，项目录像 4001 盒，照片 154664 张，文字记录 44705.55 万字，电子资料 4643.41G，录音 28872.62 小时，摄像 39494.22 小时。此次普查基本完成了国家对普查成果资料的要求，建立了比较完备的非物质文化遗产资源档案。这些档案包括纸质档案、电子档案、照片档案、音像档案和实物档案。其中，纸质档案：全省共编纂文字资料 4710 册，

其中编纂市级普查成果汇编本 254 册，县级汇编本 4424 册，其他相关资料 32 册；电子档案：所有普查形成的文字材料全部录入电脑，形成电子文档，并对录入数据的电脑实行专人管理；照片档案：工作人员对两万多个非物质文化遗产普查对象进行数码照相，共拍摄照片十万余幅。

(二)湖南省非物质文化遗产资源状况

湖南省的非物质文化遗产具有丰富的资源、繁多的种类和深厚的底蕴。其中具有鲜明民族地域特色的少数民族聚居地区的非物质文化遗产，更是质朴原味、多姿多彩。湖南省非物质文化遗产保护工作，截至 2009 年 11 月底的初步统计，包括民族语言、传统戏剧、传统美术、传统舞蹈、传统技艺、传统体育、传统音乐、生产商贸习俗、曲艺、岁时节令、杂技、消费习俗、民间知识、人生礼俗、民间信仰、游艺与竞技、传统医药、民间文学及其他等大类，共有资源项目 29162 个。这些资源项目的分布情况如下。

1.民族语言(表 2-1)

表 2-1　湖南省民族语言普查大体分布情况

序号	区域(市州)	数量/个
1	长沙市	3
2	湘潭市	1
3	张家界市	25
4	湘西土家族苗族自治州	3

湖南民族语言类非物质文化遗产主要有汉语、土家语、苗语、瑶语、侗语及其演变而来的各种方言。人们通过民族语言了解、认识本民族的来源、流变、发展和社会、经济、文化及生产、生活方式等。湖南少数民族语言均没有文字，仅靠口耳相传。

2.传统戏曲(表 2-2)

表 2-2　湖南省传统戏剧普查大体分布情况

序号	区域(市州)	数量/个
1	长沙市	10
2	株洲市	26
3	湘潭市	5
4	岳阳市	11
5	常德市	34
6	益阳市	153
7	衡阳市	29
8	郴州市	260

续表2-2

序号	区域(市州)	数量/个
9	永州市	60
10	娄底市	6
11	邵阳市	16
12	张家界市	50
13	怀化市	74
14	湘西土家族苗族自治州	84

湖南传统戏剧风姿奇异，拥有湘剧、祁剧、侗戏等19个湖南地方戏剧剧种。湖南省这类非物质文化遗产主要有：昆曲、高腔、湘剧、巴陵戏、荆河戏、目连戏(辰河目连戏)、傩戏、木偶戏(邵阳布袋戏)、湘剧、衡阳湘剧、祁剧、花鼓戏、阳戏、皮影戏、湖南杖头木偶戏、平江花灯戏、祁剧目连戏、苗戏、侗戏、傩戏"杠菩萨"等。

3. 传统美术(表2-3)

表2-3 湖南省传统美术普查大体分布情况

序号	区域(市州)	数量/个
1	长沙市	26
2	株洲市	14
3	湘潭市	5
4	岳阳市	16
5	常德市	33
6	益阳市	22
7	衡阳市	33
8	郴州市	307
9	永州市	29
10	娄底市	6
11	邵阳市	26
12	张家界市	29
13	怀化市	109
14	湘西土家族苗族自治州	229

民间美术在民间的节日庆典、婚丧嫁娶、生子祝寿、迎神赛会等活动中广泛运用，在年画、春联、花灯、剪纸、戏具、扎纸、龙舟彩船、符道神像、服装饰件、月饼花模、泥塑等地方都随处可见，与民俗活动关系极为密切。湖南传统美术贯穿于人民物质生活和精神世界的各

个领域，直接反映了劳动人民的思想感情和审美趣味，显示出他们的聪明智慧和艺术才能。湖南省这类非物质文化遗产主要有：滩头木版年画、湘绣、挑花(花瑶挑花)、竹刻(宝庆竹刻)等。

4. 传统舞蹈(表2-4)

表2-4　湖南省传统舞蹈普查大体分布情况

序号	区域(市州)	数量/个
1	长沙市	11
2	株洲市	57
3	湘潭市	3
4	岳阳市	11
5	常德市	67
6	益阳市	24
7	衡阳市	29
8	郴州市	286
9	永州市	33
10	娄底市	11
11	邵阳市	13
12	张家界市	50
13	怀化市	71
14	湘西土家族苗族自治州	155

传统舞蹈蕴含着湖南灿烂的动作语言历史，经过历代不断地发展、整合和壮大，形成了舞蹈所具有的线条之美、造型之美、技艺之美等独特的艺术风格。湖南省内各个民族都拥有自己的文化传统和舞蹈形式，且各具民族风格，这与他们的生活、劳动、风俗习惯有着密不可分的关系。传统舞蹈的内容非常丰富，涉及面广，不管是农闲时节，还是在婚丧嫁娶、迎神赛会之时，人们都会用歌舞活动的形式进行情感的表达。湖南省这类非物质文化遗产主要有：土家族摆手舞、湘西苗族鼓舞、湘西土家族毛古斯舞、江华瑶族长鼓舞、南县地花鼓、张家界高花灯等，还包括生活习俗舞蹈、人生礼仪舞蹈、宗教信仰舞蹈、生产习俗舞蹈等。

5. 传统技艺(表2-5)

表2-5　湖南省传统技艺普查大体分布情况

序号	区域(市州)	数量/个
1	长沙市	35
2	株洲市	212

续表2-5

序号	区域(市州)	数量/个
3	湘潭市	13
4	岳阳市	30
5	常德市	68
6	益阳市	75
7	衡阳市	83
8	郴州市	763
9	永州市	44
10	娄底市	14
11	邵阳市	39
12	张家界市	33
13	怀化市	177
14	湘西土家族苗族自治州	321

湖南传统技艺是历代湖南人为满足自身物质需要和精神需要，采用各种物质材料和手工技艺所创造的手工艺品以及相应活动的总称。传统技艺不但体现了工艺美术的一般特征，而且显示了民族文化的鲜明个性。传统技艺包括烧造、金属工艺、农畜产品加工、纺织扎制、织染缝纫及其他等。湖南省这类非物质文化遗产主要有：土家族织锦技艺、苗族银饰锻制技艺、浏阳花炮制作技艺、踏虎凿花、湘西苗族服饰、蓝印花布、凤凰纸扎、醴陵釉下五彩瓷手工技艺、菊花石雕刻技艺、益阳小郁竹艺、花瑶挑花、侗锦、竹编技艺、制茶工艺等，还包括苗族织锦、苗绣、土陶制作工艺等。

6.传统体育、游艺与竞技(表2-6)

表2-6 湖南省传统体育、游艺与竞技普查大体分布情况

序号	区域(市州)	数量/个
1	长沙市	9
2	株洲市	211
3	湘潭市	2
4	岳阳市	9
5	常德市	37
6	益阳市	15
7	衡阳市	17
8	郴州市	184
9	永州市	272

续表2-6

序号	区域(市州)	数量/个
10	娄底市	8
11	邵阳市	34
12	张家界市	31
13	怀化市	67
14	湘西土家族苗族自治州	235

湖南传统体育、游艺与竞技包括室内游戏、博弈游戏、巫傩绝技、庭院游戏、赛力竞技、助兴游戏、技巧竞赛等。湖南省这类非物质文化遗产主要有:苗族武术、龙舟赛、扎故事等,还包括苗族上刀梯等绝技、苗拳等体育及土家族踢毽子等杂技及苗医苗药。

7.传统音乐(表2-7)

表2-7　湖南省传统音乐普查大体分布

序号	区域(市州)	数量/个
1	长沙市	110
2	株洲市	273
3	湘潭市	6
4	岳阳市	30
5	常德市	107
6	益阳市	422
7	衡阳市	265
8	郴州市	1203
9	永州市	32
10	娄底市	3
11	邵阳市	39
12	张家界市	167
13	怀化市	312
14	湘西土家族苗族自治州	556

湖南省的传统音乐在全省分布较为广泛,这类非物质文化遗产主要有:桑植民歌、靖州苗族歌鼟、澧水船工号子、土家族打溜子、湘西苗族民歌、麻山锣鼓、新化山歌等,还包括土家族和苗族的民歌、器乐、舞蹈音乐、戏曲音乐、曲艺音乐、宗教音乐等。

8. 生产商贸习俗(表2-8)

表2-8 湖南省生产商贸习俗普查大体分布情况

序号	区域(市州)	数量/个
1	长沙市	1
2	株洲市	10
3	湘潭市	1
4	岳阳市	3
5	常德市	38
6	益阳市	14
7	衡阳市	24
8	郴州市	235
9	永州市	35
10	娄底市	0
11	邵阳市	19
12	张家界市	15
13	怀化市	74
14	湘西土家族苗族自治州	192

生产商贸习俗包括林业、农业、渔业、商贸、饲养和牲畜业、狩猎、商贸和副业等。湖南这类非物质文化遗产主要有泸溪浦市商贸习俗和安仁赶分社。

9. 曲艺(表2-9)

表2-9 湖南省曲艺普查大体分布情况

序号	区域(市州)	数量/个
1	长沙市	1
2	株洲市	7
3	湘潭市	0
4	岳阳市	10
5	常德市	113
6	益阳市	18
7	衡阳市	22
8	郴州市	85
9	永州市	34

续表2-9

序号	区域(市州)	数量/个
10	娄底市	1
11	邵阳市	11
12	张家界市	48
13	怀化市	51
14	湘西土家族苗族自治州	71

　　湖南曲艺类非物质文化遗产散落在全省各地,除常德丝弦传承较好外,其他种类大多只有一个传人,且年事已高,均面临传承危机。

　　10. 岁时节令(表2-10)

表2-10　湖南省的岁时节令普查大体分布情况

序号	区域(市州)	数量/个
1	长沙市	13
2	株洲市	103
3	湘潭市	1
4	岳阳市	3
5	常德市	17
6	益阳市	25
7	衡阳市	32
8	郴州市	218
9	永州市	138
10	娄底市	1
11	邵阳市	8
12	张家界市	17
13	怀化市	79
14	湘西土家族苗族自治州	115

　　岁时节令也称为岁时、时节、岁事、时令等,是人们在长期的社会生活中约定俗成的一种集体性习俗活动,是人们观察自然现象和研究气象气候变化的原始方法和创举。湖南省的岁时节令类非物质文化遗产主要有:春节(农历正月初一)、元宵节(农历正月十五)、清明节(公历四月五日前后)、端午节(农历五月初五)、中元节(农历七月十五)、中秋节(农历八月十五)、重阳节(农历九月初九)、除夕(农历十二月廿九或三十)、土家族的"舍巴日"、苗族的四月八节和赶秋节、苗侗芦笙节、古丈的跳马节等。

11. 杂技(表 2-11)

表 2-11 湖南省杂技普查大体分布情况

序号	区域(市州)	数量/个
1	长沙市	4
2	株洲市	2
3	湘潭市	3
4	岳阳市	2
5	常德市	11
6	益阳市	10
7	衡阳市	4
8	郴州市	70
9	永州市	11
10	娄底市	0
11	邵阳市	1
12	张家界市	4
13	怀化市	17
14	湘西土家族苗族自治州	99

　　湖南的杂技类非物质文化遗产主要有上刀山、魔术、口技、下火海、咬铧口、吃炭火、杂耍、吃瓷碗、老君打铁等,主要分布在长沙、湘西、怀化、张家界等地。其表演程序有固定的模式,充满了神秘的巫文化色彩,多以师傅带徒弟的方式传承。

12. 消费习俗(表 2-12)

表 2-12 湖南省消费习俗普查大体分布情况

序号	区域(市州)	数量/个
1	长沙市	4
2	株洲市	14
3	湘潭市	2
4	岳阳市	2
5	常德市	54
6	益阳市	21
7	衡阳市	25
8	郴州市	281

续表2-12

序号	区域(市州)	数量/个
9	永州市	151
10	娄底市	7
11	邵阳市	10
12	张家界市	50
13	怀化市	94
14	湘西土家族苗族自治州	253

　　湖南消费习俗非物质文化遗产主要有：武冈卤菜制作、十三村酱菜制作、保靖松花皮蛋制作、麻香糕制作、擂茶习俗、永丰辣酱制作、古丈毛尖茶制作、火宫殿传统小吃、杨裕兴面条制作、酒鬼酒酿制、油茶习俗、雕花蜜饯制作、浦市窖子屋建筑、侗族风雨桥、转角楼、土家族转角楼建筑、吊脚楼、苗族服饰、土家服饰、苗族织锦、洞口墨晶石雕、菊花石雕、溪砚制作、长沙窑铜官陶瓷、蔡伦古法造纸、岳州扇制作等。

13.民间知识(表2-13)

表2-13　湖南省民间知识普查大体分布情况

序号	区域(市州)	数量/个
1	长沙市	9
2	株洲市	15
3	湘潭市	6
4	岳阳市	3
5	常德市	58
6	益阳市	94
7	衡阳市	3
8	郴州市	410
9	永州市	67
10	娄底市	11
11	邵阳市	3
12	张家界市	30
13	怀化市	149
14	湘西土家族苗族自治州	157

　　民间知识内涵丰富，涉及天文、地理、养殖、建造、设计、计算和记事等诸多的方面。湖南省民间知识类非物质文化遗产主要有地质灾害预测、土方测量、天气预测、房屋测量、木

匠墨斗、农作物病虫害防治、界碑纪事、家谱纪事、指路碑纪事、鲁班字纪事、看风水等。

14.人生礼俗(表2-14)

表2-14　湖南省人生礼俗普查大体分布情况

序号	区域(市州)	数量/个
1	长沙市	9
2	株洲市	88
3	湘潭市	1
4	岳阳市	12
5	常德市	57
6	益阳市	37
7	衡阳市	25
8	郴州市	551
9	永州市	90
10	娄底市	6
11	邵阳市	15
12	张家界市	115
13	怀化市	196
14	湘西土家族苗族自治州	279

人生礼俗是人从出生到死亡的不同阶段中体现出来的不同的人生礼仪，这些礼仪包括诞生礼俗、成年礼俗、婚姻仪礼、丧葬礼俗等。湖南人生礼俗类非物质文化遗产主要有：瑶家坐歌堂、嘉禾伴嫁习俗、土家族跳丧、女书习俗、炎帝陵祭典、屈子祠祭典、舜帝陵祭典等。

15.民间信仰(表2-15)

表2-15　湖南省民间信仰普查大体分布情况

序号	区域(市州)	数量/个
1	长沙市	18
2	株洲市	113
3	湘潭市	1
4	岳阳市	29
5	常德市	40
6	益阳市	37
7	衡阳市	62

续表2-15

序号	区域(市州)	数量/个
8	郴州市	348
9	永州市	114
10	娄底市	10
11	邵阳市	11
12	张家界市	65
13	怀化市	118
14	湘西土家族苗族自治州	232

　　湖南的民间信仰包括原始信俗、俗神信俗、祖先信俗、巫术等。湖南民间信仰类非物质文化遗产主要有：张家界的巫术、辰州符、湘西苗族椎牛祭祖、湘西赶尸、放蛊等。民间信仰是一种自发自觉行为，没有固定的组织和组织人，没有严格的教义和规程。

　　16. 传统医药(表2-16)

表2-16　湖南省传统医药普查大体分布情况

序号	区域(市州)	数量/个
1	长沙市	8
2	株洲市	9
3	湘潭市	0
4	岳阳市	8
5	常德市	39
6	益阳市	16
7	衡阳市	5
8	郴州市	18
9	永州市	4
10	娄底市	0
11	邵阳市	4
12	张家界市	13
13	怀化市	0
14	湘西土家族苗族自治州	54

　　传统医药是优秀传统文化的重要载体，在促进文明互鉴、维护人民健康等方面发挥着重

要作用。① 湖南传统医药类非物质文化遗产主要有：九芝堂中药文化、民间正骨术、孙氏正骨术、李正波中医正骨、土家族医药、小儿疮积、苗医苗药、中医治疗骨质增生、治蛇毒等。

17. 民间文学(表2-17)

表2-17　湖南省民间文学普查大体分布情况

序号	区域(市州)	数量/个
1	长沙市	1065
2	株洲市	73
3	湘潭市	27
4	岳阳市	291
5	常德市	560
6	益阳市	355
7	衡阳市	565
8	郴州市	2549
9	永州市	90
10	娄底市	58
11	邵阳市	22
12	张家界市	78
13	怀化市	468
14	湘西土家族苗族自治州	6789

　　湖南省这类非物质文化遗产主要有：苗族古老话、苗族歌谣、土家族梯玛神歌、土家族山歌、土家族哭嫁歌、土家族挖土锣鼓歌、苏仙传说、刘海砍樵传说、嘉山孟姜女的传说、桃花源传说、民间故事、民间谚语、谜语、民间小调等。这些民间文化遗产包罗万象，涵盖了丰富的社会生产、生活内容，蕴藏着传统文化的深厚根源，包含着难以言传的意义和不可估量的价值，具有重要的现实意义。这些民间口头文学表述形象生动，且多带有一些传奇与幻想的浪漫色彩。

随 堂 练 习 ▶▶

　　湖南省非物质文化遗产普查基本完成了湖南省(　　　)个市州、113 个县(市、区)的普查。

　　A. 14　　　　　　B. 12　　　　　　C. 10　　　　　　D. 15

---

① 2017年，习近平祝贺金砖国家卫生部长会暨传统医药高级别会议的贺信。

第二节 湖南省非物质文化遗产保护的现状

一、湖南非物质文化遗产的基本情况

湖南特殊的地理位置孕育着有深厚底蕴和独特魅力的"湖湘文化"，其使得湖南的非物质文化遗产丰富多彩，体系完备，共 10 大类 5149 个项目。

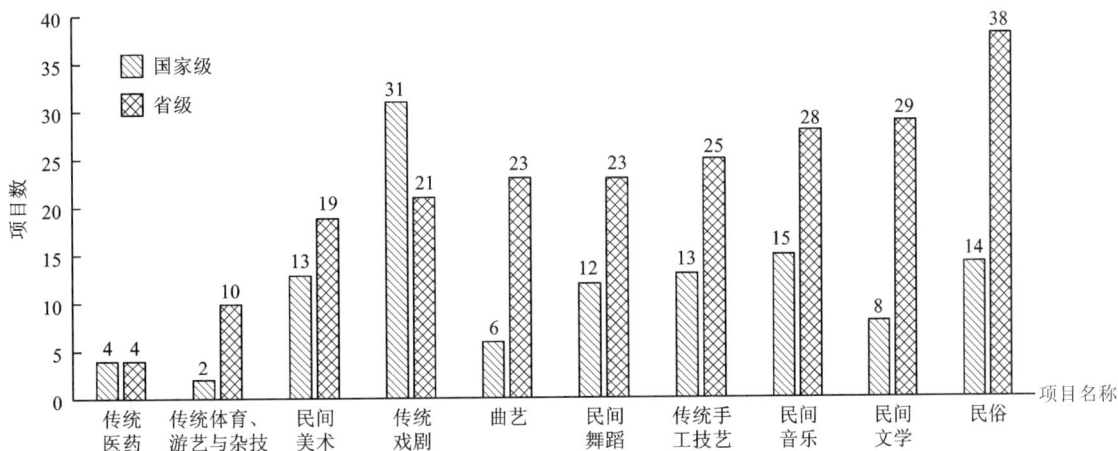

湖南省的国家级和省级非物质文化遗产统计

列入联合国人类非物质文化遗产代表名录项目：昆剧（湖南省昆剧团），皮影戏（湖南木偶皮影传承保护中心、衡山县文化馆），汨罗江畔端午习俗，二十四节气安仁赶分社、苗族赶秋。列入国家级非遗名录项目 118 个，省级非遗名录项目 240 个，市县级项目 4707 个，入选国家级代表性传承人 121 人，省级传承人 304 人，市县级传承人 4416 人。文化生态保护成效明显，列入国家级文化生态保护（实验）区 1 个：武陵山区（土家族苗族）文化生态保护区；新增省级文化生态保护（实验）区 3 个：怀化市侗族苗族文化生态保护（实验）区、常德市鼓书文化生态保护（实验）区、郴州市临武县戏曲文化生态保护（实验）区。传统工艺振兴推进有力，列入国家级非物质文化遗产生产性保护示范基地 4 个：湖南省龙山县苗儿滩镇捞车河村土家织锦技艺传习所、湖南省怀化市通道侗族自治县呀啰耶侗锦织艺发展有限公司、湖南省湘绣研究所、醴陵陈扬龙釉下五彩瓷艺术中心。进入人社部、教育部、文旅部三部联合实施传承人群研修研习培训计划校达 6 所，分别是：湖南艺术职业学院、湖南工艺美术职业学院、怀化学院、吉首大学、湘西民族职业技术学院、湖南师范大学。进入国家首批传统工艺振兴计划名录有 14 项：湘绣、花瑶挑花、苗族挑花、蓝印花布印染技艺、土家族织锦技艺、侗锦织造技艺、菊花石雕、宝庆竹刻、踏虎凿花制作技艺、滩头木版年画绘制技艺、苗族服饰制作技艺、益阳小郁竹艺、土家族吊脚楼营造技艺、醴陵釉下五彩瓷烧制技艺。

近年来，湖南率先探索非遗代表性传承人可进可出的动态管理，实施传承人年度考核评估，在省级传承人评审中引入面试机制，受到文化和旅游部的肯定。花垣县确定为全国十个

重点支持"非遗+扶贫"试点地区之一，同时为全国十个"非遗+扶贫"观测点之一。设立湘西传统工艺工作站，将"非遗+扶贫"和"非遗+乡村振兴"有机结合，实施"让妈妈回家计划"产生良好社会效益和广泛影响，让非遗在脱贫攻坚战中发挥重要作用。[①]

二、湖南省非物质文化遗产保护的实效开展

湖南省非物质文化遗产保护工作要树立保护和开发意识，在危机意识中树立可持续发展意识和创新意识，调动全社会和各团体组织的力量，在非物质文化产业发展中实现非物质文化遗产保护工作的实效开展。

（一）立法保护

立法保护是使非物质文化遗产得到有效保护的重要措施。只有加快立法，才能从根本上加强对非物质文化遗产的保护。近年来，在国家政策的指导下，湖南省政府积极制订保护法规和政策，进一步明确非物质文化遗产保护对象、范围，明确非物质文化遗产的权属，明确政府行政部门的职责，立法保护，从而使非物质文化遗产保护工作法治化、规范化、制度化。根据国务院办公厅《关于加强我国非物质文化遗产保护工作的意见》的文件精神，结合我省实际，湖南省颁布了《湖南省人民政府办公厅关于加强非物质文化遗产保护工作的意见》，该意见对非物质文化遗产保护的目标、方针、原则、工作机制、保障措施等方面做出了明确的规定。

（二）项目保护

在项目保护上，湖南省全面开展普查工作，积极推进建立省级非物质文化遗产名录的工作。文化部部署了全国非物质文化遗产普查工作，在此形势下，湖南省积极开展非物质文化遗产普查工作，将普查摸底作为非物质文化遗产保护的基础性工作来抓，统一部署，有序进行。在充分利用十部湖南民间文艺集成志书等工作成果和研究成果的基础上，分地区、分类别制订普查工作方案，组织开展对全省非物质文化遗产的现状调查，全面了解和掌握各地各民族非物质文化遗产资源的种类、数量、分布状况、生存环境、保护现状及存在问题，并运用文字、录音、录像、数字化多媒体等各种方式，对非物质文化遗产进行真实、系统和全面的记录，建立档案和数据库。目前湖南省的江永女书已正式向国家文化部推荐申报世界"人类口述和非物质遗产代表作"。

（三）传承人保护

传承人是非物质文化遗产的重要承载者和传递者，他们掌握并承载着非物质文化遗产的知识和精湛技艺，既是非物质文化遗产活的宝库，又是非物质文化遗产代代相传的代表性人物。为加强代表性传承人的保护，湖南省搞好普及教育工作，尊重民间自发性传承方式，全力挖掘尚存的传承地和传承人，加强对掌握非物质文化遗产技艺技能的艺人的调查登记，明确需要保护的对象，出台优惠政策并采取相关措施，将传承人保护和传承保护结合起来，提供一个长期的传承平台鼓励他们传承。在文旅部公布的两批共777名国家级非物质文化遗产

---

① 湖南省文化馆 hnyd. ctwenhuayun. cn.

项目代表性传承人中,湖南省共有 33 人。目前湖南省文旅厅正积极开展省级非物质文化遗产项目代表人的推荐和任命工作。

(四)博物馆、展示馆保护

建造展示馆是为了将中国神秘的文化遗产集中展示,让更多的人来关注,让民族文化找寻到适合自己传承和发展的道路。近年来湖南省各地积极组织非物质文化的展览活动,举办具有独特魅力的民间传统节日节会,表演丰富多彩的民俗风情、传统歌舞,使非物质文化遗产在活动中得以传承和展示,让非物质文化遗产在展览和民族传统节会中"复活"。2007 年 7 月 1 日,中国第一个多民族非物质文化遗产展示馆在张家界大庸府城揭幕,听着土家山歌,喝着苗家拦门酒,感受白族特有的宗教文化,土家族、苗族、侗族、瑶族和白族独特而灿烂的少数民族文化与传统在此集中、生动展示。与此同时,长沙市建立了花炮博物馆、湘绣博物馆、华夏剪纸博物馆,还组织非物质文化遗产展览,湘绣、浏阳菊花石、剪纸、浏阳花炮、湘剧脸谱、服饰、长沙县双江锣鼓亭子、滚灯车、"长沙窑"铜官陶瓷等非物质文化遗产项目在市博物馆展出,用丰富的实物展示各项目的制作加工的技艺、工序,通过丰富的文字和图片资料向观众展示他们的价值和影响。为配合展览,还组织湘绣绣工、剪纸艺人、古琴艺人、棕编艺人和"长沙窑"铜官陶瓷艺人等进行现场表演。

(五)基地保护

《国家"十一五"时期文化发展规划纲要》要求,在"十一五"期间确定 10 个国家级民族民间文化生态保护区,对非物质文化遗产内容丰富、较为集中的区域,实施整体性保护。湖南的大湘西地区,长期以来集聚着土家族、苗族、侗族、瑶族和白族等五大主体少数民族。由于大山的阻隔,这里保留了各民族特有的民俗文化,成为人类宝贵的非物质文化遗产。其中,土家族摆手舞、苗家鼓舞、江永女书、滩头年画等都已被列入中国首批"非物质文化遗产保护名录"。湖南正在根据湘西的民族和地域特点,积极探索开展文化生态保护区的方式方法。目前《湖南省湘西土家族苗族自治州文化生态保护区规划纲要》正在组织论证当中。湖南省湘西土家族苗族自治州也制定了建设文化生态保护区的规划。特别要提到的是以浏阳花炮为代表的非物质文化遗产项目开发式保护成效显著。在传统基础上实施以新工艺、新材料、新机械、新产品、新包装、新内容的"六新"开发,获得成功。如今,浏阳花炮已成为我国最大的花炮及其原材料产销基地,实现年产值 30 多亿元,创税收近 10 亿元,成为非物质文化遗产开发式保护的成功范例。①

随堂练习 >>

湖南省非物质文化遗产保护的实效开展包括(　　)。

A. 立法保护 　　　　　　　　　B. 传承人保护

C. 项目保护 　　　　　　　　　D. 博物馆、展示馆保护

---

① 周奕,姜文斌.湖南省非物质文化遗产保护现状及基本经验[J].湘潮(下半月)(理论),2009(5):14-15.

第三节　湖南省非物质文化遗产保护的原则、方法和经验

勤劳的湖南各族人民在漫长的历史发展中精心创造了资源丰富的湖南非物质文化遗产，维系着国家民族的统一，成为我们共同的精神家园。

一、湖南省非物质文化遗产保护的原则

(一) 本真性保护原则

本真性是要保护原生的、本来的、真实的历史原物，保护它所遗存的全部历史文化信息。1964 年的《威尼斯宪章》提出"将文化遗产真实地、完整地传下去是我们的责任"。世界遗产委员会明确规定本真性是检验世界文化遗产的一条重要原则，并要求我们真实、全面地保存并延续文化遗产的历史信息及全部价值，明确提出被登录的遗产不能是按照今人臆想的过去历史情况重建恢复的东西。文化遗产的本真性是指来自原初的可以留传的所有，从物质形态上的持续、文化环境的"本体真实"到它的历史见证性。坚持本真性原则，有助于提高对文化遗产价值的认识，坚持正确的保护理念并实践，可以有效地防止"伪民俗"和"伪遗产"占用可贵的保护资源和财富。

(二) 科学保护原则

非物质文化遗产虽然是植根于民间的活态文化，但同时也是发展着的传统行为方式。非物质文化遗产不是一成不变的，它是随着历史的不断演进和社会时代的前进而发展，不断地变化、更新。对处于变化中的非物质文化遗产，我们对其的保护要遵循科学的原则，客观公正的去看待非物质文化遗产的变化，客观对待它的流变与发展。既遵循非物质文化遗产自身传承、演化规律，实行活态保护，又保持其在自身轨道中顺应流变发展，保持其原有的文化韵味和基础。

(三) 整体性保护原则

非物质文化遗产的整体是由无数具体的文化事项所构成的，它不是某些"代表作"和零散的"文化碎片"所能涵盖的。我们的非物质文化遗产不仅包含着丰富多样的形式和内容，而且还与特定的生态环境相依存。我们倡导的保护是对非物质文化遗产保存人类文化的多样性和丰富性，是以全方位和多层次的方式来反映。因此，整体性是我们保护非物质文化遗产所要坚持的一个非常重要的原则。

整体性保护非物质文化遗产，一是要保护其自身的完整性。任何一种非物质文化遗产，都是由多种技艺、技能共同构成的，只保护其中部分技艺，是不能将其完整地保护传承下来的，必须对其全部程序与技能及掌握技能的人实施全方位的保护。二是我国民间许多习俗都与特定的文化生态环境紧密相依，保护非物质文化遗产，就要保护其生态环境。三是将同源共生、休戚与共的非物质文化遗产和物质文化遗产联系在一起进行保护，将他们完整地继承与发展。

(四)濒危遗产优先保护原则

在漫长的发展过程中,我们产生了丰富多彩的非物质文化遗产。有的非物质文化遗产由于传承人的断层和资料的缺失,正逐渐从人们的视野中消失。依据我们现有的人力、财力和物力情况,对所有的非物质文化遗产进行保护是很难实现的。因此,我们需要对非物质文化遗产进行区分,对一些濒危状态的优秀非物质文化遗产实施及时有效的抢救与保护,避免"人间国宝"的消失,避免"人亡艺绝"的现象出现。

二、湖南省非物质文化遗产保护的方法

非物质文化遗产不仅承载着中华民族的精神和情感,而且承载着国家统一和民族团结发展的重要任务,是中华民族集体智慧的结晶。以口传心授为主要传承方式的非物质文化遗产,在快节奏生活的经济社会,在不同文化交流借鉴的当下,在科技日新月异的社会发展中,逐渐失去了生存发展的空间和土壤,面临着后继无人、消失殆尽的窘境。一些宝贵的非物质文化遗产,一些珍贵的具有历史、文化价值的非物质文化遗产资料,一些承载着人们美好生活记忆的遗产项目随着传承人的年老逝去而难觅踪影。传统的非物质文化遗产保护观念、保护手段、保护范围、保护力度需要在时代的发展中推陈出新,在政府、民间团体、社会各界的共同参与中形成全面、多方位的保护体系,形成非物质文化遗产保护的最大合力。

(一)知识产权保护

知识产权是非物质文化遗产普查保护的前提和基础。作为权利人对其智力劳动所创作的成果和经营活动中的标记、信誉所依法享有的专有权利的知识产权,是非物质文化遗产得以普查保护的重要保障。构建非物质文化遗产传承人及产品项目,搭建的非物质文化遗产销售渠道和平台,为非物质文化遗产从业者和产品项目进行知识产权登记、保护和交易服务,辅之以必要的法律咨询服务,为推动非物质文化遗产普查保护保驾护航。

1.从著作权法的角度对非物质文化遗产进行保护

非物质文化遗产流传久远,很多是人们集体智慧的结晶,其具体产生形成的年代、权利归属也无从确定,涉及的知识产权保护的期限很难用著作权保护期限的相关规定来确定,如民间节日、民间风俗等,这些与著作权法的规定相差甚远。因此,我们要根据非物质文化遗产的实际情况采用相应的保护方式,一些项目的著作权保护可以从对传承人的保护入手。撇掉年代久远的民间故事、民间习俗等与我国现行的著作权法不能衔接的部分,用著作权法保护代代传承人不断创作的成果是可行的。用著作权法对我国民间创作者创作或整理的作品进行保护,是符合著作权法的相关规定的。

2.明确非物质文化遗产传承人的权利

在传承人确定为非物质文化遗产传承人的同时,也明确了传承人在该非物质文化遗产项目的权利主体,拥有了该非物质文化遗产项目的合理使用和享用收益的权利。除传承人之外的人需要对该非物质文化遗产项目进行营利性使用,在取得权利人的同意的基础上需要支付合理的费用。不少的非物质文化遗产项目具有群体性的特点,其权利主体是一个聚落,而非

个人，在这个聚落中的每一个个体都对这个非物质文化遗产项目享有主体权利，这个项目在他人进行营利性使用后所支付的费用，也应当由全体权利人共同享有。

3.建立非物质文化遗产知识产权的长期保护制度

根据知识产权法，一般客体的知识产权都有具体的保护期限，保护期限到期后知识产权就自动进入市场的公共领域。非物质文化遗产几乎都是在一代又一代人的传承、发展和完善中才得以形成最终的形态，这种产权的保护应该是长期的，没有时间期限的。根据非物质文化遗产的特殊性，仿照我国现行商标法中注册商标续展的相关规定，允许非物质文化遗产的传承人对其知识产权进行续展，同时又区别于注册商标，在严格符合相关条件的情况下，权利人续展非物质文化遗产知识产权不限制次数。

(二) 生产性保护

让非物质文化遗产实现自我造血。非物质文化遗产的生产性保护是指在具有生产性质的实践过程中，以保持非物质文化遗产的真实性、整体性和传承性为核心，将非物质文化遗产及其资源转化为物质形态产品的保护方式。生产性保护方式是在开展非物质文化遗产保护工作实践中应运而生的，它既体现了我国政府在开展此项工作方面的独创性，又与联合国教科文组织颁布的相关文化"公约"的精神相一致。如《保护非物质文化遗产公约》指出：要在不断使非物质文化遗产得到"创新"的同时，使非物质文化遗产的拥有者具有一种认同感和历史感，从而促进文化多样性和人类的创造力的发展。《保护和促进文化表现形式多样性公约》也明确提出：非物质文化遗产保护工作要体现"经济和文化发展互补原则"以及"可持续发展原则"。

1.在保护传承中开发利用

生产性保护的出发点和落脚点是不断提升非物质文化遗产的传承能力。传统技艺、传统美术和传统医药药物炮制类等非物质文化遗产项目都是在生产实践中产生的，其文化内涵和技艺价值主要靠生产工艺环节来实现和体现，广大民众则主要通过拥有和消费传统技艺的物态化产品或作品来感受非物质文化遗产的魅力，也正是在拥有和消费中推动了生产实践，实现了对非物质文化遗产的保护与传承。生产性保护非物质文化遗产在实际开展进程中要妥善处理保护传承与开发利用的关系。保护是原则、是前提、是基础，开发利用必须服从保护工作的需要，开发利用不能为迎合市场，一味求大、求全、求新，而是要在尊重传统历史的基础上，不改变非物质文化遗产的内涵，坚持传统工艺流程的整体性和核心技艺的真实性。

2.实现内涵式传承发展

"国家鼓励和支持发挥非物质文化遗产资源的特殊优势，在有效保护的基础上，合理利用非物质文化遗产代表性项目开发具有地方、民族特色和市场潜力的文化产品和文化服务。"非物质文化遗产产业的活跃度，取决于非物质文化遗产传承人与非物质文化遗产产业之间的关联度，非物质文化遗产能够激发自身的造血功能，将非物质文化遗产与时代发展相结合，形成与人民大众之间的良好互动，为人民对美好生活的向往提供丰富的文化产品，保证非物质文化遗产持续内涵式传承发展。

(三)促进文旅融合发展,加强保护传承

文旅融合是时代发展的趋势,在保证非物质文化遗产传承发展的前提下,推动非物质文化遗产产业欣欣向荣地与经济发展相适应,加强技能的提高,加强技艺的输出,加强渠道的对接,推动当地经济的友好发展,实现人们非物质文化遗产的丰厚物质回报,实现经济的良好发展。

1.非物质文化遗产在文旅融合过程中存在的问题

一是"活力不够"。长期以来,非物质文化遗产都注重保护和传承,不少的非物质文化遗产资源都藏在深闺大院、躺在博物馆中,靠着口口相传而得以延续和发展,发展动力和活力不够。随着人们生活方式的改变,人们比较注重自身的体验,对文化旅游消费需求也趋向于多样化和个性化的选择。非物质文化遗产的丰富内涵不是单纯的参观和观赏就能体会到其中的内涵价值。常德高腔传承人有句话说得非常好,"展示和欣赏常德汉剧高腔,要有场地、有舞台、有节目、有观众、有实实在在的表演,如今夜游穿紫河看到汉剧高腔走秀式的表演,难以给游客留下深刻印象,甚至会误导游客,把常德优秀文化中的好东西给糟蹋了"。① 二是辐射面不广。一些优秀的非物质文化遗产,如长沙弹词、浦市窨子屋建筑等在文旅市场的普及率和知名度都不高,在互联网技术日新月异的今天,对一些非物质文化遗产的介绍只有只字片语,没有图文并茂,一些专门的非物质文化遗产网站也只能寻找到一些活动的动态新闻,没有对非遗项目进行详细的介绍,宣传还需加大力度。三是传承不足。非物质文化遗产是一种活态文化,不仅需要保护还需要传承。非物质文化遗产能否得到保护关键在传承人。非物质文化遗产项目对传承人的要求不仅是愿意学,而且对领悟力、综合素质、动手能力要求较高,但有的项目市场需求不大,学习过程中需要投入资金、人力、物力,直接导致学习的人少之又少。

2.非物质文化遗产项目对推动文旅融合的重大意义

针对其在文旅融合中的内生动力不足的问题,充分挖掘非物质文化遗产项目推进文旅融合的优越条件,实现非物质文化遗产的"美丽经济"。一是非物质文化遗产具有文化的独特性。将具有文化独特性的非物质文化遗产项目通过资源开发成为人文旅游产品,也就形成有别于其他旅游产品的差异性。以邵阳布袋戏系为例,他是邵阳非物质文化遗产的代表符号。一个艺人、一副戏担,不管大戏小戏、文戏武戏、生旦净末丑、吹打弹唱要,全靠艺人一个人手、脚、口并用,十指灵活调度。它集木偶技巧、戏剧形式、表演技艺于一体,具有神秘、精致、新奇、简便等特征,具有文化上的唯一性,注入旅游元素后,一颦一笑、一腔一调,都散发着无穷的魅力,成为独具特色的旅游产品。二是非物质文化遗产具有旅游的体验性。DIICH非遗大数据平台联合多家机构发布了《2018年中国互联网用户非遗认知与需求研究报告》,报告显示:"在非遗商业化方面,旅游是最受用户欢迎的非遗商业产品,其次是实体店、体验馆以及实体产品,用户在非遗商业产品上的花费依旧偏重旅游体验。前面提到以学生为主体的年轻人更喜欢二次元产品。相反,职业白领则更加倾向于非遗与旅游的结合,其中公

---

① 参见 http://zys.changde.gov.cn/ywxx/tcyj/content_342814,《以非遗为抓手,推进文旅融合的思考》。

司管理者以及金融行业对旅游的需求最为旺盛。除此之外，相比其他行业，互联网行业以及公关广告行业则更热衷于二次元的跨界产品。"从常德非遗文化街区运营的数据来看，2020年纳入全市精品旅游线路后，接待量相较于去年同期增长近5倍，且来欣赏非遗展演的人员比例中，游客从零起步，现在已有10万人观演，旅行社团游客增加近5倍，也充分说明游客对非遗体验的热衷。三是非物质文化遗产具有融合的可能性。作为两个重大交集产业的旅游和文化，二者是相辅相成的，旅游的发展离不开文化，文化的传播传承又借助旅游的载体平台。以湖南花鼓戏、长沙弹词、岳阳巴陵戏为例，他们本身不是产业，不具有产业性质，是以文化的表现形式进行传承发展，当他们和民俗表演、群众演出、节庆活动结合在一起后，可以形成对游客很具吸引力的当地特色活动。通过文旅产业的抛砖引玉，非物质文化遗产项目引入展示、体验和互动的旅游开发理念后，借助旅游平台特色活动，进一步扩大了非物质文化遗产的传播面，迸发了强大的生命活力。

三、湖南省非物质文化遗产保护的经验

湖南省在调查的基础上组织开展非物质文化遗产保护试点工作，将国家的综合性试点地区湘西土家族苗族自治州作为湖南省非物质文化遗产保护单位，在政策法规建设、投入机制和组织工作体系等方面进行探索，来改进同一门类非物质文化遗产保护的思路和方法。为更好地推动湖南省的非物质文化遗产保护工作，建立县、市、省级、国家级非物质文化遗产代表作名录体系，组织各类文化、科研和高校等单位，加强对非物质文化遗产的研究、认定和保存传播工作。湖南省非物质文化遗产在抢救与保护非物质文化遗产的实践中，坚持正确的保护原则和保护理念，注重采取合理有效的保护方法和措施，使保护工作得到卓有成效的开展。

(一)全面而扎实地推进普查工作

为了全面摸清湖南省非物质文化遗产的家底，湖南省文旅厅于2006年开始部署全省非物质文化遗产普查工作。至2009年顺利完成了这项工作，全面了解和掌握了湖南省14个市州，各个民族非物质文化遗产资源的种类、数量、分布状况、生存环境、保护现状及存在的问题。这次普查工作，是湖南省在全省范围内开展的一次大规模的非物质文化资源的全面、深入的调查。普查对29162个资源项目进行分类统计，分大类进行普查的方式解决了各地州保护工作中普遍存在的普查标准不统一、普查方法缺乏科学指导、思路不够清晰等问题，给予了比较准确和规范的梳理。

湖南省非物质文化遗产普查统一部署，分级实施，按照普查准备阶段、实地考察阶段、总结评估阶段三个步骤稳步地推进。在普查准备阶段，各地州结合本地实际情况制定出普查工作方案和工作计划，明确普查任务，确定普查目标、方法、步骤，落实人员配备，同时组织有关人员学习培训。在实地考察阶段，许多地州能够因地制宜、因时制宜，针对不同情况采取抽样调查、观摩民间艺术家的表演、参与民间手工艺制作及民俗节庆活动、开小型调查会等不同的调查方法。在实地考察中，非物质文化遗产普查工作人员不仅进行文字记录、文本及实物资料的收藏，而且还充分运用现代科技手段，用多媒体数字技术、录音、摄像等技术手段对非物质文化遗产项目进行资料的留存，且将采集来的大量资料整理成档案，输入电脑，建立数据库。湖南省还致力于将动漫技术应用到把口头文学转换成卡通片的工作中。

(二)建立非物质文化遗产保护四级名录体系

建立和完善非物质文化遗产保护名录体系,是我国保护非物质文化遗产具有开创性意义的重要举措。2006年,国务院批准公布了第一批国家级非物质文化遗产名录,包括十个门类共518个项目,涉及758个申报地区或单位。同年10月,文化部以部长令的形式颁发了《国家级非物质文化遗产保护与管理暂行办法》。至2020年已经开展完成了第五批国家级非物质文化遗产名录的申报和评审工作。在建立国家级非物质文化遗产名录的基础上,湖南省非物质文化遗产保护名录体系逐步完善,《湖南省人民政府办公厅关于加强非物质文化遗产保护工作的意见》中指出:"建立非物质文化遗产代表作名录体系。要制定评审标准并经过科学认定,建立省、市、县级非物质文化遗产代表作名录体系。积极争取我省具有重大价值的非物质文化遗产进入国家级非物质文化遗产代表作名录。省级非物质文化遗产代表作名录由省人民政府批准公布,报国务院备案。市、县级非物质文化遗产代表作名录由同级政府批准公布,并报上一级政府备案。"湖南省文化主管部门根据《中华人民共和国非物质文化遗产法》《湖南省实施〈中华人民共和国非物质文化遗产法〉办法》有关规定积极组织开展非物质文化遗产代表性项目的申报。主管部门2021年正在开展第五批省级非物质文化遗产代表性项目申报工作,同时对地市州级、县级非物质文化遗产代表性项目名录工作予以指导,逐步建立起完备的非物质文化遗产四级名录保护体系,实现非物质文化遗产的分级保护。

(三)认定和保护非物质文化遗产代表性传承人

非物质文化遗产是一种活态文化,它的传承是以人为载体。加强对非物质文化遗产代表性传承人的保护,是非物质文化遗产保护的关键环节。湖南省文旅厅印发《为了湖南省非物质文化遗产项目代表性传承人认定与管理办法》的通知(湘文社〔2009〕203号),对非物质文化遗产名录项目的代表性传承人的认定标准、权利、义务和资助等做出了规定,为有效保护和传承湖南省非物质文化遗产,鼓励和支持省级非物质文化遗产项目代表性传承人开展传习活动。各级文化部门和非物质文化遗产项目保护单位对代表性传承人的传习活动给予支持,采取文字、图片、录音、录像等方式,全面记录传承人掌握的非物质文化遗产的表现形式、技艺、技能和知识等。办法规定"各级文化行政部门应当支持鼓励省级非物质文化遗产项目代表性传承人按师承的形式选择培养新的传人,保护传承人依法开展传艺、讲学及艺术创作、研究等活动,尽可能为其提供必要的传习活动场所。对无经济收入来源,生活确有困难而无法正常开展传承活动的省级非物质文化遗产项目代表性传承人,所在地文化行政部门应积极创造条件,给予重点扶持,并鼓励社会组织和个人进行资助,保障其基本生活。"

(四)建设文化生态保护区

为了使民间原生态非物质文化遗产存活下来,我们应该重视与其紧密相依的文化生态环境的保护。文化生态保护是文化遗产保护的重要内容。一个民族有一个民族的文化,每个民族文化都有与众不同的特色。在广大的时空背景中,在一个局部的特殊环境中,采取相应措施,使原生态民间非物质文化遗产存活较长时间并扩散其影响,是湖南省在非物质文化遗产保护中进行的有益尝试——建立文化生态保护区。文化生态保护区是指在一个特定的区域中,物质文化遗产(古建筑、历史街区与村镇、传统民居及历史遗迹等)和非物质文化遗产

(口头传说与表述、传统表演艺术、民俗活动、礼仪、节庆、传统手工技艺等)相依相存，并与人们的生活生产紧密联系，与自然环境、经济环境、社会环境和谐共处的生态环境。

湘西土家族苗族自治州地处湖南省西北部，与湖北、贵州、重庆三省市接壤，素有"湘、鄂、渝、黔咽喉"之称。湘西历史上就是少数民族聚居地，千百年来，土家、苗、汉民族在这片土地上共同繁衍生息，他们用自己的勤劳勇敢和聪明才智创造了湘西灿烂的历史文化及其奇特浓郁的民俗风情。多样的文化形态、丰厚的文化内涵、独特的文化精神、质朴灵动的文化气息，令湘西成为一块无法复制的文化活化石。湖南省湘西土家族苗族自治州编制了《关于建立国家级生态保护区的报告书》。2010年，国家文旅部正式批准设立武陵山区(湘西)土家族苗族文化生态保护实验区。2013年3月，保护区总体规划通过国家文化部评审，湘西成为全国第6个、湖南省唯一的国家级文化生态保护区。2014年4月，《武陵山区(湘西)土家族苗族文化生态保护区总体规划》正式获文化部批复。武陵山区(湘西)文化生态保护区规划范围包括整个湘西土家族苗族自治州，总面积15461平方公里，人口285万人，其中少数民族人口193.62万人，包括土家族106.20万人，苗族86.40万人，其他少数民族人口1.20万人。其中设立四个核心保护区，即凤凰山江苗族文化生态保护核心区、龙山里耶土家族文化生态保护核心区、永顺芙蓉镇土家族文化生态保护核心区、保靖吕洞山苗族文化生态保护核心区。其中包括如下保护和建设项目：濒危项目的抢救性保护、代表性传承人抢救性保护、湘西非物质文化遗产馆、湘西非物质文化遗产数字化保护工程、特色村寨民居保护等68个满足传承需要的综合性传习所。建立文化生态保护区，不但可以对非物质文化遗产的保护设立最安全的屏障，而且可以将民族文化遗产真实地保存在其所属的环境之中，使之成为"活文化"。

随堂练习 ▶▶

下列哪一项不是湖南省非物质文化遗产保护的经验(　　　)。
A. 建立非物质文化遗产保护四级名录体系
B. 建设经济生态保护区
C. 认定和保护非物质文化遗产代表性传承人
D. 全面而扎实地推进普查工作

思考探究 ▶▶

1. 非物质文化遗产保护中存在哪些困难，我们可以从哪些方面进行破解？
2. 青年在非物质文化遗产保护中可以承担什么角色？我们可以做些什么？

第三章　湖南省国家级非物质文化遗产项目

第一节　民间文学

　　民间文学又称"口头文学"，是由民众口头创作、口头流传并不断地集体修改、加工的文学，包括神话、史诗、传说、故事、歌谣、叙事、说唱、谚语、谜语等，它具有口头性、集体性、变异性、传承性等特点。民间文学是非物质文化遗产中的主要类别，根据联合国教科文组织《保护非物质文化遗产公约》的内容划分，属于"口头传统和表现形式"。在非物质文化遗产保护中，民间文学保护难度最大，因为它是以口耳相传的形式传承。随着人们娱乐方式的多样化以及生活方式的改变，不少民间文学处于尴尬境地甚至濒危的状态，所以民间文学亟须传承和保护。湖南省历史悠久，民间文学资源丰富，入选国家级非物质文化遗产名录的共有 8 项（表3-1），这些民歌、民间故事反映了湖南人崇尚正义、热爱自由、追求平等的朴素的人生观、社会价值观、审美观，表达了湖南人世代祈求幸福、平安、财富和健康的美好愿望，在一定程度上，也帮助人们形成了淳朴、友善、热情的民风。

表 3-1　湖南省国家级非物质文化遗产民间文学类（共 8 项）

序号	项目名称	申报地区
1	孟姜女传说	湖南省津市市
2	土家族梯玛歌	湖南省龙山县
3	盘瓠传说	湖南省泸溪县
4	苗族古歌	湖南省花垣县
5	土家族哭嫁歌	湖南省永顺县
6	土家族哭嫁歌	湖南省古丈县
7	苏仙传说	湖南省郴州市苏仙区
8	盘王大歌	湖南省江华瑶族自治县

一、孟姜女传说（表3-2）

表3-2　孟姜女传说

入选时间	2008 第二批
保护单位	津市市文化馆（津市市美术馆）
编号	I-8

(一)历史源流

中国流传最广的四大民间爱情传说是牛郎织女、孟姜女哭长城、梁山伯与祝英台、白蛇传。其中流传于湖南嘉山民间的孟姜女传说又在全国各地的孟姜女传说中极富特征性。根据《澧州志》《孟姜山志》和"孟姜故宅碑"等史料记载，孟姜女出生于现在的湖南省常德市津市市嘉山，其地处津澧南部。嘉山原名翠麓山，秦代以后称孟姜山。明嘉靖年间，吏部尚书李如圭上书皇帝，嘉奖孟姜女贞烈，于是将孟姜山更名为嘉山。嘉山至今仍存有贞烈祠、望夫岩、百步磴、相思竹、恨石、镜石等与孟姜女传说相关的古迹。嘉山孟姜女传说最早源于汉代，历代民间广为盛传，并逐渐衍生出了以歌谣、戏曲、民间故事等形式存在的文学艺术作品。

(二)故事梗概

相传嘉山脚下居住着一位姜姓老者，他生有一女，根据家中排行，取名孟姜。孟姜长大成人后，一日在屋后小池塘里洗澡，被躲避建造长城苦役而路过此地的范喜郎无意撞见。两人一见倾心，私订终身。不想三年后，范喜郎还是被官府抓走，重新送去修筑长城。由于不堪重劳，他死于苦役期间，并被填埋在长城之下。孟姜在家天天盼望丈夫归来。几年后，孟姜决心亲往长城寻觅，得知夫君已经离世，她在长城边大哭三天三夜，哭得城墙倒塌，露出了范喜郎骸骨。这个故事的结局，在嘉善当地有两种不同的说法：其一，孟姜女背夫还乡，病逝于归乡途中；其二，秦王逼迫孟姜成为其妃子，孟姜不从，蹈火而亡。

(三)传承价值

在嘉山孟姜女传说与当地传统民间民俗的相互影响下，湖南省湘西北地区出现了独特的孟姜女傩文化圈。由于嘉山孟姜女传说对文人的影响，明朝、清朝期间怀念孟姜女的古诗词初步收集的就有上百篇。当代文艺作品有散文《冷落的嘉山佳镜》、戏曲《嘉山孟姜女》、歌曲《孟姜女》和歌舞剧《秦时明月》等。嘉山孟姜女传说是古人留给我们的一笔宝贵财富，在历史方面，嘉山孟姜女传说史料记载翔实，传承有序，其内容中所描绘的人文、地理、风俗、思想和生活方式等方面有非常高的研究价值。在文学艺术方面，嘉山孟姜女传说衍生出不同形式的艺术作品，种类繁多，如民谣、诗歌、戏曲、书法、绘画等多种艺术形式，嘉山孟姜女传说还与流传区域的民风民俗相互融合，在以澧水流域为中心的湘西北一带形成了独特的孟姜女傩文化，游傩、供傩、傩戏等活动在民间流传不绝。在旅游方面，如今与嘉山孟姜女传说有关的物质遗存，在嘉山、澧水一带有少量现存，如孟姜故宅、孟姜祠、贞女祠、孟姜竹等，也给当地带来了旅游价值。

二、土家族梯玛歌(表 3-3)

表 3-3 土家族梯玛歌

入选时间	2008 年第二批
保护单位	龙山县非物质文化遗产保护中心
编号	Ⅰ-80

(一)历史源流

土家族是一个历史悠久的民族,因地理原因导致外来文化的输入甚少,大量土家族古老的民族民间文化保存下来,其中具有土家族代表性的民间文化"土家族梯玛歌"被流传至今,主要分布在湘西西水流域的龙山、永顺、保靖、古丈等地,对土家族人文社会影响深远。"土家族梯玛歌"是土家族在梯玛活动时用本族语言所演绎的古歌,"梯"在土家族的意思是"敬神","玛"的意思是"人们","梯玛"就是"敬神的人们",是土家族巫师的称呼,同时也是土家族一种宗教仪式。在朱熹的《楚辞集注》中写道:昔南楚郢之邑,沅湘之间,其俗信鬼而好,其祀必使巫觋作乐,歌舞以娱神。足可见土家族当时祭祀时的情形。由于土家族没有文字,文化的传承多靠口耳相传,这就形成了土家族丰富的歌乐文化。"土家族梯玛歌"以"梯玛日"仪式为载体,世代传承。其内容丰富、包罗万象、浩如烟海,并以诗、歌、乐、舞等艺术形式展现出了民族历史、民族迁徙、狩猎农耕、祭祀活动以及饮食起居等广泛的历史和社会生活,截至目前已整理译释出 50 章共 148 节内容,可称之为土家文化的"百科全书"。

(二)表演形式

"土家族梯玛歌"在唱述时主要使用的是土家语言,其创作采用了浪漫主义和现实主义相结合的手法,修辞上词汇丰富,想象独特,绘声绘色,具有很强的文学性。演唱形式丰富多样,有唱有吟,有对唱有合唱,既有忧郁的古歌,也有欢快的盘歌,既有抒情的祈祷辞,也有风趣滑稽的玩笑话。同时"梯玛神歌"以歌舞贯穿始终,其舞蹈形式多样,风格迥异,表演者根据不同的内容展现了豪放、潇洒、缠绵、粗犷、风趣、洒脱等风格。由于在舞蹈中需使用铜铃作为道具,则又被称之"八宝铜铃舞"。其舞蹈形式除土家族巫师单独表演的独舞外,还有陪神、香倌随之唱和的多种舞蹈,形成有表有叙、亦歌亦舞的长篇舞蹈诗。

(三)传承保护

彭继龙,男,1949 年出生,土家族,他是第一批国家级非物质文化遗产项目土家族梯玛歌代表性传承人,也是唯一指定的梯枸神歌传承人,同时被誉为"湘西三大梯玛"之一。彭继龙从小生活在土家族聚集的地区,深受土家族文化的熏陶,10 岁就跟着父亲彭武庚跑堂,15 岁时学艺出师。1993 年 11 月首次参加中国湖南龙山土家族摆手节,表演梯玛歌。1998 年签职,正式成为梯玛掌堂师。彭继龙始终不忘向民间艺人学习,搜集和发掘民间文化资料,尤其对梯玛歌研究颇深,他传承的梯玛歌内容丰富,表演形式古拙、原始,以其独特的形象博得了观众的一致好评。随着国家对非物质文化遗产保护工作越来越重视,彭继龙和他的梯玛表演队不断得到发展和逐步完善，在湘鄂渝边区名声显赫，深受广大群众的欢迎和喜爱，每年都要接待不少来访的海内外专家学者，并为他们提供不少宝贵的资料。同时还经常参加各类文化活动，特别是近几年来配合文化遗产的保护和传承工作，演出更为频繁，常年活动在湖北、湘西、张家界等地。

三、盘瓠传说（表 3-4）

表 3-4　盘瓠传说

入选时间	2011 年第三批
保护单位	泸溪县非物质文化遗产保护中心
编号	Ⅰ-93

（一）历史源流

盘瓠与辛女神话传说简称盘瓠传说，发祥于湖南省湘西土家族苗族自治州泸溪县，流传于湘西苗族地区和黔东北苗族地区以及我国东南部，集中表现在白沙镇的辛女村一带。盘瓠传说大约产生于母系社会向夫权社会过渡时期，凄美的故事，流传久远，代代传诵，是我国民间文学宝库中极为重要的资料和珍贵的文化遗产。盘瓠与辛女的传说最早的文献记载为东汉应劭的《风俗通义》："高辛之犬盘瓠，讨灭犬戎，高辛以少女妻之，封盘瓠氏。"此后，在晋朝、南朝、北魏等时期的文献中都有记载。此外如《唐书》《溪蛮丛笑》《峒溪纤志》等历史古籍大都有盘瓠和辛女传说的记载，而且大多数古书将盘瓠直接写成苗族之祖。泸溪苗民将盘瓠和辛女作为敬奉的对象由来已久，他们盖庙宇，塑神像，常年祭祀。正因如此，苗族不吃狗肉的传统，至今仍在流传，"母舅为大"的观念，现在还普遍地保留着。

（二）故事梗概

盘瓠传说讲述的是"神母犬父"的凄美爱情。传说古时，高辛王帝喾与犬戎国交战，屡战不胜，只因犬戎国的吴将军十分厉害，高辛王颁旨，谁取得吴将军首级，许其女为妻，赏金封地。文武百官都知道吴将军的厉害，没有一个人敢答应。谁知三天后，一只狗衔一人头伏于殿上。这狗就是盘瓠。高辛王与众大臣仔细辨认，确是吴将军人头。高辛王见立功者是狗，便以女儿不能嫁给狗为由毁约。辛女见父亲赖婚，便说："父王是一国之君，讲话不算数，将来如何治理国家？女儿我愿意嫁。"高辛王大怒，将辛女打入冷宫。半夜时分，囚禁辛女的房门自动打开，盘瓠前来驮着辛女一跃而起，飞了出去。他们来到泸溪境内沅水西岸一座绝壁上的山洞里，此后盘瓠和辛女生了六男六女，繁衍后代。后因儿女们知道父亲是只狗，不愿接受，将其打死扔进水里。辛女思夫心切，每天站在绝壁顶上，望着沅水，久而久之，泪干气绝，化作一块人形岩石，至今还痴痴地站在山顶上。

（三）传承保护

作为盘瓠文化的发祥地，泸溪除了民间口头流传的事故外，当地的辛女岩、辛女溪、辛女桥、盘瓠庙等实体地貌，都与传说有着或多或少的联系，并且还保留着多种多样的盘瓠崇拜的民俗和文化遗存。据史料记载，通过传说衍生出的跳香、祭辛女等祭祀活动相当隆重。盘瓠传说不只是一段凄美的爱情故事，其内容中包含了民族、民俗、宗教等学科内容。如今由盘瓠传说衍生出的服装、舞蹈、歌谣等还在民间存在。

侯自鹏，男，苗族，泸溪县白沙镇辛女村人。从20世纪80年代中期开始，搜集整理与盘瓠相关的民间故事和神话传说，学习并掌握了与盘瓠有关的祭祀仪式，多次参与并主持了盘瓠祭祀活动，在沅水流域广泛传播，影响较大。他积极开展《盘瓠传说》进校园讲述活动，是《盘瓠传说》极具活力和有贡献的传承人。

四、苗族古歌(表3-5)

表3-5　苗族古歌

入选时间	2011年第三批
保护单位	花垣县非物质文化遗产保护中心
编号	Ⅰ-1

(一)历史源流

苗族古歌是苗族人民世代相传的口头叙事古歌，是我国苗族地区民间文学百花园中的一朵奇葩。远古时期，苗族人民饱受战争苦难，为了躲避战乱，多次大迁徙，因为担心各种信息被历史湮没，智慧的苗族先民便将自己的历史深藏于清雅、空灵而又雄浑悲怆的古歌当中，留存于民族的记忆里。苗族古歌广泛流传于湘西土家族苗族自治州的花垣县、吉首市、凤凰县、保靖县、古丈县、泸溪县以及与之接壤的贵州、重庆和湖北等地。花垣县位于湖南省西北部，地处云贵高原的余脉武陵山区，是苗族人世居之地，全县苗族人口占比非常大，民族气息浓厚加之环境相对封闭，成为民间文学繁衍的土壤，大量苗族古歌在当地传统的仪式当中传承并流传至今。

(二)主要内容

苗族古老歌话是湘西苗族著名的长篇古歌，也是苗族特有的口碑文献。历史上苗族没有文字，苗族古歌靠口传心授，人们在传承过程中既有不经意的筛选与遗落，也有不断加工和充实。苗族古歌的形成，历史悠久，内容极为丰富，以特色的民族语言为材料，形式上采用了对仗句的韵文体句式，通过历代苗老司(苗巫师)的口碑相传一直流传至今。古歌篇幅巨大、内容浩瀚，记载了包括开天立地、战争迁徙、风俗习惯、生产劳动、神话传说、爱情故事、情歌礼辞、丧葬火把、苗医苗药以及天文哲学等内容，成为苗族古代神话的总汇，也是苗族先民创造出的史诗，在苗族民间被称为"古老话""古老歌"。

(三)传承价值

苗族古歌是一部苗族的"百科全书"，其在历史价值方面，揭示了史前祭祀、历史、易经、农业、医学的历史，展示了半农半牧民的生活，再现了炎黄、黄帝等的传说。在哲学价值方面，从事物的整体出发，强调事物的总体功能，把能量、物质和物质的组合结构作为三要素，对事物的能、质、体进行了辩论分析，抓住了事物的本质和主体。在文化价值方面，保存了中国的最基本的三大宗教(巫、鬼、道)，揭示了中国文明的源头，记录了苗族的祭祀文化、丧葬文化、饮食文化、礼节文化、礼炮烟花文化等。在文学价值方面，是中国最早的文学作品，特别是以历史为题材的祖话。在民族精神价值方面，苗族主张和谐共处，崇尚和谐共处，和谐社会就是苗族人民所向往的社会。苗族古歌在湘、黔、渝、鄂四省市边区深受苗族群众喜爱。对加强边区民族团结，构建和谐社会具有十分重要的现实意义。

五、土家族哭嫁歌(表3-6)

表3-6　土家族哭嫁歌

入选时间	2011年第三批	2011年第三批
保护单位	古丈县非物质文化遗产保护中心	永顺县非物质文化遗产保护中心
编号	I-112	I-112

(一)历史源流

湘西土家族哭嫁歌是用土家语言演唱的长篇民间叙事歌谣。在清乾隆《永顺县志》卷四《风土志·风俗·三》中曾记载古代土家族婚嫁习俗和哭嫁歌。清代土家族诗人彭秋潭的《竹枝词》中："十姊妹歌歌太悲，别娘顿足泪沾衣。"也具体描述了土家族哭嫁的场景。哭嫁作为家族婚礼中的不可缺少的礼仪和程序，其哭嫁过程中所演唱的"哭嫁歌"则可以算是土家族民间流传歌谣中最古老的一种。湘西土家族女子自幼学唱"哭嫁歌"，在土家族传统文化当中，衡量妇女才智的标准就是能否唱"哭嫁歌"。

(二)主要内容

土家族哭嫁歌整体结构严谨，篇幅浩繁，内容丰富。主要包括哭开声、哭爹娘、哭哥嫂、哭姊妹、哭亲属五个程序，母女对哭是哭嫁歌的重要部分，始终贯穿于整个出嫁的全过程。其次还有哭戴花、哭穿衣、哭离娘席、哭背亲、哭上轿、骂媒人等。除此之外还包括哭八仙、哭木匠等具有礼节性的内容。随着时代的变迁，哭嫁风俗和"哭嫁歌"的内容也出现了一些变化。据史料记载，最早土家族男女婚姻以自由婚姻为主，当时的"哭嫁歌"表达的更多是与亲人的离别以及感恩养育之情。但随着封建经济的发展和"三从四德"等礼教的影响，土家婚姻受到"门当户对"的限制和"父母之命、媒妁之言"的制约，诸多繁礼儒节像一根根绳索一般绑在土家族妇女身上，自由婚姻慢慢被包办婚姻和买卖婚姻所替代，造成许多婚姻悲剧。这个时期的"哭嫁歌"所表达的内容主要是对未来婚姻的担忧，对婚姻不自由的不满。后随着社会的不断进步与发展，"哭嫁歌"逐步地回到对父母的养育之恩的歌颂上。

(三)传承价值

土家族哭嫁歌情真意切、虽喜亦悲，凸现出土家族婚俗与众不同的独特文化现象，具有广泛的社会传承性。土家族哭嫁歌多采用比兴、比拟、排比、反复等修辞手法，歌词通俗洗练、直白易懂、句式生动、灵活自由、长短不一，也有七言句式，整体上非诗非词。哭唱时声韵融为一体、优美流畅、动听感人，富有极强的文学艺术感染力和语言魅力。土家族哭嫁歌凝聚了土家族妇女千百年来的集体智慧，艺术风格别样，民族特色浓郁，是极其重要且珍贵的土家族口传文学长卷。土家族哭嫁歌承载了许多优秀的传统道德内容和生产生活知识，如教育女儿要孝敬公婆，要敬重夫婿，要睦邻善处，要宽厚待人，要勤俭持家等，是一部家庭伦理、道德行为的鲜活教材，对土家族人文社会产生了深远影响。

六、苏仙传说（表3-7）

表3-7　苏仙传说

入选时间	2014年第四批
保护单位	郴州市苏仙区文化馆
编号	Ⅰ-140

（一）历史源流

郴州地区位于湖南省东南部，湘江上游，是以山地为主、东南高西北低、向衡邵丘陵过渡的地带。在南岭以北，一座巨大的翡翠屏障耸立在郴州市苏仙区境内，它就是苏仙岭。苏仙岭主峰海拔526米，满山古松笼翠、云雾缭绕，构成"苏林云松"的奇观，为郴州八景之首。苏仙的传说，曾经流布湘南、粤北、桂北部分县（即从汉初至唐代的桂阳郡）和山东、河南部分县区（即宋代齐州章丘、河南濮阳、信阳）。至今，在郴州市范围内仍有流传。苏仙，姓苏，名耽，字子安，西汉惠帝文帝年间桂阳郡人。据原立于苏仙岭苏仙观中的碑刻记载（已毁），苏耽生于汉惠帝五年（前190），"升仙"于汉文帝年（前177）。苏仙传说源于汉初，流传至今已两千多年而不衰，其中唐代时期郴州百姓为祭祀苏仙苏母，兴建苏仙观、橘井观、苏母祠等建筑，两宋时期是苏仙传说最为兴盛的时代。宋代先后有四位皇帝敕封苏耽为"真人""真君"，宋真宗诗作有"橘井甘泉透胆香"句，遂形成"橘井泉香"的医林典故。杜甫、元结、秦观、徐霞客、蒲松龄等也曾撰写相关诗文。在清代著名文学家蒲松龄的《聊斋志异》中曾记载苏仙的传说。

（二）故事梗概

"苏仙传说"是西汉发生在桂阳郡治郴县（现湖南郴州市苏仙区）的民间故事：郴县少年草药郎中苏耽，早年丧父成孤儿，他事母至孝，亲和邻里，治病救人。后人传为：潘姑娘未婚先孕，母亲逼女弃子，女藏子于山洞，鹤护鹿乳；孤儿苏耽放牛砍柴，种橘采药，孝养娘亲，遂得道升仙。行前告母：来年天下将暴发瘟疫，请母亲用庭院井泉熬橘树叶药汤，可救治郡民。第二年果如苏耽预测，瘟疫肆虐；苏母按苏耽所嘱法子，日夜熬药，救人无数。故事传至唐宋，唐玄宗诏令"发挥声华，严饰祠宇。"苏耽出生、采药的马岭山被道教列为"天下第十八福地"，山被百姓改称苏仙岭，井被称作"橘井"。

（三）传承价值

苏仙传说地域性特征显著，承载了独具特色的孝道、道教及中医文化意蕴，影响深远，深受民众喜爱，在现今郴州民众中依然有活态传承。传说中蕴含"悬壶济世""反封建、讲人道、母爱子孝、救难行善、造福一方"的人文精神,是湖湘文化的重要内容,也成为如今研究郴州历史文化的重要史料记载。苏仙传说中仙桃岭、白鹿洞、跨鹤台、苏仙桥、苏仙观、飞升亭等景观保存完整,如今已形成一处独具特色的道教文化名胜。同时,苏仙观每年农历五月十五苏仙升天日,会举行抬苏仙铜像等民俗事项丰富的祭祀祈福庙会,民众参与热情很高。传说中的"橘井"已成为中医的标志物,传说形成的橘井文化不仅传遍中国大江南北,而且辐射影响日、韩、越等国,海外华人在唐人街设"橘井诊所",柬埔寨有"桔井省",法、奥、俄、日等国图书馆均收藏有"苏耽橘井"的相关资料。

七、盘王大歌(表3-8)

表3-8 盘王大歌

入选时间	2014年第四批
保护单位	江华瑶族自治县文化馆
编号	Ⅰ-151

(一)历史源流

《盘王大歌》又称《盘王大歌书》《流乐书下卷》等,现存至今约八千行。主要流传在瑶族聚集地区,其中江华瑶族自治县是其保存最为丰富的地区。盘王作为瑶族人民的始祖,瑶族人民在每年农历七月或者农历十月举行"盘王节"。据史料记载,瑶族人民迁徙频繁,在迁徙过程中经常翻山越岭、漂洋渡海。传说在渡海时,突遇恶劣天气,为求渡过难关,瑶族人民祈求盘王护佑渡过难关,并许诺子孙后代给盘王还愿,感谢先祖恩德,才得以平安脱险。后来瑶族人民便不定期地举办"还盘王愿"的祭祀活动。在"盘王节"与"还盘王愿"祭祀活动中,最重要的仪式就是由巫师吟唱《盘王大歌》。《盘王大歌》主要通过口头流传,距今发现最早的抄本是清乾隆年间的。通常分为三种版本,分别是36段、24段和12段。36段的版本记载全面,其余版本均为摘抄本。其中内容包括三十六歌、七曲,主要有神话、传说、族史、生活风俗、宗教等内容,被世人称为瑶族的"百科全书"。

(二)艺术特色

《盘王大歌》用独特的艺术手法,叙述了人类起源、民族起源与发展、天地起源以及始祖的创世神话。同时鲜明地塑造了伏羲、盘王、唐王、鲁班、李广等历史人物,在歌颂为民造福、敢于斗争的英雄人物的同时,也无情地抨击了残暴的统治者和剥削人民的豪富之徒,并对那些游荡懒散、好吃懒做之人进行了讽刺。《盘王大歌》还采用了比兴手法,用世代锤炼的民族语言,通过丰富的想象力与生活实际相结合,展现了瑶族人民的生活本质和内在感情。《盘王大歌》作为一部歌与曲并存的瑶族歌谣总集,其艺术特点主要有四点:一是歌不离情,在歌集的三十多首歌中,几乎都包含着言情谈爱的内容;二是借物为喻,立意颇深,含而不露;三是形式多样,可以说《盘王大歌》是集瑶族歌谣形式之大成,其句式有十几种;四是歌与曲并存,其曲牌有7支,演唱时有的清唱,有的伴以乐器,有的以诵为主,有的又唱又诵,生动活泼,颇有吸引力。

(三)传承价值

《盘王大歌》反映出了瑶族悠久的民族历史文化,是瑶族重要的文化遗产。瑶族没有自己的文字,文化的传播方式是以口头传承,从古至今通过历代瑶族人民把《盘王大歌》中的历史文化演绎和传授,才使之传承至今,对后来历代瑶族人民创作的歌谣产生了良好的促进作用。同时在振奋民族精神,增强民族团结意识,弘扬爱国主义精神以及促进瑶族经济社会发展中有着重要的意义。

随堂练习 >>

湖南省入选国家级非物质文化遗产民间文学类的项目有(　　　)。
A.土家族梯玛歌　　　B.盘瓠传说
C.苗族古歌　　　　　D.土家族哭嫁歌

思考探究 >>

以一个民间文学为例,谈谈它的特点和时代价值。

第二节　传统音乐

传统音乐(表3-9)指中国人运用本民族固有方法、采取本民族固有形式创造的,具有本民族固有形态特征的音乐。它包括在历史上产生、流传至今的古代作品,也包括当代作品。传统音乐是人类社会生活的产物,起源于劳动。在劳动的过程中,人们敲打石器、木器以统一节奏,表达喜悦、欢乐之情,这便是传统音乐的最早期形式。传统音乐大致可分为五类——器乐音乐、戏曲音乐、说唱音乐、民歌、舞蹈音乐。传统音乐既是民族音乐,又是中国非物质文化遗产的重要组成部分,它主要通过口头创作方式产生和传播,具有地域性、流变性、通俗性、程式性等主要特征。中国古代的"士大夫"阶层认为,一个有修养的人应该精通"琴棋书画",所谓的"琴"就是指音乐,所以传统音乐对于陶冶情操、净化心灵,具有独特的作用。

表3-9　湖南省国家级非物质文化遗产传统音乐类(共15项)

序号	项目名称	申报地区
1	桑植民歌	湖南省桑植县
2	靖州苗族歌鼟	湖南省靖州苗族侗族自治县
3	澧水船工号子	湖南省澧县
4	土家族打溜子	湖南省湘西土家族苗族自治州

续表3-9

序号	项目名称	申报地区
5	茶山号子	湖南省辰溪县
6	新化山歌	湖南省娄底市
7	江河号子(酉水船工号子)	湖南省保靖县
8	苗族民歌(湘西苗族民歌)	湖南省吉首市
9	瑶族民歌(花瑶呜哇山歌)	湖南省隆回县
10	土家族咚咚喹	湖南省龙山县
11	芦笙音乐(侗族芦笙)	湖南省通道侗族自治县
12	唢呐艺术(青山唢呐)	湖南省湘潭县
13	土家族民歌	湖南省湘西土家族苗族自治州
14	渔歌(洞庭渔歌)	湖南省岳阳市
15	浏阳文庙祭孔音乐	湖南省浏阳市

一、桑植民歌(表3-10)

表 3-10 桑植民歌

入选时间	2006 年第一批
保护单位	桑植县非物质文化遗产保护中心
编号	Ⅱ-10

(一)历史源流

桑植隶属湖南省张家界市,是中国著名的民歌之乡。桑植民歌起源于原始农耕时期先民日常生产生活中的歌谣,是桑植县不同民族在长期生活实践中创造、传唱、累积起来的民间音乐艺术,最早的历史记载距今已有2000多年的历史。在战国时期楚国诗人、政治家屈原的《九歌·湘君》和《九歌·湘人》、清代同治和乾隆年间的地方志《桑植县志》以及清嘉庆沙文清创作《挽友人》等文献中均有桑植民歌的记载。在历史的发展进程中,许多民族迁徙至桑植,丰富了当地的民族文化,促进了桑植民歌的发展。其中桑植民歌经历了较为重要的两次大融合、大发展时期。春秋战国时期是中华文明从河流定居时代向大陆扩张时代迈进的历史时期,也是一个战火纷飞的年代。许多外地民族因躲避战乱而迁徙至桑植定居,为当时的桑植民歌注入了丰富的民族元素,从而产生了第一次大融合、大发展。大革命时期,我国十大元帅之一的贺龙曾带领大批桑植人投入到大革命当中,桑植作为当时湘鄂边、湘鄂西、湘鄂川黔革命根据地的重要组成部分,迎来了大量来自四川、云南、广西、湖北等地区的红军,其带来的不同地区的民歌,逐渐与桑植民歌融合,这段时期被称为桑植民歌的第二次大融合大发展。

(二)艺术特色

桑植民歌具有节奏明快、旋律优美、曲调丰富、形式多样、品种繁多等特点。桑植民歌的演唱,以桑植方言为主,卷舌音较多,其曲式结构严谨,曲体多样,尤其是衬词的运用,使民歌在烘托气氛、揭示人物内心情感等方面达到了极高的艺术境界。较为突出的有以下几种风格。

1.高亢明快的山歌

山歌在当地分布广泛,按照其风格可分为高腔、平腔、低腔。其中体现团结互助、勤劳勇敢的山歌会以音调高亢、节奏自由的高腔风格演唱;体现团结友爱、和睦相处、孝敬父母的山歌会以低腔风格演唱。除此之外,大部分山歌内容主要体现的是当地青年男女爱情、婚姻、相思、追求幸福的内容。如《布谷》《冷水泡茶慢慢浓》《天下只有和为贵》等千余支山歌。

2.风趣活泼的小调

小调多以表现不同情绪为主题,同时也有表现苦难生活以及记录生产生活等内容的题材。如《上四川》《上金寨》《雪见太阳一场空》《我望槐花几时开》等作品。

3.热情欢快的花灯调

桑植花灯是由汉文化歌舞艺术与桑植当地的少数民族的生活和风俗习惯相结合而形成的,它具有风格独特的民间歌舞艺术,表现出欢快活泼、节奏感强的风格。

4.激越斗志的革命民歌

革命民歌大多以山歌、小调和花灯调旋律为基础改变而成,主要有鼓舞斗志、军民情歌、歌颂红军歌等内容,如《不打胜仗不回家》《门口挂盏灯》《当兵就要当红军》《农民协会力量大》等曲目。此外还有振奋人心的劳动号子、天真烂漫的儿歌、民俗浓郁的风俗仪式歌等。

(三)传承价值

桑植民歌是中华民族文化中的一枝奇葩,是千百年来桑植人民劳动和智慧的结晶。它作为我国重要的民族文化之一,具有独特的历史文化价值。

1.社会文化价值

桑植所特有的地理环境与当地民众封闭半封闭的生存状态孕育了桑植民歌,其中还保存着较多原始宗教元素。传承至今的桑植民歌中还存在着大量独有的三句体歌词结构,对中国民歌的多样性提供了珍贵的资料和范例。

2.艺术价值

桑植民歌是中华民族音乐艺术的瑰宝,分为山歌、小调、礼仪歌、傩腔等类型,涵盖了传统民歌的所有曲种,尤其是两次大融合、大发展逐渐丰富了桑植民歌的内容和旋律,让其具有了无穷的魅力。桑植民歌在历代桑植人的努力下不断创新,完美地将桑植民歌融入了当地宗教习俗、民间传统活动和民间舞蹈当中，衍生出了极具当地特色的剧种，并传承至今。

3.科学价值

桑植民歌讲究特殊的润腔方法，这些独特的润腔方法，极大地丰富了桑植民歌的演唱理论，为声乐演唱提供了独特的范例。

二、靖州苗族歌鼟（表3-11）

表3-11　靖州苗族歌鼟

入选时间	2006年第一批
保护单位	靖州苗族侗族自治县非物质文化遗产保护中心
编号	Ⅱ-23

（一）历史源流

靖州苗族侗族自治县位于湖南省西南边陲，湘黔两省交界之地，是个多民族聚居的山区县，其中苗族人口约占全县总人口的40%，其主要分布在三锹乡一带。锹里苗族历史悠久，源远流长，与五千多年前的"九黎"和尧、舜、禹时期的"三苗"以及周时期的"荆楚"之间有着一脉相承的关系。锹里苗民勤劳纯朴、爽朗豪放，长年生活在山高谷深、重峦叠嶂、交通不方便的环境中，也因其独特的地理特征使这里的苗族先民不受外来文化的干扰，文化有较大的自我发展空间，同时优美的自然环境、简单质朴的生活促使苗族先民不断地对大自然进行探索，鸟鸣、流水等丰富多彩的自然之声让其产生了浓厚的兴趣。于是他们模仿这些大自然的"和声"编写了各种韵律动听的歌，后来经过长期的选择、提炼和加工，创造了独具韵味及富有地方特色的苗族民间艺术，其中最具代表性的为靖州苗族歌鼟。

（二）艺术特色

"鼟"是击鼓的声音，"歌鼟"原来是"多声部苗歌"的一种，即男女歌队对歌时唱的一类歌曲，而这种歌唱形式贯穿于苗民各种生活场景之中，其歌词多为七言四句，内容涉及历史传说、祭祀礼仪、生产劳动、婚姻恋爱等诸多方面。其音乐风格与其他地区的苗族民歌无共同点，有鲜明的个性和特点。靖州苗族歌鼟按其风格、旋律、内容、演唱方式及民族习惯可以分为：茶歌调、酒歌调、山歌调、担水歌调等。

1.茶歌调

茶歌调又称歌谣调，是苗民在各类喜事活动中，酒席正式开席之前喝茶或主客对歌前所唱的曲调，与如今活动中所使用的开场曲类似。这种曲调嘹亮奔放、激情昂扬、富有气势，演唱形式为一人"讲歌"、一人"领歌"、众人"和歌"，均用多声部男声合唱、女生和声的形式来演绎。其曲调嘹亮奔放、富有气势，展现出了苗家人热情好客、粗犷、豪爽的性格。

2.酒歌调

酒歌调是苗族人民宴请客人，在宴席上以歌助兴、以歌会友时所唱的曲调。酒歌调与别的歌调不一样的是，它多由男生演唱，主客之间歌来歌往，众主宾齐和，场面热闹，气氛浓厚。

3. 山歌调

山歌调又称情歌调、茶棚歌调，是苗族青年男女谈情说爱、交流感情时所唱的曲调。在靖州"锹里"一带，每个村寨都有一个专供青年男女自由社交的场所——"茶棚"，是苗族男女青年相识相知并且用来对歌的地方。"茶棚"里男女各坐一方，把所问所答都融入歌中相互交流。其形式有唱有和，韵律有起有落，节奏有快有慢。歌声悠扬婉转，娓娓动听。

4. 担水歌调

按照苗族传统习俗，苗族青年举行婚礼的第二天，男方需要打糍粑给新娘带回娘家以表示感谢，请新娘担水泡米打糍粑，担水歌调就是在新娘到井边担水过程中所唱的曲调。新娘在六位男歌手和伴娘的陪同下，挑着水桶、唱着"担水歌"缓缓而行，一路上歌声朗朗。

(三)传承价值

靖州苗族歌鼟是一种在特殊地域和特殊人群中使用的民间歌种，是靖州锹里苗族传统文化的见证者，是当地苗族民间民俗的传统文化得以延续至今的重要载体，同时也是当代苗族重要文化标志之一。它在我国民歌中有着独特的位置，多声部的侗族大歌已为世人认知，但多声部的苗族歌鼟却少为人知，两者在相同地区流行至今，且有着本质的区别，具有较高的音乐、历史、民俗、语言学等方面的价值。

三、澧水船工号子(表3-12)

表3-12　澧水船工号子

入选时间	2006年第一批
保护单位	澧县文化馆
编号	Ⅱ-33

(一)历史源流

澧县隶属湖南省常德市，因澧水贯穿全境而得名，位于长江中游，湖南省西北部，洞庭湖西岸，有"九澧门户"之称。明、清时期成为当地重要的商贸码头，也是整个湘西北物资进出的重要运输通道。此地区长途运输只能靠水路船运，很多生活在河道沿岸的劳动人民成为了船工。在长期的行船中，船工们为了集中力量、加油打气、统一步调，出现了一种由地方小调转化成的独特的劳动号子，这就是澧水船工号子。从《澧州志》的记载和一代代老船工的追忆中判断，澧水船工号子随着明朝中叶船运的兴起，便随之产生并获得初步发展，清末民初为盛行期，距今已有500多年的历史。

(二)艺术特色

澧水船工号子是以反映船工们生活和劳动场面为主题的一种独特的民间音乐，没有固定的唱本和唱词，无须从师，口口相告，代代相传。它多为即兴发挥，脱口而出，浅显易懂。一般是由一人领唱、众人合唱的形式来呈现。其根据不同的风格，可分为行船唱、休闲唱、表演唱三种不同形式。其中行船唱的内容以反映船工的劳动场景为主；休闲唱是指船工们上岸后自编自创，没有固定内容的号子，随意性强，以自娱自乐为主；表演唱通常指参加各类文艺演出时以澧水船工号子为基础，加以改编的船工号子。澧水船工号子在唱腔上，可分为三种不同板式，即在睡眠平缓行船时演唱的平板、在深水区行船或比赛时演唱的数板、在恶劣航行环境中演唱的急板。澧水船工号子因其地域的不同，也可分为上河腔和下河腔两种。上河腔是指石门上与桑植以下流域行船时所演唱的号子唱腔，由于该流域山高水急，河面狭窄，滩头礁石较多，行船十分艰险，故船工号子高亢铿锵、急促有力，节奏明快，展现了船工们无畏艰险与自然斗争的精神。下河腔是澧县下至津市安乡一带流域所唱的号子，该流域为平原地区，地势平坦，河道宽广，偶尔出现恶劣天气，但相比较上河流域还是平缓了很多，故澧水船工号子的声腔舒畅优雅，节奏平缓。其两者均可因时因地交替运用，声腔略有不同。

(三) 传承价值

1.历史价值

澧水船工号子历史悠久，源远流长，真实详细地记录着澧水船工们的生活百态，展现了船工们无畏艰险的奋斗精神，是澧水船工们勤劳与智慧的结晶。它作为当地历史发展的见证者，具有重要的历史研究价值。

2.学术价值

澧水船工号子在澧水流域和湘北地区的民间音乐中占有重要地位，其在发展过程中融入了当地其他少数民族的音乐元素，充分展现了其音乐的多样性和民族文化大融合的特点。其粗犷、浑厚、铿锵有力的声调，简朴的音韵、行腔和丰富的唱词，在中华民间音乐中较为罕见，对研究当地各民族音乐史具有重要的价值。

3.实用价值

澧水船工号子已从原来的劳动号子发展到现在，进入了学校的音乐教材并广泛应用到学校舞蹈、音乐、体育、舞台表演等场合，具有一定的社会性和实用性。

四、土家族打溜子（表 3-13）

表 3-13　土家族打溜子

入选时间	2006 年第一批
保护单位	湘西土家族苗族自治州非物质文化遗产保护中心
编号	Ⅱ-54

(一)历史源流

土家族打溜子是土家族地区流传最广的一种古老的民间器乐合奏,是土家族特有的艺术形式,主要分布在湘西州西水流域土家族聚居的永顺、龙山、保靖、古丈的4县68个乡镇。土家族"打溜子"又称"打挤钹",土家语叫"家伙哈",有的村寨又叫"得披口堂",其广泛地用于土家人节日喜庆、婚嫁迎娶、新居落成、舍巴摆手等民俗活动及场合。土家族打溜子源远流长,但产生的年代不详,现有两种说法。其一,从"月蚀"时土家族人敲盆击鼓、驱逐所谓"吞月之天狗"的传统民俗来看,打溜子可能源于原始渔猎时代。其二,在誉为"中国戏曲最远源头"的土家族"茅古斯"舞蹈中,描绘了先民狩猎击掌和击掌接亲的情节,表现了土家族打溜子最原始的雏形。唐代应该是土家族打溜子的发展时期,现存于永顺县文物局馆藏的唐代陶罐上,就有土家打溜子的人物图案。清代至民国时期,据史料记载,土家族打溜子已经进入兴盛时期,在清代文人彭勇行的《竹枝词》中就曾描绘婚嫁迎娶中的土家打溜子场景。

(二)艺术特色

1.土家族打溜子在表演演奏时场面非常热烈、欢快

"打溜子"使用的乐器由鼓、锣、钹、马锣四件组成。由于乐器分别组合的编制不同,演奏形式分"三人溜子""四人溜子""五支家伙"三种,在演奏风格上自成体系。"三人溜子"乐队编制为头钹、二钹、大锣,为土家族"打溜子"的本土初始乐队编制演奏形式,主要分布在流经永顺县、古丈县、保靖县西水河沿岸的土家族聚居的乡镇。"四人溜子"乐队编制是在"三人溜子"的基础上加上马锣组合而成,主要分布在西水河两岸的永顺、龙山、保靖三县交界的大山区。它增加了"马锣"的高音声部,形成了独特的山区文化意识,丰富了本土初始"三人溜子"的演奏形式和表现内容。"五支家伙"乐队编制是在"四人溜子"的基础上加上土唢呐的一种从本土打击乐向吹打乐发展的新的演奏形式。其唢呐演奏的曲牌明显带有外来音乐元素,形成本土与外来乐曲相融合的特点。

2.土家族打溜子曲目繁多,内容丰富,描绘细腻,风格古朴

相传"打溜子"有300多支曲牌,尚存并收录130支。其内容可分为绘声、绘神、绘意三大类,包含飞禽、走兽、人类生产生活习俗、植物、昆虫、水生物六个方面。绘声类,顾名思义是以描绘自然界飞禽走兽的声态为乐思的曲牌,如《鲤鱼漂滩》《雁儿拍翅》等;绘神类,是以描绘禽兽神态、仪体为乐思,抒发美好吉祥之情感的曲牌,如《小纺车》《闹年关》等;绘意类,如迎亲嫁娶是演奏的《安庆》《接亲溜子》等曲牌,此外还有《迎风》《八哥洗澡》等数十首代表性传统曲目。正因其节奏鲜明,旋律优美,曲调多变,被称为"土家族的交响乐"。

(三)传承价值

1.艺术价值

土家族打溜子作为我国非物质文化遗产,通过其独特的碰撞方式,不仅产生出特有的音响效果,而且充分体现了土家族民族艺术的古老与神秘,是我国稀有的民族音乐曲种,在历

史、文化、科学等方面具有极其重要的价值。

2. 人文价值

土家族打溜子充分展现了土家人的文化意识和艺术的独有性。其曲牌和内容都与土家人的生活息息相关。其发展史，也就是土家族音乐文化史，充分展现了土家人民的聪明才智，并具有鲜明的原生态艺术风格，为重要的人文历史提供了依据。

3. 社会价值

土家族打溜子源于民间，发展于民间，是土家人不可缺少并喜闻乐见的艺术形式，在当地众多民俗活动中都有其身影，对丰富当地群众文化生活，促进各民族之间交流都产生了积极的作用。

五、茶山号子(表3-14)

表3-14 茶山号子

入选时间	2008年第二批
保护单位	辰溪县文化馆
编号	Ⅱ-89

(一)历史源流

辰溪县隶属湖南省怀化市，位于湖南省西部，两千多年前瑶族人民就在这块土地上繁衍生息，创造出了灿烂的瑶族文化，其中最具特色的就是茶山号子。茶山号子是瑶民在劳动生活中所形成的一种极为特别的民歌演唱形式，主要分布在辰溪县的黄溪口镇、罗子山瑶族乡、苏木溪瑶族乡、上蒲溪瑶族乡一带。茶山号子源于明清，是几千年来在这里繁衍的瑶族人民在秋季挖茶山为解除疲劳、振奋精神、统一劳动节奏而创作出来的独具特色的民间歌谣。有着四百多年历史的茶山号子被传承至今，现广泛流传于瑶乡瑶民中。

(二)艺术特色

1. 茶山号子的歌词具有很强的叙事性

一个故事对应一个曲目，有的诙谐幽默，有的深沉委婉，有的高亢刚劲，其风格丰富多样。比如，在描写爱情有关的歌词中，能够充分展现湘西年轻男女的爱情观、婚姻观。由于茶山号子在演唱时使用的是当地方言或者是民族语言，都具有吐字快、发音干脆的特点，因此茶山号子的歌词也充分体现了这一特征，具有很强的灵活性，较为随性洒脱，带有浓郁的生活气息，展现了湘西地区底层老百姓的喜怒哀乐。

2. 茶山号子有较为奇特的发音方法

茶山号子整体音区较高，在高音中有较长的拖腔，同时也发出"哇—哇—哇"的持续声音。在艺术表演过程中，高腔唱法、断腔唱法等是其中主要唱法。茶山号子高亢嘹亮、拖腔长、衬字多、节奏自由，对于瑶家人来说，流传广泛，朗朗上口，人人都可以哼唱几段。每逢节日庆典或大型文艺演出，都少不了茶山号子歌的参与，它那激昂的声音响彻云霄，优美的旋律催人奋进，浓郁的民族气息给人留下深刻的印象。

(三)传承价值

茶山号子生动地记载了辰溪境内瑶民的生产与生活状况，经过数百年的流传，逐渐成为当地人精神生活的重要组成部分，作为湘西优秀的民俗文化，在国内民歌史上也是独树一帜，具有重要的地位和价值。茶山号子的发声方式特别，在演唱时高音部分极具特色，进一步挖掘研究其发声方法，对中国民歌演唱的发展具有一定的促进作用。我国著名的民歌歌唱家何纪光先生曾特地拜师学习，并在自己演唱的《挑担茶叶上北京》等曲目中使用茶山号子的发声方法。同时，其音乐旋律也非常独特，在后人不断地研究和探索中，茶山号子中的音乐素材被运用到了现代音乐舞蹈作品中。

六、新化山歌(表3-15)

表3-15 新化山歌

入选时间	2008年第二批
保护单位	新化县梅山蚩尤文化研究发展中心
编号	Ⅱ-95

新化山歌专题
汇报片2018年

(一)历史源流

新化县，古称梅山，湖南省娄底市属县。在这块古老神奇的土地上，梅山先民在长期的劳动生活中，创造了自己喜爱的山歌，这些优美动听的山歌，逐渐形成了独具特色的梅山文化代表作——新化山歌。新化山歌的历史久远，可追溯到秦代之前。在东汉文学家王逸《楚辞章句》解释《九歌》时说："昔楚国南郢文邑，沅湘之间，其俗信鬼好祠，其祠必作歌乐鼓舞以乐诸神。"文中楚国南郢文邑，沅湘之间就是如今的新化县。从而可以确定，在先秦时期位于长江流域的楚国，当时民间祭祀时所演唱的歌曲是如今新化山歌的雏形。从民间流传的歌谣中曾唱到"不唱山歌冷清清，唱起山歌动姐心，那支山歌不搭姐，山歌无假戏无真，秦始皇兴起到如今"，可以判断新化山歌在秦朝时期已在民间兴起。到宋朝时期，当地人口流动频繁，不同民族文化的相互交融，使之演变成了如今的新化山歌并传承至今。

(二)艺术特色

1.新化山歌是当地各民族用来记录生活、表达感情、传递信息的重要载体，是多民族文化与特殊生活环境下衍生出的产物。其歌曲内容之广泛，大致可分为以下几类：劳动歌，包括田歌、猎歌、樵歌、渔歌、采茶歌、伐木歌、劳动号子等一系列描述劳动时的歌曲；风俗歌和仪式歌，多为描述地方婚假、丧事等风俗习惯的歌曲，其中有部分歌曲反映了当地劳动人民的生活苦难；情歌，是新化山歌中数量最多、最受人们喜欢的歌曲，其内容丰富地展现了当地男女从恋爱到结婚的过程，同时也反映了当地人民对封建思想的反抗以及对爱情自由的追求；时政歌和历史传说歌，多为描述当地历史事件、神话传说等内容。

2.新化山歌音乐特色鲜明，按照其腔调可分为高腔或平腔山歌，都具有粗犷、激昂、起伏跌宕的抒情风格，其演唱风格与当地地势地貌有着一定的联系。高腔山歌的歌曲高亢而自由，主要流传于当地高山区域，演唱形式包含对唱与独唱。其中极具特色的有抬轿号子、开山号子等号子类山歌，音调极高的鸣哇山歌，一人起头众人合唱的滚板山歌等。平腔山歌的风格温和而柔软、节奏性较强，整体音调较低，主要流传于丘陵平原区域。

3.新化山歌千百年来源于民间，扎根于民间，受发源地较为特殊的地理环境、历史以及当地楚巫文化的影响，至今在山歌中还存留着古老的宗教元素。同时，新化山歌是当地歌手口头创作的民间艺术，在创作过程中使用了大量的诗歌中的赋、比、兴等艺术手法，产生了独特的艺术境界。

(三)传承价值

新化山歌有着悠久的历史和深厚的文化底蕴，它无论是从歌曲内容、表演形式还是从演唱技巧等方面来看，都呈现了梅山地区不同民族的传统文化、民间民俗和审美观，是汉、瑶、苗等多民族文化艺术的结晶。它是湖湘文化及梅山文化传承至今的重要见证，在语言文字学、历史学、考古学、民俗学以及民间音乐和民间文学等多个学科领域都具有重要的研究价值和审美价值。

七、江河号子(酉水船工号子)(表3-16)

表3-16　江河号子(酉水船工号子)

入选时间	2008年第二批
保护单位	保靖县非物质文化遗产保护中心
编号	Ⅱ-98

(一)历史源流

酉水，又称更始河，位于湘鄂渝交界处，长江支流沅江的最大支流，发源于武陵山区，是土家族的母亲河，在其流域范围内是中国最大的土家族聚集地区。作为古代湘西土家族与外界物资交流和文明传递的主要渠道，其衍生出了大量的土家船工。在长期的行船中，船工们为战胜酉水的狭窄水深、水势湍急、险滩频生的自然环境，缓解疲劳，提高工作效率，从而创作了与其工作相关的独特歌谣，随后演变成了一种粗犷雄浑、高亢激昂、呼喊夹着歌唱并极具地方特色和民族特色的酉水船工号子。酉水船工号子是土家族音乐中的重要组成部分，它有着漫长的形成和发展历史，可大致分为远古时期的形成初期、唐代末期的定型期以及清代至民国时期的发展期，酉水船工号子这一深受酉水流域土家族人民喜爱的唱歌形式，随着现代文明发展的进程，越来越凸显其珍贵。

（二）艺术特色

酉水船工号子来源于土家族船工们的生活，其歌唱的内容包含了土家人的人文历史、地理风貌、宗教信仰、生产生活、爱情等方面，大致可分为三大类，即历史传说、行船记述、风俗。酉水船工号子内容丰富多彩，可随时口头即兴创作，十分讲究节奏和韵律，一部船工号子结构紧密，形式完整，由上船、摇橹、催橹、起橹、慢橹、划桨六种基本排号，它们分别描述了行船中不同的劳动场面。酉水船工号子最大的特点就是不受人数限制，不拘时间、地点，歌唱自由。首先，其具有鲜明的民族性特征，演唱时所使用的是土家族语，通过历代土家船工们传唱，刻画出了其民族文化、民族情感、民族习俗等内容。其次，酉水船工号子的感染力十足，身边若有号子响起，周围的人们便会参与进来，具有群众参与度较高的特性。最后，它还具有十分鲜明的地域特点和浓郁的生活气息，可以感受到船工们对生活不同的态度和催人奋进的力量，还兼有几分诙谐与幽默。

（三）传承价值

随着现代文明社会发展的进程，湘西山区交通的日益发达，航运渐渐萎缩，酉水船工号子的传承和发展都受到影响，其所蕴含的价值也被凸显出来。

1. 历史价值

酉水船工号子的内容涵盖了土家族的人文历史、地理风貌、原始宗教信仰、生产生活和神话传说等多个方面。一次行程下来所演唱的号子内容十分丰富，如土家神话故事、途径的风景、土家族的民俗、乡村的风貌、船工的生活等，对土家族的民族文化、民族历史具有不可替代的研究价值。

2. 原生态文学价值

酉水船工号子变化多样而且都是船工们的即兴创作，是一代代土家船工们口头传唱下来形成的原生态民间艺术。

3. 艺术价值

酉水船工号子唱起来很连贯，很好听，其主要体现在既可喊出，又可唱出，喊唱结合，很有一番艺术味道。湖南省杂技团在2003年以酉水船工号子为题材创作的杂技节目获得了全国杂技金狮奖。

八、苗族民歌（湘西苗族民歌）（表3-17）

表3-17　苗族民歌（湘西苗族民歌）

入选时间	2008年第二批
保护单位	吉首市非物质文化遗产保护中心
编号	Ⅱ-109

（一）历史源流

湘西苗族民歌是我国苗族民歌中重要的组成部分，主要在吉首市、凤凰县、保靖县、古丈县等地区流传。在清代乾隆湖南地方志《永绥厅志》中已有"鼓藏跳至戍时乃罢""男女各以类相聚，彼此唱苗歌"的记载。在清代嘉庆年间的文献中的：或有以能歌斗胜负者，男子出绸绢，女子出簪环以为采，结队对歌，彻夜不休，以争胜负。也曾描绘苗族人民唱苗歌时的场景。根据 20 世纪 70 年代中科院《湘西苗族调查报告》所记载，苗族人民在生活中离不开苗歌，苗歌在相关苗族民间民俗文化的仪式中占据重要的位置。正因有相对稳定的传承载体，历代苗族人常常传习，所以大多数苗歌在仪式中的歌曲歌谣保存相对完好。

（二）艺术特色

在我国众多民歌当中，湘西苗族民歌十分独特，苗族人民所生活的地貌环境、语言、习俗、交通及历史等因素，使其具有独特的民族风格。

1. 歌曲内容丰富

湘西苗族民歌源于苗族人民的生产生活、民间习俗以及悠久的民族历史，其歌曲题材众多，内容丰富，主要包括风俗习惯、祭祖仪式、民族节日、贺喜、传统活动等方面。

2. 演唱方法独特

苗歌演唱所使用的是苗族语言。其曲调和演唱方法十分独特、优美动听，音乐可划分为"五腔十调"，其中的五腔是按照声腔特点所划分的高腔、平腔、仡佬腔、飞腔、叭固腔。"十调"是根据不同的演唱形式、表达内容及不同场合所衍生出的一系列歌调，其中包括：接亲调、送亲调、吆嗬调、情歌调、工夫调、儿歌调、哭腔调、老司歌调、扛仙歌调等。同时苗族民歌唱法丰富多彩，如真、假声结合唱法，半真半假声、轻声、真声法等几种唱法。

（三）传承价值

湘西苗族民歌是历代湘西苗族人民长期生产生活中繁衍出来的民族艺术，是苗族人民为满足生活和审美需求集体创造的艺术，是苗族传统文化的典型代表。其丰富的内容、独特的艺术形式和风格，展示出了湘西苗族历史文化的内涵和渊源。其蕴含的精神价值和思维方式，体现着苗族人民的生命力和创造力，是湘西苗族智慧的结晶，表现了勤劳勇敢、热情好客的湘西苗族人民对美好生活的追求、向往和憧憬。苗歌对人类学、民族学、民俗学的研究具有重要的价值，同时在声腔、歌调、曲调、唱法及题材上具有重要的艺术价值，在加强民族团结、保护民间民俗文化活动上有重要的社会价值。

九、瑶族民歌（花瑶呜哇山歌）（表 3-18）

表 3-18　瑶族民歌（花瑶呜哇山歌）

入选时间	2008 年第二批
保护单位	隆回县非物质文化遗产保护中心
编号	Ⅱ-110

(一)历史源流

花瑶族是一个能耕善歌的古老民族,是湘西南腹地的瑶族的一个分支。花瑶音乐曲调多样,富有浓郁的地方色彩。其中,花瑶呜哇山歌是花瑶民族历经千年流传下来的一门古老的民间音乐艺术,主要流传在湖南省隆回县虎形山瑶族乡,演出时专门有一人负责打锣,以统一步调,他们将这种"山歌"称为"呜哇山歌"。花瑶呜哇山歌起源于花瑶民族祖先的劳动号子。它经过历代花瑶人民的不断加工和创新,逐渐形成了自己的独特风格,演变成一种高腔山歌。它是花瑶人民在田野山冈劳动时自我愉悦、自我抒情的歌曲,是花瑶人非常喜欢的一种文化娱乐活动,反映了神秘花瑶人独特的审美观念、思想感情和民族心理。花瑶呜哇山歌一般用汉语来演唱,是随着瑶、汉民族大融合形成而发展的,是汉文化与当地花瑶土著文化相融合,以及周边文化影响的产物。花瑶呜哇山歌作为一种特殊的劳动号子,具有协调和指挥劳动的实际功用,被称为民歌中的绝唱。

(二)艺术特色

花瑶呜哇山歌内容丰富,题材广泛,其题材主要包括生产、生活、大自然、民间传说故事、民俗文化等内容,按题材大致可以分为四类:历史歌、风俗劝勉歌、生产劳动歌以及情歌。其中,情歌是较为精彩的部分。花瑶呜哇山歌有自己独特的演唱方法和润腔方式,其演唱形式含独唱、对唱、合唱等多种形式,通常为成年男子用真假声结合合唱,其曲调节奏自由,声音高亢嘹亮,有较长的甩腔,常夹杂"呜哇"等衬词。演唱常用瑶语和汉语演唱,汉语歌曲居多,通常使用鼓和锣为伴奏乐器。因演唱时大多在山间田野,歌的内容可以随场景和思维形式的变化而变化,随意性较强,一般七言、九言或十一言为一句,每首多为六句歌词。花瑶呜哇山歌的调子都有由三个字组成的固定名称,与曲牌名称相类,这是其他山歌所没有的。据考证,花瑶呜哇山歌共有24个调子,流传下来的有十多个。同时,在音律艺术上,由于花瑶人隐居深山密林,力求传得遥远听得清晰,一般音调高扬,声音绵长。其中最高音往往是衬词"呜哇呜哇……",常出现在第二句后(加腔)和歌词的最末尾(绞腔)。在歌词末尾的前一句是固定句式:"十八哥呀×××"或"十八妹呀×××"(男唱时用"十八妹",女唱时用"十八哥"),以此来度韵,预示着歌唱将要结束。

(三)传承价值

花瑶呜哇山歌是一部花瑶族的成长史。其激昂高亢的旋律完美地展现了花瑶族人民对美的向往。花瑶族人民对自然和社会历史变迁的种种感受以及本民族长久以来崇尚自然的理想都在花瑶呜哇山歌中完美地呈现了出来,是地区文化传统的真实写照。同时,花瑶呜哇山歌独特的高亢旋律,专业歌手也难以驾驭,在我国众多山歌中独树一帜,无可匹敌。其表现手法,尤其是韵脚的运用,在所有的韵体文本里,绝无仅有,独具一格。花瑶呜哇山歌对研究花瑶历史,具有一定的历史文化价值、学术价值。由于外来文化的输入以及现代流行音乐的发展,在当地会演唱花瑶呜哇山歌人已是少之又少,特别是花瑶族青年对山歌的热爱逐渐消退,加之老一辈的花瑶歌手健在的已不多,因此,呜哇山歌的传承问题急需解决。

十、土家族咚咚喹（表 3-19）

表 3-19　土家族咚咚喹

入选时间	2008 年第二批
保护单位	龙山县非物质文化遗产保护中心
编号	II-125

（一）历史源流

土家族咚咚喹，有的地方又称"呼里""呆呆嘟""呆呆哩"，是一种非常古老的簧管气鸣乐器。它主要分布在龙山县境内十多个乡镇当中，与其交界的永顺县和保靖县的村寨中有少量遗存。从 1994 年 5 月在沅水湘西段贝丘遗址考古发现的两枚骨哨来看，"咚咚喹"起源于6500~7000 年前的新石器时代早中期，经历了长期的历史发展过程，从只能吹一个音的骨哨，到能吹两个音的鸟哨，再到三孔一筒音的民间器乐。在清代的《竹枝词》中曾记载："流水淙淙白云飞，翠色重重笼四围；三五村姑齐吹奏，婉转悠扬咚咚喹。"可见当时已经盛行民间。

（二）艺术特色

（1）土家族咚咚喹取材方便，制作简单，多用细竹尾制成，也有用稻、麦秆制成，三孔一筒音，以刀削竹头成簧片发音。从它的制作材料上区分，有竹质、草质两种；从簧片质地划分，又有竹片、叶片两类。

（2）土家族咚咚喹演奏时采用竖吹方式，左手食指按住第三音孔，右手食指、中指分别按住第二和第一音孔，用口衔住上部舌簧处进行吹奏。在此过程中，左手专打节奏，右手专按旋律。个别地区有人能吹双管，左右手各持一根咚咚喹，双管齐吹同一首曲牌。在演奏时，土家族咚咚喹可以独奏、重奏或对奏，重奏时两人相互配合（单管、双管都行），一人在前，一人在后，前后紧凑，曲调轻快活泼，像两个人在说话。对奏时两人相互配合，一人吹一段。

（3）土家族咚咚喹发音清脆、明快，具有打音、颤音兼备的特点，从模拟鸟语虫鸣、风泉之声而形成写意性的音乐语汇和它固定的音乐曲牌。在当地普遍流行的传统曲牌有"咚咚喹""巴列咚""呆嘟哩""乃哟乃""拉帕克"等 20 多种。有词有曲，可吹可唱，吹唱结合，唱词内容以土家语儿歌为主。

（三）传承价值

咚咚喹作为一种极具特色的民族乐器，有着极具特色的演奏曲调，深受作曲家的喜爱。用咚咚喹曲调发展的歌曲如《土家喜爱咚咚喹》等在全国歌曲比赛中获奖，其曲调节奏活泼，被许多作曲家使用在舞蹈音乐中。土家语是土家族民族文化和民间民俗文化的重要传承主体，土家族咚咚喹也是土家族民间艺术重要的传播载体之一，经常被劳作后的人们用来相互表达情感，其动听的音乐回荡在土家族繁衍生息的田野山岗，给土家族人民带来了无比的欢乐和美妙的情趣。它也深刻地表达了土家族先民在历代的发展中所积累的民族文化底蕴，折射出土家族日益传承的原生态文化民俗风情。同时，咚咚喹印证了土家族文化所具有的鲜明文化特性，为中华民族音乐文化的传承和保护加上了一层更厚的砝码，它是湘西土家族重要的精神财富，在当地土家人的生活中占有不可取代的地位。

十一、芦笙音乐（侗族芦笙）（表3-20）

表3-20　芦笙音乐（侗族芦笙）

入选时间	2008年第二批
保护单位	通道侗族自治县非物质文化遗产保护中心
编号	Ⅱ-129

（一）历史源流

芦笙是一种簧管吹奏乐器，发源于中原，后传入少数民族地区，其前身为汉族的竽。芦笙是湖南通道侗族最盛行的民间传统乐器之一，是侗族人民举行各种集会、祭祖、祭祀及文娱等活动中所使用的重要乐器。芦笙文化早在周朝已有记载，在《风俗篇·声音篇》曾记载："龠（yuè）乐之器，竹管三孔，所以和众声也。"款词中记述侗族对芦笙的称谓曰"龠"，并有大、中、小三种款式之说。宋代以后芦笙的记载逐渐变多，宋代陆游《老学庵笔记》中曾详细地描绘了当时侗族民俗"芦笙踩堂"的盛况。这种集体民俗活动至今仍在湖南通道、广西三江、龙胜，贵州的黎平、榕江、从江等地区盛行。明清时期，《靖州直隶州志》（通道原隶属靖州）中记载："侗每于正月内，男女成群，吹芦笙各寨游戏。中秋节，男女相邀成集，赛芦笙，声震山谷"，充分说明了通道侗族芦笙历史悠长，清晰生动地反映了通道芦笙文化的历史脉络。随着历史的发展，当地侗族人民的不断实践以及大量的民俗活动保存下来，侗族芦笙文化相对完整地保存并在内容上更加丰富。

（二）艺术特色

芦笙作为侗族人民生活和精神文化生活中重要的组成部分，是侗族人民"喜"和"乐"的象征，他们在不同场合通过各种形式演奏曲目，来表达他们的民族情感。

（1）芦笙种类根据吹奏的形式和表演手法的不同，共分为6种，分别是：地筒、特大芦笙、大芦笙、中芦笙、小芦笙、最小芦笙。地筒属特重低音，特大芦笙属倍低音芦笙，大芦笙属低音芦笙，中芦笙属中音芦笙，小芦笙属次高音芦笙，最小芦笙属高音芦笙。传统芦笙共有3个音，12个调。据传侗族芦笙曲牌共有十二首，随着各地芦笙师傅们的不断实践与创新，现有九十多首曲目，内容丰富。常用的芦笙曲牌主要有《集合曲》《进堂曲》《踩堂曲》等。

（2）侗族芦笙演奏常用一支能吹出最高音的芦笙作为领奏和指挥，其他芦笙数量为：高音芦笙二支、中音芦笙三支、次中音芦笙十支、低音芦笙两支、倍低音芦笙一支、地筒一支，来组成芦笙乐队。有时根据不同规模的民俗活动，乐队的芦笙配置也会不同。具有代表性的则是在当地每年举行的侗族芦笙节，各寨芦笙队互相比赛、同时吹奏，相互争鸣、试比高低，气势无比壮观。

（3）除了芦笙乐队，当地流传着一种以芦笙为伴奏乐器，并围绕着芦笙而跳的民间舞蹈——芦笙舞。其有多种表演形式如自吹自舞、边吹边舞或者吹者自吹、舞者自舞等。前者表演内容主要模仿人们的各种劳动动作或动物动作。后者，在表演时，以大号芦笙居中，年轻姑娘围绕四周，踩着芦笙的节拍翩翩起舞，同时最外围围绕手握小号芦笙的男子边吹边舞。两圈舞者按照相同的舞步，不时交换位置，场面壮观。

(三)传承价值

随着历史的变迁，侗族芦笙发展的过程中融入了大量的民族文化和民间习俗。目前通道县每村每寨都有属于自己的芦笙乐队，其队员年龄层次跨度非常大。芦笙节目众多，热情奔放，娓娓动听，极具观赏性，是当地重要的民间文化活动之一。

(1)在社会价值方面，芦笙丰富了当地人民的业余文化生活，同时也增进了村寨之间的交流和学习。

(2)在艺术价值方面，芦笙不光是一种民族乐器，也是当地侗族芦笙舞的重要组成部分，包含着多种内容和形式的舞蹈。通过对当地芦笙文化的不断挖掘，可以有效地推进芦笙音乐和芦笙舞蹈的发展。

(3)在经济价值方面，芦笙表演是当地一种大规模的民俗文化活动，极具当地文化特色，其每年举办的相关活动为当地旅游业带来了可观的经济效益。

十二、唢呐艺术(青山唢呐)(表3-21)

表3-21　唢呐艺术(青山唢呐)

入选时间	2008 年第二批
保护单位	湘潭县文化馆
编号	Ⅱ-37

青山唢呐视频

(一)历史源流

唢呐，起源于波斯、阿拉伯一带，在亚、非、欧的多个国家广泛流传。公元 3 世纪由波斯、阿拉伯一带传入中国，并在 700 多年前的金、元时代流传到我国中原地区。它在各地广泛流传并有铜笛、锡笛、梨花、海笛等多种名称。其发音高亢、嘹亮，在过去的民间多种民俗活动和地方曲艺、戏曲的伴奏中应用。唢呐经过不断发展，丰富了演奏技巧，提高了表现力，逐渐成为一件独具特色的独奏乐器，并用于民族乐队合奏或戏曲、歌舞伴奏。

截至目前，全国共有 25 项唢呐艺术入选国家级非物质文化遗产代表性项目，其中在湖南省湘潭县的青山桥、石鼓、分水三乡镇及周边地区主要流传的青山唢呐是其中一种极具特色的吹打乐。其主要在当地民间婚丧喜庆、玩龙耍狮、佛道仪式和巫傩祭祀等民俗活动中演奏。清代时期，以唢呐为主奏乐器的吹打乐在湘潭民俗生活中已相当普遍，民间鼓乐班社兴起。迄今为止，其乐曲结构、曲牌名称、旋律特征、表现风格、演奏技巧等，未被外来文化和音乐所影响或同化，仍保持原始风格。艺人们通过各种民俗活动的经验积累，根据当地人们的审美情趣、风俗习惯、传统文化观念，以湘中典型的音调特征加以创造，逐渐产生出众多独具地方风格的曲牌。

(二)艺术特色

青山唢呐音色清脆、柔和、刚柔相济,有着鲜明的地方特色,至今仍保持着原汁原味的风貌。其演奏法分"西工子""闷工子"。"西工子"是湖南各地普遍采用的一种演奏法,而"闷工子"仅在青山桥一带流行。其主要通过变气、变指等演奏技巧使唢呐音色产生一种特殊的效果,不光有悲的韵味,也有喜的情绪,能让听众与演奏现场氛围共鸣。

青山唢呐的曲牌分为三大类。第一类统称为夜鼓牌子,是专门用于丧葬的器乐曲牌,并包括明色类子和长行类子两个分支。第二类统称为路鼓牌子,此类型以唢呐、锣鼓组合为主,多为行进演奏,有慢路鼓和快路鼓之分。第三类统称为堂牌子,民间俗称"坐堂牌子""坐乐""坐堂""大乐"等,是民间戏曲通用的一种吹打乐形式。青山唢呐代表性的曲牌主要有《哭懵懂》《一点鼓》《闹五更》《双采莲》《九腔》《粉蝶》《得胜令》等。

(三)传承价值

青山唢呐在当地应用场合广泛,有较为丰富的传承载体,如婚嫁迎娶、丧葬礼仪、祝寿挂匾、玩龙耍狮、迎宾送客、店铺开张、巫傩酬神还愿、宗教法会道场、节日庆祝、中秋赏月、龙舟赛会等民俗活动,与人们的生活密切相关,受到人们的喜爱。同时,湖南湘中地区绝大部分的音乐都能从青山唢呐曲牌中找到相关素材。青山唢呐具有典型的南方唢呐演奏特色,呈现出丰富的民间音乐素材,反映了流传地域的审美情趣、风俗习惯和传统观念,具有较高的艺术和民俗文化研究价值。

十三、土家族民歌(表3-22)

表3-22　土家族民歌

入选时间	2014 第四批
保护单位	湘西土家族苗族自治州非物质文化遗产保护中心
编号	Ⅱ-156

(一)历史源流

土家族是由一万年前的巴人演化而来,有着悠久历史,主要分布于湘黔边区,以武陵山脉及周边为主要聚居地,此地有崇山峻岭,茂林修竹,树茂物丰,云烟雾绕。另一方面,山川河流阻隔了交通,因地理阻隔而难得一见的土家族先民,擅长以呼喊和唱山歌的方式来交流和表达情感,最终形成了丰富多彩、特色鲜明的湘西土家族民歌。

(二)艺术特色

土家族民歌有着丰富的文化内涵,曲调优美,并且与土家族语言紧密地结合,铸造出土家族民歌的个性风采。民歌内容以民族历史为主线,以人物故事为内容,以环境为取材,具有丰富的文化内涵。歌中蕴藏着深厚的历史积淀,从春秋时期《诗经》中的遗篇到近代的社会变迁,不同时代、不同地域土家族人的音乐与民俗生活在各种民歌中得以保留。民歌形态样式精巧，作品中节奏、节拍都比较自由、悠长，这种程式化的样式特征是许多民族民歌的共同特征。民歌还采用洗练的表现手法，利用歌谣塑造出生动鲜活的艺术形象、极具个性化的民族和地域特征。

(三) 传承价值

千百年来，土家族民歌传递着土家族人民的喜怒哀乐，表达着土家族人生生不息的爱的理念。其中丰富的民族文化艺术内涵，是土家族极其珍贵的民族民间文化艺术遗产和精神财富，各种不同的曲调中流动的音符无不展现出土家族民歌永恒的魅力。新中国成立后，传统音乐跟随发展大潮，在特殊的年代，经历了长达10多年的沉寂流失。改革开放后，受外来文化影响和通俗歌曲流行潮的冲击，面对社会习俗变迁的现实，古老而传统的土家族民歌，也有着文化土壤缺失、后继乏人的"断层"隐忧。随着近年来人们开始偏好原生态的乡村景点，古镇旅游出现了前所未有的高潮。湘西作为重点开发的人文历史景区，土家族民歌以"神秘湘西"为渠道和招牌，不断地挖掘着自身的文化价值，迎来了新的发展契机。

十四、渔歌(洞庭渔歌)(表3-23)

表3-23　渔歌(洞庭渔歌)

入选时间	2014 第四批
保护单位	岳阳市岳阳楼区文化馆(岳阳市岳阳楼区美术馆)
编号	Ⅱ-157

(一) 历史源流

洞庭渔歌是岳阳市岳阳楼区的传统民歌。渔歌傍水而生，历史悠久，最早可追溯到战国时期。传说屈原汨罗自沉后，渔民传唱的屈原所作的诗歌，为洞庭渔歌的雏形。秦统一以后，大一统的中国文化圈形成，中原和南方的联系日益紧密，原楚地与中原和吴越之地交流增多，巴蜀和苏杭的音乐也以长江为媒介传播开来，与本地民歌、山歌互为影响。范仲淹在其千古名篇《岳阳楼记》中，就有"渔歌互答，此乐何极"的描绘。由此可见，至少在一千多年前的北宋，洞庭渔歌就已经具备一定的传唱规模和群众基础。

(二) 艺术特色

洞庭渔歌被渔民称为"丫口腔"或"湖歌子"。"丫口"即张口就唱，素材多数源自现实生活，在历代渔民中口口相传，在传承中丰富与发展，形成了五种主要类型：号子类、生活类、爱情类、民俗类和祭祀类。[1] 洞庭渔歌丰富多彩，且节奏是有一定规律的，3/8拍、4/8拍、5/8拍 三种节拍穿插运用，在自由中讲规整，在规整中有自由的节奏形式，使得渔民能充分而自由地表达情感，反映真实的生存状态。[2] 洞庭渔歌的曲调受地花鼓、灯调等民间歌谣和邻

[1]　张映兰. 洞庭渔歌的界定及其分类研究[J]. 云梦学刊, 2013(5)：124-126.
[2]　许昊, 柳集文. 传统音乐类非物质文化遗产的生存现状与整合传播——基于湖南岳阳洞庭渔歌的考察[J]. 传媒论坛, 2020(7)：121-126.

近地区的音乐影响,逐步形成了以五声徵调式为主的洞庭渔歌调式,如《麻雀子唤醒打鱼郎》和《养女莫嫁雷公塘》,属典型的五声徵调式。洞庭渔歌的歌词以湖区的方言为主,"领""和"的形式交替出现,声音时高时低,一呼一应,很有气势,湖面的波涛之声和歌声融合在一起,给人以波澜壮阔的力量之感。[①] 用"呀""乃""罗""也"等语气词作为衬词,丰富了渔歌的表达形式,也更显地方特色。洞庭渔歌演唱时平腔和高腔交替使用,相间出现,旋律起伏频繁。或如诉如吟,表现生活之苦,或嘹亮激昂,表现与自然战斗的雄心,每句结尾时用装饰性收音,婉转动听。

(三)传承价值

洞庭渔歌是洞庭湖湖区文化中的典型代表,反映了湖区的历史人文,是一部渴望人与自然和谐共存的祈望诗,是一部天人合一、人神合一的畅想曲,更是一部丰富的巴陵土语词典。受现代文明发展影响,洞庭渔歌的生存面临着严峻考验。自1885年开始,洞庭渔歌就开始建立传承谱系,历经了一百四十余年,六代传承人。2014年成功申报国家级非物质文化遗产项目后,岳阳市政府投入大量资金,极力促进洞庭渔歌的传承与发展,洞庭渔歌开始进校园、进社区,真正把保护与传承做到位、做到家。如今岳阳已有数个洞庭渔歌的传习基地。

十五、浏阳文庙祭孔音乐(表3-24)

表3-24 浏阳文庙祭孔音乐

入选时间	2014 第四批
保护单位	浏阳市文化馆(浏阳市非物质文化遗产保护中心)
编号	Ⅱ-168

(一)历史源流

浏阳文庙祭孔音乐源于殷周时期的韶乐,战国礼崩乐坏后,韶乐几近失传。浏阳古乐家邱之稑用毕生心血调查和研究,于清道光九年(公元1829)在《韶乐》的基础上,复制出早已失传的"匏"音,补齐"八音"之缺,又依照古制创造了一整套独具风韵的祭孔古乐器具和古乐曲目。在官府的支持下,邱之稑著《律音汇考》,组建浏阳文庙礼乐局,每年举行祭孔大典,使浏阳文庙祭孔音乐名动天下,与山东曲阜孔庙祭孔音乐齐名,为"全国仅存之物"。因"国乐古礼在浏阳",浏阳亦被称为"南方礼乐中心"。浏阳文庙祭孔音乐依托于祭祀,朝拜孔子的浏阳文庙,专用于孔子祭祀礼式,也被称为"文庙祭孔古乐"。浏阳文庙历史上每年举行春、秋两次祭孔,由县最高行政长官担任主祭官,另有陪祭八人,乐生、舞生、歌工等共计200余人,均由专职机构礼乐局的人员担当。祭孔仪式分六个篇章(迎神昭和、初献雍和、亚献熙和、终献渊和、彻馔昌和、送神德和),从凌晨3时开始,至5时结束,场面宏大,庄重肃穆。

(二)艺术特色

浏阳祭孔古乐涵盖了多种艺术形式,融礼、歌、乐、舞于一炉。在表演的过程中,礼为内

---

① 洞庭渔歌的艺术特色分析——以《好多码头下河来》《十二月渔民苦》为例[D]. 天津:天津音乐学院,2016.

蕴,歌乐舞为外化,礼节井然有序,歌与乐皆以声呈现,由心而发。歌通常是对祀孔丁祭六乐章的演唱,乐则由乐工演奏特钟、编钟、琴、瑟等古乐器,音律雅淡,静穆温和,八音和歌,回味无穷。舞由六十四人演舞,气势宏大壮观。礼乐思想作为中国古代音乐美学思想的主流,以平和为美,渗透在缓慢的乐舞和规范的礼仪中,乐融于礼,礼自外出,礼乐相得益彰。① 浏阳祭孔音乐体现了孔子所提倡的"和贵中庸"的思想。在制乐思想、乐舞佾生的选拔与培训、礼乐局的设立、舞器和礼器的使用、乐舞服饰的选择等方面,浏阳文庙祭孔音乐均承袭于传统古乐。无论是文化载体方面还是音乐本体方面,浏阳古乐都与中国古代雅乐制度和儒家"克己复礼"的思想一脉相承。②

(三) 传承价值

此前,由于主持祭孔古乐的礼乐局历经多年演变不复存在,颇具造诣的乐师、舞生年事已高或相继去世,祭孔乐器亦经时代变迁而陆续损毁,祭孔古乐活动中断五十多年等缘故,该项遗产的传承岌岌可危。20世纪80年代,浏阳对古乐展开了抢救性的挖掘、整理。邱之稑的后人邱少求是极少数尚能掌握浏阳古乐的人,他凭借记忆重新整理,写成文字材料,编撰了《浏阳文庙古祭典礼乐舞》,其中详尽记载了祭孔大典和祭孔音乐相关内容,包括文字、图表、乐谱等,浏阳古乐终于"复活"并得到良好传承。浏阳祭孔古乐是依托浏阳祭孔活动而存在的,从社会生活角度来看,浏阳祭孔活动虽不是民众生活中能产生经济效益的载体,却是普通民众所追求的精神文化生活方式,特别是在古乐的表演中,不仅寄托了民众对传统文化的崇敬,还是民众精神价值追求下的一种情感表达。

随堂练习 ▷▷

范仲淹的千古名篇(　　)中"渔歌互答,此乐何极"描绘了千年前洞庭湖上渔民唱渔歌的盛景。

A.《滕王阁序》　　　　B.《岳阳楼记》　　　　C.《渔家傲》　　　　D.《与唐处士书》

思考探究 ▷▷

谈谈浏阳文庙祭孔古乐体现了哪些儒家文化内涵?

第三节　传统舞蹈

湖南的传统民族民间舞蹈与湘楚文化悠久的历史和深厚的文化底蕴密切相关,各族人民通过自己的肢体动作、姿态造型来模拟生活生产场景,再现图腾崇拜、巫术宗教、祭祀活动,

---

① 张璨. 浏阳文庙祭孔礼乐的变迁及当代呈现[J]. 人民音乐,2016(10):68-70.
② 张璨. 祭孔礼乐之民族文化价值探析——以浏阳文庙祭孔为例[J]. 学术前沿 2017(9):119-122.

并利用舞蹈肢体语言来交流信息、表达情感。传统舞蹈有自娱性、即兴性、稳定性等特点。湖湘大地因其独特的地域风俗习惯、生活方式、文化传统和审美情趣,让传统舞蹈之花绽放出绚丽夺目的光彩。湖南省的国家级非物质文化遗产中有12项传统舞蹈(表3-25)。其中土家族有摆手舞、毛古斯、撒叶儿嗬(跳丧舞);苗族有鼓舞;瑶族有长鼓舞、棕包脑;白族有仗鼓舞;汉族有南县地花鼓;而以中国传统文化图腾为象征的"龙文化"相关舞蹈更有汝城香火龙、平江九龙舞、芷江蹁龙、城步吊龙。这些丰富多彩且特色鲜明的非物质文化遗产传统舞蹈项目,不仅是各民族文化生活的缩影,更是不同民族文化精神的体现。他们用舞蹈传承民族文化,记载民族历史,展现出独特的艺术风采。

表 3-25　湖南省国家级非物质文化遗产传统舞蹈类(共 12 项)

序号	项目名称	申报地区
1	土家族摆手舞	湖南省湘西土家族苗族自治州
2	湘西土家族毛古斯舞	湖南省湘西土家族苗族自治州
3	湘西苗族鼓舞	湖南省湘西土家族苗族自治州
4	瑶族长鼓舞	湖南省永州市江华瑶族自治县
5	龙舞(汝城香火龙)	湖南省郴州市汝城县
6	龙舞(九龙舞)	湖南省岳阳市平江县
7	龙舞(芷江蹁龙)	湖南省怀化市芷江侗族自治县
8	龙舞(城步吊龙)	湖南省邵阳市城步苗族自治县
9	棕包脑	湖南省邵阳市洞口县
10	南县地花鼓	湖南省益阳市南县
11	土家族撒叶儿嗬	湖南省张家界市桑植县
12	仗鼓舞(桑植仗鼓舞)	湖南省张家界市桑植县

一、土家族摆手舞(表 3-26)

表 3-26　土家族摆手舞

入选时间	2006 第一批
保护单位	湘西土家族苗族自治州非物质文化遗产保护中心
编号	Ⅲ-17

(一)历史源流

土家族历史悠久,2000 多年以前就定居在今天的湘西、鄂西一带,他们自称"毕兹卡",也就是本地人的意思。勤劳智慧的土家族人民在历史和时代变迁中坚守本民族的传统,创造、提炼和传承了最具代表性的民族民间舞蹈——摆手舞。摆手舞集歌、舞、乐于一体,也被称为"东方迪斯科",是具有土家族民族特色,能反映土家族古老风俗的民间舞蹈,主要流传于湘西土家族苗族自治州的龙山、永顺、保靖、古丈等地。在土家族史诗《迁徙记》中,有若干处提到了摆手舞,这说明比较完整的摆手舞出现的时间距今已有千余年,在清代时摆手舞相当盛行。

(二)艺术特色

1. 从仪式内容看

摆手舞的舞蹈内容主要讲述土家族人民的发展历程,包含广泛而丰富的历史和社会生活内容。摆手舞由祭祀等生活仪式程序构成,分为大摆手和小摆手:大摆手祭祀"八部大神",规模浩大;小摆手祭祀祖先,规模较小。舞蹈主题有表现土家人狩猎生产的"渔猎舞",有表现劳动、庆祝丰收的"农事舞",有表现狩猎的"打猎舞"等。

2. 从舞蹈动作看

摆手舞的动作特点是同边、顺拐、屈膝、下沉,动作风格雄健有力,以身体的律动带动手的甩动,幅度一般不超过双肩,要求流畅自然。舞蹈场地一般在摆手堂前的坪坝上。在漫长的历史变迁中,摆手舞从以围圆而舞为基础,又根据表现内容的需要,演变出了数十舞蹈队形。

3. 从伴奏形式看

音乐包括声乐伴唱和器乐伴奏两部分,声乐主要有起腔歌和摆手歌。摆手歌是跳摆手舞时唱的一种古歌,是用土家语所唱,歌词或带有浓郁的祭祀色彩。乐器主要是鼓和锣,有着丰富多样的固定曲牌和较为规律的节拍。歌乐相合、古朴原始的伴奏艺术形态,更是强化了摆手舞的独特性。

(三)传承价值

土家族摆手舞与历史、宗教、战争、迁徙、生产、生活、爱情、民俗等息息相关,对于研究土家族的整个历史与文化有极其重要的价值,其中保留的与战争迁徙相关的内容,体现了土家先民的英勇善战和自强不息的民族精神。[①] 土家族没有自己的文字,摆手舞既是一种宗教祭祀活动,也是土家族先辈向后人们讲述土家族历史的教育大课堂,是了解和记录土家族民族民间传统文化的载体。只有认识和了解摆手舞,才能更好地演绎和把握摆手舞的动律风格特点,让传统民间舞蹈艺术之花永远绽放。

二、湘西土家族毛古斯舞(表3-27)

表3-27 湘西土家族毛古斯舞

入选时间	2006 第一批
保护单位	湘西土家族苗族自治州非物质文化遗产保护中心
编号	Ⅲ-31

---

① 陈廷亮. 守护民族精神家园——湘西少数民族非物质文化遗产研究[M]. 北京:世界图书出版公司, 2013.

(一) 历史源流

毛古斯舞是湘西土家族最原始、最古老的民间舞蹈形式，被中外舞蹈专家称为"中国民族舞蹈的最远源头"。毛古斯舞主要流传在湘西龙山县、永顺县、保靖县、古丈县，是土家族成为单一民族的重要依据。毛古斯舞在土家族语中称为"谷斯拔帕舞""帕帕格次"或"拨步卡"，是老公公的意思，汉语亦称其为"茅古斯"或"茅猎舞"。湘西土家族毛古斯舞历史悠久，大致可追溯到土家族渔猎时期，产生于土家族祭祀仪式中。在清朝《溪州竹枝词》中"后生'食姐'身捆草"，就是描写舞蹈表演中的"食姐"(狩猎)场景，可见毛古斯舞的表演场面之宏大，影响之深远。

(二) 艺术特色

毛古斯的表演无论从表演内容、表演动作、语言对白还是表演服饰来看，都带给人们一种原生态的美感。毛古斯舞表演自始至终讲土话、唱土歌，表演时舞者身着茅草，形象原始、古朴，从动作到表演内容都别具一格。这些表演内容都向我们展示了土家族人民原始的生活形态，蕴含着悠久的历史和古朴原始的魅力。毛古斯舞表演者一般为男性，表演粗犷豪放、刚劲激昂，动作随意自发，在表演艺术特征上，它既是戏剧的萌芽，又有祭祀、歌舞、情节和化妆的人物，是典型小舞剧的起源。传统的土家族毛古斯舞在摆手堂表演，表演者一般屈膝，同边同脚，抓耳挠腮，好像在模仿猿猴。毛古斯舞表演一般 10~20 人不等，多则 100 人，也就是现在的男子群舞。土家族毛古斯表演时，一人身着土家族服饰，饰老毛古斯(土家语叫"巴普")，代表土家族先祖主持祭祖和表演活动，其余为小毛古斯，代表子孙后代。表演者身披稻草扎成的草衣，赤着双脚，面部用稻草扎成的帽子遮住。毛古斯舞以近似戏曲写意、虚拟、假设的艺术表现手法，将人物、对白、简单故事情节和一定的舞蹈表演程式完美地结合。它既具有舞蹈的雏形，又具有戏剧的表演性，两者杂糅交织，形成浑然一体的典型祭祀性舞剧。

(三) 传承价值

2008 年 8 月 8 日，永顺土家族毛古斯作为湖南唯一代表在鸟巢参加北京奥运会开幕式前表演，被有关专家称为"最原生态的演出"；2009 年 6 月，永顺土家族毛古斯作为湖南唯一代表亮相成都国际非物质文化遗产节，被联合国教科文组织官员称为"人类远古戏剧舞蹈的活化石"。毛古斯舞在历史文化的长河中不断完善发展，代代相传，经久不衰，它对研究土家族最初的生活形态、生活方式有着十分重要的价值。其表演形式中所保留的自然崇拜、图腾崇拜、祖神崇拜等远古信仰符号，更是为研究中华上古时期的宗教源头提供了珍贵的素材。湘西土家族毛古斯舞是我国民族民间传统舞蹈的一条古根，是最珍贵的民族文化遗产[①]。

---

① 陈廷亮. 守护民族精神家园——湘西少数民族非物质文化遗产研究[M]. 北京：世界图书出版公司，2013.

三、湘西苗族鼓舞（表 3-28）

表 3-28　湘西苗族鼓舞

入选时间	2006 第一批
保护单位	湘西土家族苗族自治州非物质文化遗产保护中心
编号	Ⅲ-30

（一）历史源流

湘西苗族鼓舞被称为"宝龙"，是苗族人民在长期的劳动生活中创造的一种神秘而朴实的传统舞蹈。其中流传在吉首市和凤凰、泸溪等县的湘西苗族鼓舞，是我国苗族地区最独特、最具代表性的传统舞蹈。苗族鼓舞产生于苗族宗教仪式和祭祀活动中，鼓在古代不是作为娱乐之物，而是祭祀通神、威镇鬼邪的神器。苗族的鼓乐在古代可能也有这样的功能，后来随时代演变而有所变化。根据考证，苗鼓最先为掏空的树干和竹子，以后又发展为铜鼓，到后来用兽皮作响器，最终才产生了类似现代的苗鼓。两千多年前，屈原在《礼魂》中道："成礼兮会鼓，传芭兮代舞。姱女倡兮容与，春兰兮秋菊，长无绝兮终古。"它表达了当时祭祀时打击苗鼓的欢乐之情。唐朝段安节的《乐府杂录》中记载有"鼓乐手、葫芦笙"，其鼓乐就是指苗族的鼓乐，现在部分苗族人们仍在使用。

（二）艺术特色

湘西苗族鼓舞种类繁多，按功能可分为庆年、庆神；按形态分为花鼓舞、猴儿鼓舞等十多种；按性别可分为男子鼓舞、女子鼓舞以及男女合鼓等形式；按人数可分为单人鼓舞、双人鼓舞、四人鼓舞以及团圆鼓舞等；按材料可分为木鼓舞、铜鼓舞、踩鼓舞等。苗族鼓舞演奏时最突出的形式为打鼓和打边，即一人打鼓，一人打边，鼓点为主奏，边点为伴奏，这是其他民族鼓乐所没有的表演形式。在打鼓时上下肢相互配合，上肢为击鼓动作，重点在于手臂的力量和速度，下肢为脚下的基本步伐交替转换变化。脚下的基本步伐有四种：三步，用于表演劳动；小踢腿步，柔软优美；"跳鼓"，灵活轻快、方向不一；踩三角走三步，出腿有力，变幻无常。苗族鼓舞的节奏非常复杂，不同的节奏所表达的情绪、内容不同。比较常见的节奏型有 3/4 拍、4/4 拍、2/4 拍、3/8 拍，不同的地区，节奏也各不相同。苗族鼓舞活动在节日里开展较常见，鼓舞的表演者和参与者多穿节日盛装，男子上穿格子合身对胸高领便衣，下着长花裙或大裆裤，脚穿男式船头花鞋或布鞋，也有男舞者赤裸上身。女子的服装更为隆重，装饰丰富，有银帽、银耳环、银项圈、银手镯，全身饰品甚至可以重达十公斤。

（三）传承价值

湘西苗族鼓舞的表演蕴涵了苗族人民特有的生活方式和文化内涵，它独特的表演方式和风格特点是苗族人们虔诚信仰和勇于创造、顽强拼搏的民族精神的体现。震撼人心的苗鼓更是苗族人民热爱生活、展示和传播民族文化，形成民族凝聚力的象征。我们了解、传承湘西苗族鼓舞，对研究苗族的历史、战争、宗教、迁移、生产、爱情、民俗等有着十分重要的意义①。我们需要将地域风格浓郁的湘西苗族鼓舞"元素化""风格化"的进行提炼、整理、运用，让艺术之花在时代的舞台上绽放出世界的光芒。

四、瑶族长鼓舞(表3-29)

表3-29　瑶族长鼓舞

入选时间	2008 第二批
保护单位	江华瑶族自治县文化馆
编号	Ⅲ-60

(一)历史源流

位于湖南最南端的江华瑶族自治县盛行着瑶族传统的民族民间舞蹈——长鼓舞。瑶族长鼓舞距今已有上千年的历史，宋代《踏盘曲》中"乐神打起长腰鼓"，就描写了宋代湖南瑶族长鼓舞的情景。长鼓舞是瑶族最常见的文化娱乐形式，其起源于瑶族的盘王传说(湖南瑶族另一项非物质文化遗产《盘王大歌》也源于此)。它反映了瑶族人民的生产和生活习俗，属于喜庆舞蹈。瑶族人每逢节庆活动，都会敲鼓跳舞。长鼓在瑶语中被称为"潘公"，长鼓舞动作粗犷、奔放、勇猛、洒脱，按表演形式可分为"盘古长鼓舞""羊角短鼓舞""芦笙长鼓舞""锣笙长鼓舞"等多种类型。

(二)艺术特色

瑶族长鼓舞的舞蹈语汇丰富，动作兼具矫健粗犷和圆曲柔和的特点，充满想象力，以"曲"的身姿和"拧"的换位展示了表演者动人的曲线美，是瑶族人民传统信仰的肢体表达，更是宗教仪式的神圣象征。瑶族特定的生活环境形成瑶族长鼓舞特有的"蹲、曲、拧"舞蹈姿态，这与瑶族人民生活在崇山峻岭的特定环境和表演的场地密切相关。这些舞蹈动作，表现了瑶族人民热情奔放、坚强勇敢的性格特征。② 瑶族长鼓舞音乐一般以自身鼓点为主，也常用唢呐、锣鼓伴奏，并根据场地和表演内容的不同分为"大吹大打，小吹小打"，大吹大打庄严隆重，小吹小打活泼轻快，为长鼓舞增添了喜庆的气氛。

(三)传承价值

用于祭祀的瑶族长鼓舞，有着深厚的文化内涵，它将瑶族历史观、祖先观具体而直观地演示出来，将瑶族的历史、艺术、文学、宗教等有机结合在一起，从各个方面反映了瑶族人民的生产生活习俗和原始宗教信仰。随着瑶族人民对长鼓舞传承与保护的不懈努力，瑶族长鼓舞越来越多的出现在各种舞台，在人们生活中占有越来越重要的地位。政府的重视以及当地人民的不懈努力，瑶族长鼓舞的发展也越来越可观。独特的瑶族长鼓舞文化对研究瑶族人

---

① 罗婉红. 非物质文化遗产保护视野下苗族鼓舞的传承与发展———基于湘西州的考察[J]. 南京体育学院学报，2012(10)：9-12.
② 周生来，刘玲燕. 瑶族祭祀语境下瑶族长鼓舞的文化阐释[J]. 清远职业技术学院学报，2018(6)：15-18.

民历史文化、生活习俗和精神风貌有着广泛的社会影响和重要的社会价值。

五、龙舞

千百年来，龙被视为中华民族的图腾、民族精神的象征，舞龙是我国大多数民族的传统。龙舞也称"舞龙"，民间又叫"耍龙""耍龙灯""舞龙灯"，是中国分布最广、影响最为深远的一种民间舞蹈，具有多样的表现形式，不同民族、不同地域的龙舞风格迥然不同。目前，国家级非物质文化遗产名单中共有近四十种龙舞，北至辽宁，南至广东，不少省份都有当地特色的龙舞，其中，湖南、湖北、广东、浙江都有四种以上不同形式的龙舞。各地龙舞有其共性——开拓奋进、天人合一的民族精神，亦由于地理气候、民族成分的差异，形成了丰富而鲜明的个性。

湖南民间舞龙有几千年历史，不论是先秦年间的屈原祭祀，还是秦汉以后舞龙运动宫廷化的发展，民间舞龙作为一种古老的民间艺术，一直都在履行着它神圣的社会功能。湖南的龙舞分布广泛，可以说南北东西，凡有井水处，皆有舞龙。目前已列入国家级非物质文化遗产名录的四种龙舞：汝城香火龙、平江九龙舞、城步吊龙和芷江孽龙。

(一)龙舞(汝城香火龙)(表3-30)

表3-30　龙舞(汝城香火龙)

入选时间	2008 第二批
保护单位	湖南省汝城县
编号	Ⅲ-4

1.历史源流

湘南郴州市汝城县，地处湘、粤、赣三省交界处，当地汉族居民的家族谱系、语言文化与邻近的广东、江西客家文化有不少相似之处，具有鲜明的客家文化特点。汝城香火龙，亦被称为"舞香火龙"或"招龙"，是汝城特有的一种由民俗活动演化而来的传统舞蹈，自初唐始，已有1300余年历史。舞龙盛会在当地影响力极大，汝城县域内，二十余个乡镇，数百个村都有舞香火龙活动，其中尤以城郊范家村带有浓郁狂欢色彩的"范家龙"为翘楚。

2.艺术特色

(1)汝城香火龙的制作工艺十分精细讲究，制作流程复杂，需耗时一个月。其中制作最精美的是龙头，头身环环紧扣，形成整体。待各部分扎成后，按照造型在龙身上插遍龙香，龙香数量可达4万支，龙身总重量可达1500多公斤，十分壮观。

(2)汝城香火龙造型分为圆龙和扁龙，还有特制的磺龙。这些造型大多来源于当地传统寺庙有关龙的雕刻和壁画，并加入夸张的手法。龙头高高扬起，雄壮威武，龙眼突出，炯炯有神，龙嘴张开，龙舌前伸，两边的龙须飘洒，龙爪结实有力，龙尾如火焰腾跃，造型威猛，栩栩如生。

(3)汝城香火龙的表演有一套完整的程序，相当讲究。舞前要到祠堂进行祭祖仪式，设案、焚香、作揖、叩礼，仪式过后将龙抬起在祖祀前叩首礼三次，方可舞龙。按规定路线舞过龙后，又要回到祖祀前，龙首居中，盘成三圈，扯香后才可烧龙，这也就是所谓的"化龙""龙归天"。第二天清晨将龙灰倒入溪水中，寓意"龙归大海"。香火龙在表演中，常用动作有翻滚、喷水、沉海底、跳跃、吞食、睡眠等，其中"沉海底"和"吞食"表演技巧上难度较高。[①]

（4）汝城香火龙往往于正月十五前后的夜间表演，与新年气氛相得益彰。夜幕降临时，音乐与花炮齐鸣，全村男女们全体参与，手持火把点燃香火龙全身香火，数百余年轻人将火龙舞起，光芒四射，壮丽无比。每当经过村民家中，每家每户都会放鞭炮、点蜡烛来接龙，祈求来年的日子红红火火。

3. 传承价值

汝城香火龙造型威武、气势磅礴、程序清晰、场景壮丽，群众参与性高，具有典型地域标志性文化特征。1995年汝城县土桥乡荣获湖南省文化厅授予的"群众文化艺术之乡""香火龙艺术之乡"称号。随着人们物质生活水平的提高，香火龙活动愈来愈精彩，有的龙长逾百米，有的配有双狮双鱼吉祥物，有的制作形状各异的引路灯笼，有的配有节目表演、秧歌助阵，可谓异彩纷呈。人们带着五谷丰登、平安吉祥、日子兴盛的期盼，积极参与其中，绽放心中喜悦。作为湖湘地区"龙文化"的艺术代表，汝城香火龙集扎制技术、工艺美术、地方习俗、美学理念、舞蹈要素等于一体。其极具地域特色的精神内涵、丰富独特的技艺魅力、复杂严谨的制作工艺与仪式习俗，为"香火龙"打下了深刻的"农耕文化"和"客家"烙印。其精美的做工、雄伟的造型、独特的表现手法、深刻的寓意、热烈的场面、丰富的文化内涵，不仅彰显了汝城人民千百年来的历史文化底蕴，更立体地、艺术地、形象地展示出独特的历史价值、工艺价值、艺术价值和教育价值。

（二）龙舞（九龙舞）（表3-31）

表3-31 龙舞（九龙舞）

入选时间	2008第二批
保护单位	平江县文化馆
编号	Ⅲ-4

1. 历史源流

岳阳平江县位于汨罗江中上游，就地理地形而言，处于湘北洞庭湖平原和湘东丘陵过渡地带。历史上"江西填湖广"的移民大迁徙使这里的方言和文化区别于其他区域，尤其是沉淀深厚的龙文化。平江九龙舞盛行于平江县伍市镇白杨村，至今已有2000年历史。据《平江县文化志》记载，九龙舞"始于汉、兴于唐，演绎至今"。众所周知，屈原投江后，龙王的九个儿子，得知老百姓爱戴和怀念屈原，便翻江倒海，大闹洞庭，把屈原的遗体送回人间。人们为感激九龙的义举便模仿其舞姿，创造了九龙舞。

① 胡翔飞. 湘南汝城"香火龙"艺术研究[J]. 艺术科技，2016(8)：57.

2. 艺术特色

(1)祭祀仪式古老凝重。平江九龙舞不同于其他自娱自乐或强身健体的龙舞,它具有浓烈而凝重的祭祀色彩,原生态的仪式是九龙舞的重要组成。程序复杂却有条不紊,有设龙坛、进疏、请龙水、开光、点睛、开咽喉、画押等。龙坛上龙神牌位祭品一应俱全,直幅旗上有"风调雨顺""国泰民安""五谷主登""六畜兴旺"等祈愿。

(2)情节主题生动鲜明。九龙舞凭吊屈原忠魂,紧扣民间传说,分为:"九龙戏水""九龙献彩"和"大闹洞庭"三大部分,展现了坚韧不拔的民族精神。龙舞表演之后还有"藏龙"仪式:人们敲锣打鼓来到汨罗江边,取下龙头龙尾在火中焚烧,这个仪式也可称之为"送龙归海"。

(3)演出阵容庞大壮阔。平江九龙舞是大型集体群舞,表演阵容庞大,角色有龙兵(舞龙者)、司锣、司鼓、司号、幡手等,一次九龙表演,需要出动200余人,表演需3个半小时。此外,平江九龙舞的表演甚至不仅限于九条龙,而可以根据编织图案的规律有双九龙、三九龙、甚至九条九龙,场面壮观,气势磅礴,堪称"中华一绝"。

(4)动作套路纷繁复杂。舞龙者以跑位、穿插、编织动作为主,龙在图案中飞舞,图案在舞动中变幻,令人目不暇接。平江九龙舞表演套路也十分多样,有"九龙戏水""八宝笼灯""金盆吊水"等26套传统套路。这些套路排列有序,变幻莫测,9条龙时而相互缠绕,时而组成精美图案和各式立体造型,其阵仗之大,在国内龙舞中极为少见,被誉为"龙中之龙"。

(5)器乐伴奏乡风古韵。九龙舞主要伴奏打击乐器为大锣、大鼓、大钹和抛天小锣。大锣大鼓音色浑厚低沉,抛天锣音色清脆嘹亮,雄浑豪壮,极具穿透力,余音缭绕,韵味无穷。

3. 传承价值

九龙舞由平江县伍市镇白杨村的姚姓家族创造和传承,并通过一部规范九龙舞表演套路的书——《龙谱》内部进行代代传承,沿用至今。龙的精神深深根植在龙的传人心中,九龙舞才会跨越2000多年时空,原汁原味地保留至今。时代变了,九龙舞也被赋予了新的内涵和使命,成为重大庆典和节日广场文化艺术表演形式。具有浓郁祭祀色彩的平江九龙舞,演绎着古老而又富有现代气息的神话传奇,它千姿百态的造型、气势磅礴的表演、深厚的文化底蕴,体现了平江人民对正义必定战胜邪恶的坚定信念和前赴后继、不折不挠、艰苦奋斗、团结一致的民族精神和民族凝聚力,对于研究平江的历史、生产、生活、民风、民俗等都有着十分重要的价值。[①]。

(三)龙舞(芷江孽龙)(表3-32)

表3-32 龙舞(芷江孽龙)

入选时间	2011 第三批
保护单位	芷江侗族自治县文化馆
编号	Ⅲ-4

---

① 徐晓琴. 非物质文化遗产视角下湖南民间舞龙运动的流变及发展前景研究[D]. 长沙:湖南师范大学, 2009.

1.历史源流

芷江侗族自治县(以下简称芷江)的"芷江"之名,来源于《湘夫人》中的名句"沅有芷兮澧有兰"。芷江风光秀丽,民族多元。侗族为芷江的主要民族,芷江蟒龙是土生土长的侗族传统舞蹈。发源于芷江土桥乡富家团村,其出现和成熟都经历了漫长的历史进程,与侗族的发展息息相关。蟒龙出自当地的民间传说,区别于其他地区的完美"龙",蟒龙的特点在于其"不完美",故而也被称为"劣龙"或"蛇龙"。该龙原是南海龙王,脾气火爆,高兴则五谷丰登,生气则山崩地裂。但它心地善良,经常为当地百姓驱邪恶。为了表达感激之情,每逢元宵佳节都要舞起蟒龙在各村巡游表演,以震慑邪祟,祈求年丰岁熟。隋末唐初年间,富家团村便开始流行在特殊节日舞蟒龙,最终形成了独特的蟒龙文化。

2.艺术特色

(1)盘踞袖珍的蛇龙造型。"蟒龙"的造型是富家团先民根据民间传说和传统龙灯造型设计创造的,体现了独特的侗族文化特点。蟒龙身材极为袖珍,总长不超过3米,有黄、蓝、白三种颜色。蟒龙的造型别具一格,有龙头、蛇身和鱼尾,为S形,身上无节,始终盘踞着身躯,把自己卷曲成仅有1.5米的高度。

(2)规范严密的仪式程序。芷江蟒龙从制龙到最后"化龙",都有固定程序,与当地风俗宗教紧密结合。神龛上烧香祭祀后方能开竹破篾,做成后将其供上神坛,进行最重要的"开咽喉"仪式:烧香、叩首、祝词,点燃三根香将龙的喉烧开三个小洞。再行舞龙,最后在溪边"化龙",点燃柴火齐拜将龙"送"走。

(3)简洁凝练的表演内容。芷江蟒龙是表演人数最少的龙舞,一般情况下表演者仅有四人,分别舞龙、舞宝、敲锣、打鼓,各司其职,乍看起来"毫无龙威",但表演灵活,空间较大。舞蹈主要有"单宝戏龙"和"双宝戏龙",二人在打击乐的伴奏下回旋起舞,动作狂放,技巧性强。

(4)刚柔相济的音乐伴奏。蟒龙舞的伴奏乐器主要有鼓、锣、头钹、二钹、唢呐、小锣,运用不同演奏手法,通过节奏变化和音色、力度的对比,敲击出热情奔放、刚柔相济的伴奏音乐。悦耳的锣鼓伴奏,将"龙"的精气神表达得淋漓尽致,热闹非凡。

3.传承价值

芷江蟒龙舞这一独特的传统舞蹈民间艺术与侗族民族史、文化史密切相关,生动形象地反映了侗族地区的文化传统和风俗习惯,同时也是研究侗族传统音乐、舞蹈、文学等艺术发展史的重要依据。由于老一代民间艺人的相继谢世以及当地大批青壮年外出经商、打工等原因,芷江蟒龙这种传统舞蹈不可避免地遇到传承困境。近年来,随着富家团村生活环境的改善和学习龙舞的人增多,芷江蟒龙舞进行了大胆的改革和创新。在传承龙舞的基础上,有了新的突破。一龙独舞的局面被打破,变一龙独舞为双龙齐舞和多龙腾飞。蟒龙舞的技法得到进一步升华,特色更加明显,表现手法更是日趋完善。同时,在服装、道具、音乐上加大了改革的力度,突出了侗族特色,使芷江蟒龙舞更具魅力和神韵。芷江蟒龙作为一种侗族传统舞蹈,其造型制作、表演仪式、音乐伴奏中,都包含了侗族的宗教信仰和传统习俗,凝结了侗族先人的心血和智慧,是中华龙文化与侗族文化共同创造的民族民间艺术结晶。它反映的人民生活、社会风俗、宗教信仰，是侗族人们对幸福生活的执着追求和美好愿望，体现了人民的凝聚力，是一部浓缩的侗民族文化传承的发展史。①

（四）龙舞（城步吊龙）（表3-33）

表3-33　龙舞（城步吊龙）

入选时间	2011 第三批
保护单位	城步苗族自治县文化馆
编号	Ⅲ-4

1.历史源流

城步苗族自治县（以下简称城步）地处湘西南边陲，民族文化与湘南灵秀山水在此融合，其中结合了龙图腾、巫傩仪式和山地文明等多种文化的城步吊龙，正是城步的苗族同胞先民千百年来流传下来的最宝贵的非物质文化遗产之一。城步在唐代就盛行龙舞，吊龙是通过长短不一的撑竿撑吊起彩龙的不同部位，宛如飞龙在天，亦称"飞龙"。吊龙舞这一活动的初衷和目的与其他民族及地域一致——迎神消灾、驱邪恶、祈平安的夙愿寄托，隶属于中国"龙"文化的子系统。

2.艺术特色

（1）严格精致的选材和扎制。吊龙的制作工艺十分精细，融合了手工艺术、绘画、布艺、剪纸、贴花、文学、光学等多种艺术形式，一条龙需要十多人同时开工，耗时一个月才能完成。此外，扎制好的吊龙必须"开光"，仪式才能完成，陪衬的灯也精致考究。

（2）声势浩大的祭祀和演出。吊龙的整体仪式特别讲究礼节，由"接龙、出灯、封龙"三部分组成，每逢举行表演，舞龙队每到一处，都要在村口、寨门、堂屋举行请龙、接龙、贺龙的仪式。以上严格、完整的祭祀仪式体现出古老的巫傩文化内涵，这也是吊龙舞被称为"巫傩文化的综合艺术"的缘由。

（3）别具匠心的技法和步伐。吊龙表演是一项高超的表演艺术，参与者可达百余人。较之一般的龙舞，它更符合当代大众审美所追求的"新、奇、特、难"，具备极高的艺术性和观赏性。在耍龙时，一人舞"龙头"，其余人跟着"龙头"舞动。随着龙宝升降起舞，双龙追逐缠绕，宛如飞龙在天。

3.传承价值

20世纪末，随着城步县下团村掌握吊龙制扎、表演技艺的老艺人日渐衰老，村寨里的中青年一代虽然喜欢观看舞吊龙，却不愿意学扎龙技艺和舞龙技法，城步吊龙的传承不容乐观。对此，政府十分重视，全力推进城步吊龙的申遗和传承，形成了县、市、省、国家四级宝塔型的名录体系，具备了比较完善的传承和保护机制。2013年7月，一条全长38.8米的城

---

① 覃嫔. 芷江侗族犁龙舞的艺术特征[J]. 音乐创作, 2013(11)：168-170.

步吊龙，被上海大世界基尼斯纪录认证，同时授予"世界最长吊龙"称号。城步吊龙舞的社会影响力不断扩大，各种演出的邀请函，让城步吊龙舞不仅获得了展示独特的城步苗族文化的机会，也带来了新的发展契机。

从民俗活动到艺术形式，城步吊龙舞经历了百年的传承，完成了质的升华。城步吊龙从选材和扎制、祭祀和演出、技法和步伐，伴奏和音乐上，都反映了苗民在千百年来的劳动、生产、生活和精神文化信仰，突出了苗族人民的礼仪风范，蕴含了苗族人民的智慧和才干，具有浓郁的地域特色和鲜明的民族文化特征，是巫傩文化的载体，更是中华传统文化中的明珠。

六、棕包脑（表3-34）

表3-34　棕包脑

入选时间	2014（第四批）
保护单位	洞口县非物质文化遗产保护中心
编号	Ⅲ-119

（一）历史源流

湘西南的洞口县，西控云贵，东制长衡，谷川纵横，溪河密布，既有长江三峡之幽，又有衡山烟云之秀。流传于此的"棕包脑"是一种无语言、无伴奏的瑶族传统祭祀舞蹈。由于舞者都要头戴由两块棕片缝合而成的长方形袋子，将整个脸部遮住，因此得名"棕包脑"。就文化渊源而言，洞口所在地邵阳位于湘中，属于梅山文化的核心区域，"棕包脑"舞蹈也具有梅山文化圈极为典型的傩舞特征。棕包脑从宋代传承至今，已有上千年的历史，其起源与古老的瑶族少年习武救母的传说有关。故事中，主人公用棕树皮包裹脑袋，历经万难，从山鬼手中救出母亲。为了赞颂孝顺勇敢的美德，洞口瑶族世代都将跳棕包脑舞视为缅怀祖先、传承孝文化的重要载体。

（二）艺术特色

（1）神秘奇特的装束符号。"棕包脑"得名于其标志性符号——棕叶面具，这种面具不仅仅是装饰，还带有鲜明的巫傩文化色彩，棕树叶面具即是人与神身份转换的重要标志。表演者一旦戴上棕片缝制的面具后，便成为"神"的化身，在戴面具期间，噤声以表敬畏。另外，服饰与藤条装束等也是神格身份的象征。

（2）颇具武德的舞蹈动作。"棕包脑"虽为舞蹈，但与武术也有着一定联系。舞者多为男性，表演粗犷豪迈、简练干净，舞蹈动作多是在舞棍动作基础上演变而产生，给人以神秘、原始的美感，充分展示了瑶族人民坚强刚毅、不畏强暴的性格特点。

（3）纷繁复杂的表演套路。"棕包脑"融合了当地的民俗特征和自然的生态环境，使得表演具有无限的生命力。舞蹈套路繁多且复杂多变，依次是"祭祀梅山神""单双棍表演""舞凳表演""驱山鬼打野兽"和"庆祝"，既有舞蹈的特征，又具戏剧的色彩，寄托着瑶族人民对美好生活的愿望与憧憬。

(三)传承价值

随着社会的发展和现代文明进程的加快,传统文明受到了很大的冲击,掌握"棕包脑"的老艺人越来越少,而年轻人不愿意学习和传承这种艺术,"棕包脑"在瑶乡已濒临消亡。近年来,洞口县委、县政府专门为保护"棕包脑"出台专门的文件,全力拯救瑶乡"棕包脑"。"棕包脑"作为一种独特的艺术表现形式,除了反映瑶族人民的农耕、狩猎、娱乐等生产生活情景外,还表现了孝顺勇敢的民族精神,这些都是瑶族淳朴民俗民风的体现,其传承和发展对人们追索古朴的瑶族舞蹈及古代武舞的渊源都有不可替代的作用。①

七、南县地花鼓(表3-35)

表3-35　南县地花鼓

入选时间	2011 第三批
保护单位	南县文化馆
编号	Ⅲ-99

(一)历史源流

南县古称南洲,位于湖南省益阳市的东北部,是传统意义上的洞庭湖区,有"洞庭明珠"和"鱼米之乡"的美誉。水乡泽国的风韵,催生了一种极富湖湘特色的民间舞蹈——地花鼓。花鼓之名始于南宋,最初是劳动人民农闲时的一种娱乐方式,在民间山歌、当地小调和劳动号子的基础上不断演化发展,最终定型于清代,成为湖南花鼓戏的滥觞。地花鼓的"地"字即揭示了地花鼓的表演环境为地面,而非舞台,从而又昭示出地花鼓起源于田间地头,产生于人们的劳动生活。地花鼓因其独特的艺术魅力和广大的群众基础而得以保持本色,世代流传。

(二)艺术特色

(1)表演技术规范讲究。地花鼓的锣鼓牌子、唱词、动作都十分规范、讲究,唱词易记,朗朗上口。舞蹈注重身体"三节""六合"的运用,手分"梢、肘、肩"三节,脚分"梢、膝、胯"三节,头分"头、腰、胯"三节,表演时必须做到三节协调。"六合"分"内三合""外三合"。"内三合"就是要求演员在表演时做到精气神三者糅合;"外三合"就是外在的动作协调,神形兼备。

(2)表演场面异彩纷呈。表演的人数少则两人,多则几十人,道具源于日常生活中的物件,演奏的乐器有堂鼓、手鼓、汉锣、大钹、小钹、云锣、碰铃、唢呐、大筒等。"竹马地花鼓""蚌壳地花鼓""围龙地花鼓"的表演更是异彩缤纷,场面壮观、威武并各具特点。

(3)声腔固定板式节奏简洁。地花鼓曲调结构上都是平衡对称,每四句为一组,每一句为四个小节,便于记忆。依照唱词的情、声、音、字等有机的结合,形成固定的板式(节奏

---

① 袁杰雄. 文化符号学视域下舞蹈符号圈的整体性特征分析——以洞口瑶族棕包脑舞蹈为例[J]. 长江师范学院学报,2019(6):72-82.

型)以表达填词的规律。角色依据唱词的内容变化动作,以适合人物的思想感情,使表演更具可看性。[①]

(4)演出场地和形式灵活。地花鼓对场地无要求,随时随地均可表演,尤其逢年过节,家家户户张灯结彩,丑角牵着旦角踏着锣鼓的节奏走村串户。有在屋场上耍的,有在渔船上玩的,有的搬出扮桶或方桌,加上一条板凳演"拖板凳"。这种灵活的形式充满了欢乐与喜庆。

(三) 传承价值

随着经济和社会的急剧变迁,文化生态发生了剧烈变化,南县地花鼓已失去了往日光彩,濒临断代失传,亟待抢救保护。为了抢救、保护和传承南县地花鼓,南县文化局先后组织了多人的专业发掘队伍,到全县的各乡镇多个村进行系统的发掘,还编辑出版了《南县地花鼓基础教材》册,并建立起了南县地花鼓艺术学校、社会培训传承基地和地花鼓文化博物馆,每年举办地花鼓文化艺术节。在多方努力下,地花鼓的保护与传承已有显著成效,南县地花鼓已经摆脱了困境,正逐步走向繁荣壮大。

作为民间传统舞蹈,南县地花鼓以独特的艺术特征蕴含着丰富的民间文化。它载歌载舞,以最朴实最贴近生活的表现内容和夸张诙谐的艺术手法演故事,以率真而自由的方式宣泄着人民的喜怒哀乐,有着浓郁的地域情结和乡土趣味,为湖南花鼓戏的形成奠定了扎实的基础。它的存在和表现,彰显了地域文化、本土艺术的魅力,为广大百姓所喜欢和演绎,并深深地扎根在民间的土壤中,成为丰富群众的精神食粮和南县地方文化的名片。它是湖湘汉族传统民间舞蹈艺术的一块瑰宝,更是湖湘人文精神的窗口。

八、土家族撒叶儿嗬(表3-36)

表3-36 土家族撒叶儿嗬

入选时间	2014 第四批
保护单位	桑植县非物质文化遗产保护中心
编号	Ⅲ-18

(一) 历史源流

桑植县古称古西南夷地,境内山峦起伏,森林茂密,民族多元。在桑植的土家族聚居区,流传着一种特殊的艺术——撒叶儿嗬,即以歌舞的形式来进行丧葬的习俗。撒叶儿嗬为土家族语,源于土家族丧祭歌中反复出现的一种合唱和声,在汉语中有丧歌之意,与摆手舞的区域相对应,故而有"南摆手北跳丧"之说。桑植土家族文化源自四千年前的原始社会晚期的巴文化,撒叶儿嗬流传至今,历经数千年风霜。正因如此,撒叶儿嗬保留了"三一致"的原始特征,即歌乐舞合一的祭祀仪式,是土家族传统生活的一部分,浓缩着土家族山民们世世代代积淀下来的强烈情感、信仰以及期望。

---

① 罗昕. 湖南南县地花鼓的舞蹈艺术特征研究[D]. 长沙:湖南师范大学, 2014.

(二)艺术特色

(1)向死而生的文化内涵。撒叶儿嗬在世代相袭,盛传不衰,其中传达的"丧事喜办,哀而不悲"的豁达生死观念正是土家族人民对生命价值的肯定。他们认为人的生死有如四季变化,是自然规律,寿终正寝值得庆贺。无论死者身份如何,当地人都会参与仪式,为亡者闹地打一夜丧鼓,以此怀念故人,安慰生者。土家人就这样用绝妙的舞姿表达自己旷达的生死观,欢乐的氛围中洋溢着古朴和谐的自然气息。

(2)朴素庄严的舞蹈风格。撒叶儿嗬中有"跳丧""摇丧""四人穿丧""践丧""踏脚耸肩"等场景,体现出朴素庄严的宗教舞蹈风格。为了缅怀亡人的功德,舞蹈中有"朝佛""摘仙桃""降魔"等数十个含宗教意味的舞蹈动作组合。整个舞蹈动作古拙质朴、自然流畅,加上严肃的面部表情,渗透着浓厚的原始宗教气息。

(3)通俗多元的伴奏唱词。作为一种丧葬仪式,撒叶儿嗬大众都可参与,组织形式自由随和,但仪式流程细节有自己的特色,井然有序。掌鼓者边击鼓边领歌,每唱完一句话,舞者都跟唱一句:"撒叶儿嗬——呃喂"。歌词多内容广泛,包括歌颂祖先开疆辟业和父母养育之恩等,旨在为亡者歌功颂德,并用子孙成就告慰亡灵。

(三)传承价值

在信息化时代下,山区少数民族的传统文化已渐趋边缘化,作为非物质文化遗产的民族民间艺术"撒叶儿嗬",生存现状同样面临严峻的形势,令人担忧。这主要体现在民族民间传统文化消失的速度不断加快、民族传统文化的传承人日益减少等方面。目前,有着丰富传承的"撒叶儿嗬",还有待于传承人和文艺工作者开发出系列的作品。桑植土家族撒叶儿嗬是歌、舞、乐浑然一体的艺术,是桑植土家人贡献给人类"长舞当哭"的艺术典范,展示了土家族人们视死如归的大无畏气概。表演当中所传递的乐观豁达、积极向上的生命观念和精神品质,更是维系民族凝聚力的精神纽带,具有重要的传承价值。[①]

九、仗鼓舞(桑植仗鼓舞)(表3-37)

表3-37 仗鼓舞(桑植仗鼓舞)

入选时间	2011 第三批
保护单位	桑植县非物质文化遗产保护中心
编号	Ⅲ-98

(一)历史源流

在湘西有这样的说法:"土家摆手舞,苗家打花鼓,白族最爱打仗鼓。"由此可见,湘西不仅风景冠绝天下,而且富有民族地域特色的文化,犹如天上繁星般灿烂闪耀。不同于土家族、苗族等世代生活于湘西的原生民族,湘西的白族并非土著民族,在宋末元初时为躲避战

---

① 谭萌. 从生活仪式到舞台展演:"非遗"视野下土家族撒叶儿嗬仪式的变迁[J]. 贵州民族研究,2019(1):98-103.

乱,从大理迁徙而来。桑植白族仗鼓舞又名"跳邦藏",为桑植白族移民自创,已有700多年历史。仗鼓舞的起源与桑植白族的迁徙和流散有着重大联系,在现有资料和当地人的认知中,都与早期白族作为"来客"与当地主体民族的矛盾相关。白族新移民遇到歹徒入室挑衅生事,以打糍粑的木杵反抗获胜,此后白族后人打糍粑前都要举起木杵手舞足蹈一番,以此纪念胜利,久而久之,演变为舞蹈。

(二)艺术特色

1.舞武结合,动作粗犷大方

由于起源于打斗,仗鼓舞有许多套路来源于武术,以仗鼓为道具,注重"快""准""狠",显示出仗鼓舞强劲的威力。武术与舞蹈紧密结合的内容构成了桑植白族仗鼓舞区别于其他民族民间舞的最具特色的表现形式。

2.因地制宜,姿态古朴庄重

桑植白族仗鼓舞舞者起舞时手持仗鼓,左右开弓,进退自如,以跳、摆、转、翻为主,动作复杂,有九九八十一种套路。桑植白族仗鼓舞,其动作具有顺拐、屈膝、下沉的动律特征,这些体态与舞蹈动律特征与桑植白族所处的地理环境与生活习惯密切相关,来源于生活舞蹈肢体语言渗透为舞蹈艺术的表现手段形式。

3.随性而发,形式自然随意

跳桑植白族仗鼓舞不仅不受道具约束,而且围观者也可即兴参加,没有仗鼓的人可以拿起农具或者任何生活用具作为道具随之起舞。根据不同的场合、不同的环境进行表演,如游神时跳仗鼓舞,叫"游神仗鼓舞",过年打糍粑时跳仗鼓,叫"粑粑仗鼓舞"。这些随意的表现形式和丰富的内容情节给桑植白族仗鼓舞增添了古朴、原始的美感。

4.情随乐动,伴乐节奏明快

白族仗鼓舞的音乐伴奏常用《老仗鼓舞曲》,旋律起承转合固定平稳。为了丰富仗鼓舞的表演效果,仗鼓舞音乐被现代从艺者改编:节奏慢时,悠然自在;节奏快时,铿锵有力。[1]

(三)传承价值

1949年以前大多数白族男子几乎都能跳仗鼓舞。新中国成立后,随着时代的进步,仗鼓舞作为白族地区重要的舞蹈获得了发展的生机。近年来桑植地区积极发展仗鼓舞,不少学校成立了专门的仗鼓舞队伍,将仗鼓舞纳入教学活动的一部分。桑植白族仗鼓舞包含的宗教礼仪、民情风裕、民族武术、音乐舞蹈等文化元素是白族传统文化瑰宝的完美呈现,舞蹈所呈现的队形、仪式、特征,为探索桑植白族仗鼓舞的历史渊源和发展提供了重要依据。仗鼓舞表现出的艺术性和民族美,也表达出白族人民勇猛无比,又热爱祖先热爱生活的民族个性。无论在历史价值、审美价值还是文化价值上,桑植白族仗鼓舞都别具一格,是中华民族宝贵的精神财富。

① 周佳欢.桑植白族"仗鼓舞"的当代变迁[J].歌海,2015(1):77-79.

随堂练习 >>

湖南省入选国家级非物质文化遗产的龙舞有( )。

A.龙舞(汝城香火龙)   B.龙舞(九龙舞)

C.龙舞(芷江孽龙)   D.龙舞(城步吊龙)

思考探究 >>

结合生活实践谈谈如何传承与发展中国传统舞蹈。

第四节 传统戏剧

传统戏剧作为一种文化载体,深受儒家文化、民俗文化、宗教文化的影响,反映出中华民族的情感、精神、意志和追求,是中华民族文化的重要组成部分。湖南作为地方戏曲大省,戏剧艺术活动约有600余年的历史。戏剧最早见于元明间散曲作家夏庭芝所作《青楼集》(成书于1355年),其中有杂剧艺人入湘演出的不少记载,如"帝前秀,末泥任国恩之妻也。杂剧甚妙,武昌、湖南等处多敬爱之"。传统戏剧综合了文学、音乐、舞蹈、绘画、雕塑、杂技、武术等元素,舞台表演讲究唱、做、念、打四种艺术手段,其"角色行当"主要分为生、旦、净、丑等几种类型,具有很强的虚拟性、程式性和综合性。湖南传统戏剧始终立足于生活的基础之上,始终与时代、人民群众紧密结合,不断推陈出新,在思想内容、艺术形式等方面形成了独特的个性,终以其绮丽之风姿,蔚秀于中华艺术之林。在湖南省众多传统戏剧中,有31项被列为国家级非物质文化遗产(表3-38),其中主要剧种包括昆曲、高腔、巴陵戏、荆河戏、目连戏、傩戏、木偶戏、湘剧、花鼓戏、祁剧、皮影戏、侗戏、阳戏。

表3-38 湖南省国家级非物质文化遗产传统戏曲类(共31项)

序号	项目名称	申报地区
1	昆曲	湖南省
2	傩戏(沅陵辰州傩戏)	湖南省沅陵县
3	傩戏(侗族傩戏)	湖南省新晃侗族自治县
4	傩戏(梅山傩戏)	湖南省冷水江市
5	傩戏(临武傩戏)	湖南省临武县
6	高腔(辰河高腔)	湖南省泸溪县
7	高腔(辰河高腔)	湖南省辰溪县
8	高腔(常德高腔)	湖南省常德市

续表3-38

序号	项目名称	申报地区
9	荆河戏	湖南省常德市澧县
10	目连戏(辰河目连戏)	湖南省溆浦县
11	巴陵戏	湖南省岳阳市
12	湘剧	湖南省
13	湘剧	湖南省长沙市
14	湘剧	湖南省衡阳市
15	湘剧	湖南省桂阳县
16	花鼓戏	湖南省岳阳县
17	花鼓戏	湖南省邵阳市
18	花鼓戏	湖南省常德市
19	花鼓戏(长沙花鼓戏)	湖南省
20	花鼓戏(临湘花鼓戏)	湖南省临湘市
21	花鼓戏(衡州花鼓戏)	湖南省衡阳市
22	祁剧	湖南省
23	祁剧	湖南省衡阳市
24	祁剧	湖南省祁阳县
25	皮影戏(湖南皮影戏)	湖南省
26	皮影戏(湖南皮影戏)	湖南省衡山县
27	木偶戏(湖南杖头木偶戏)	湖南省
28	木偶戏(邵阳布袋戏)	湖南省邵阳县
29	侗戏	湖南省通道侗族自治县
30	张家界阳戏	湖南省张家界市
31	阳戏(上河阳戏)	湖南省怀化市

一、昆曲(湘昆)(表3-39)

表3-39　昆曲(湘昆)

入选时间	2006 第一批
保护单位	湖南省昆剧团
编号	IV-1

(一)历史源流

昆曲得名于其发源地江苏昆山,起源于元朝末期,至今已有 600 多年历史,后经魏良辅等人的改良而走向全国,自明代中叶以来独领中国剧坛近 300 年。昆曲原名"昆山腔"或简称"昆腔",现又被称为"昆剧",是汉族传统戏曲中最古老的剧种之一,也是我国现存最古老、影响最大的戏曲形式,与古希腊悲剧和印度梵剧一同被称为世界古老的三大戏剧源头。在中国,昆曲也被称作"百戏之祖",包括湘剧在内,许多地方剧种,或多或少都受到了昆曲艺术多方面的哺育和滋养。湖南昆曲即湘昆,是湖南的地方大剧种之一,因流行于湖南省湘南的桂阳、嘉禾、新田、宁远等地,并以桂阳为其发展和活动的中心,故又称"桂阳昆曲"。昆曲早在四百多年前便传入郴州。昆曲进入湖南,对众多的地方戏曲产生了深远而直接的影响,湘剧、祁剧、巴陵戏等地方剧种中还保留了不少昆腔剧目和曲牌。

(二)艺术特色

1.本土气息浓厚的剧目题材。与江苏昆曲相比,湘昆传统剧目呈现三多三少的特征:本戏多,折子戏少;武戏多,文戏少;表现下层百姓生活的戏多,表现才子佳人和帝王将相的戏少。受到湖南本土文化的影响,湘昆剧目开始多样化,也开始朝着"湘"化的方向发展,许多具有湖南本地特色的剧目也逐渐应运而生。

2.生活气息浓郁的行当装扮。昆曲传入湖南后多在农村等地演出,不断吸收地方戏曲与民间舞蹈的精华。湘昆剧目的舞台表演风格同样充满了生活气息。与传统昆曲里的行当相比较,湘昆行当也有着自己的特色,如小丑行当除了苏昆常用的苏白、京白外,还必须掌握多种"乡谈"湘昆的装扮,老旦、瑶旦(彩旦)的发式装束多与当地农村妇女相近。①

3.曲"高"和不寡的唱腔音乐。湘昆剧目的湖湘特色不仅存在于题材和内容方面,湘昆的唱腔音乐作为戏曲的主体部分,也同样受到影响。湘昆一改传统的江南婉转、柔美的曲风,曲风高亢质朴较少运用装饰音,掺以紧缩节奏,加滚加衬的手法,还大胆吸收了湘南民歌小调和叫卖声,在昆腔体系中,成为曲调较高的一支流派。

4.豪放粗犷的舞台表演。湘昆既保持了昆曲优美细腻的风格,同时又体现出豪放粗犷的地方特色。它既从祁剧、衡阳湘剧等地方剧种和其他民间艺术中吸取养分,又结合当地人民群众的生产、生活和民情风俗创造出许多特别的表演程式,形成湘昆独特的艺术特色。

(三)传承价值

作为昆曲现存分支中较独特的一支,湘昆的保护和传承也更显重要。新中国成立后,党和政府对湘昆艺术的发展十分重视。负责湘昆的传承与保护的湖南省昆剧团是全国九大昆剧团之一,坐落于郴州市,是中国中南及西南地区唯一的昆剧团,发掘、创作及演出昆曲大戏 60 多部,并与当地艺术学校合作培养昆曲演出人才,还组织"进社区""进校园"等活动,向市民普及宣传昆曲艺术的相关知识。楚情湘韵赋予湘昆开朗粗犷之气,乡风地俗赋予湘昆阳刚泼辣之美,使它具有浓郁的草根气息和充沛的生命活力,得以植根湘南沃野,传承数百年而不绝,成为唯一存活于江、浙、京、沪以外的昆曲遗产,堪称中华文化发展史上的一大奇迹。

---

① 高欢欢,刘可慧.湘昆剧目中的湖湘特色[J].华夏艺谭,2015(8):16-19.

正如萧克将军诗曰："昆曲兰花艳，湘昆别一枝；几阵严霜后，亭亭发英姿。"

二、傩戏

傩是古代逐鬼驱疫的仪式，也是众多艺术产生的重要源头。明朝时期，傩文化与兴盛的戏曲文化结合，出现了插演于行傩过程中的独特的戏剧形态——傩戏。其分布广泛，目前全国共有十五种傩戏入选国家级非物质文化遗产，其中湖南和贵州各有四种，在湖北、江西、安徽乃至河北和山东亦有分布。湖南湘西地区属于多民族生活地区，在这个地区中不同民族的巫傩文化相互补充、相互影响，形成了不同特色的傩文化。湘西沅陵县、新晃县，湘中冷水江市和湘南临武县四地所举行的傩戏，均蕴含着较浓厚的道教文化，因门派和民俗的差异，又各具特色。伴随着历史的不断发展，傩戏已经由传统的祭祀内容逐渐演化成了湖南地区的一种典型的地方戏曲，宗教色彩在如今的傩戏之中的地位正在逐渐下降。目前，"娱神"已经淡去，"娱人"才是主调，但是如何平衡娱乐与传统的传承还需要我们不断地探索。

(一)傩戏(沅陵辰州傩戏)(表3-40)

表 3-40　傩戏(沅陵辰州傩戏)

入选时间	2006 第一批
保护单位	沅陵县文化馆
编号	Ⅳ-89

1.历史源流

沅陵，古称辰州，北与有"国家级森林公园"之称的张家界毗邻，东与被誉为"世外桃源"的桃源县相邻。由于特殊的地理位置和自然环境，沅陵自古就是一个苗、土杂居，"巫傩文化"盛行的地区，傩戏就是在这种特殊的地理位置和浓郁的历史文化背景下产生的。辰州傩戏源于荆楚，辐射巴蜀吴越秦等地，曾一度影响中原，现存于湖南省怀化市沅陵县的七甲坪镇及周边地区，影响至张家界及常德地区。沅陵辰州傩戏(又称土家傩)，见诸史籍者甚多，三百多年前傩戏在湘西地区就已相当盛行了，在湘西很多地区都留下了痕迹，辰州是傩戏保存最为完整的地区。作为第一批入选国家非物质文化遗产的傩戏，有着极为重要的地位，它是湘西地区流传最广的傩文化，也是中国傩文化中的一朵奇葩。

2.艺术特色

(1)内容突出原始崇拜

作为巫傩文化之乡的辰州，在两千余年的沧桑岁月里，区域内的傩戏始终以傩坛为舞台，以祭祀为目的，以巫傩为内容，至今还保留着浓郁的宗教色彩和民族烙印。辰州傩戏的戏曲内容十分广泛，土地戏在辰州傩戏中，占有举足轻重的分量和地位，傩戏中的"土地神"就是典型的自然崇拜。随着社会的发展，在崇拜的形式上有了改变，增加了"娱人"的艺术色彩[1]。

---

① 李燕. 湘西北辰州傩戏的特征及其传承价值[J]. 湖南工业大学学报(社会科学版)，2015(10)：111-114.

（2）面具服饰古老质朴

傩戏表演的最大特点就是演员戴着面具表演。演《土地戏》时就有土地公神相面具、土地婆神相面具等。当面具不够或破损未更新之前，则化妆成神相脸谱。面具造型直接产生傩戏舞台的审美效果。戴着面具起舞高歌，使人容易得神之形忘己之形，放肆地按神之本性、神之灵性去表演，展示傩堂戏的古朴原始的本性美。

（3）唱词讲究风趣通俗

辰州傩戏多用说唱形式演出，唱词是傩戏的主要组成部分，具有浓厚的乡土气息，将原始的威严、肃穆、神秘和恐怖改编为农民最熟悉的民间语言，演的是世情俗事，说的是乡土方言，不仅通俗易懂，而且妙趣横生。如"修观音堂"中就用了"大行大市""架起势来"等土语。唱词中有民歌的精华、佛经道经的延伸，极为风趣和通俗，不仅丰富了傩戏剧本的艺术性，也奠定了牢固的群众基础。

（4）唱腔伴奏灵活多变

作为戏剧中的声乐部分，辰州傩戏声腔属高腔体系，强烈的地方性唱腔成为它的重要特征，也体现了它丰富多彩的个性特征，"一启众和"的帮腔形式为其音乐特征。傩祭、傩戏不用丝弦，只用锣、鼓、钹的伴奏为其又一特色。

3. 传承与价值

傩戏生存空间不断萎缩，只存在于相对偏僻、交通不便和经济落后的狭小、贫困地域，曾经家喻户晓的傩戏在今天已经不为多数人所知。为了保护和传承传统文化，20世纪90年代，沅陵首次举办了沅湘傩戏傩文化研讨会，吸引了中外专家学者参会，开启了"辰傩文化"走上国际学术界之旅。近年来，随着沅陵县对非遗保护传承力度的加大，沅陵辰州傩戏也开始慢慢呈现在大众的视野中。伴随着沅陵辰州傩戏走出山门，沅陵县也出台了不少扶持政策，大力研究、传承和发展傩文化。目前，组织成立了辰州傩文化研究会、辰州傩文化艺术团，把"傩堂小戏"搬上了传统民俗文化的大舞台，为文化旅游注入了新的活力。

历经千载，辰州傩戏不仅是戏剧的活化石，还保存着古代祭祀仪式多姿多彩的风貌，涵盖了政治、历史、民族、宗教、考古、文学、艺术等方面，是楚文化、湖湘文化之根，亦是学术研究难得的文本。当今辰州傩戏在湘西北的民间日常生产生活中依然占有重要的地位，是当地人民群众长年生产、生活、文化传承的缩影，更是当地许多地方戏剧种（如辰河戏、祁剧、阳戏、花鼓戏等等）的老祖宗。它能保存至今，是一份不可多得且难以再生的文化遗产。

（二）傩戏（侗族傩戏）（表3-41）

表3-41　傩戏（侗族傩戏）

入选时间	2006 第一批
保护单位	新晃侗族自治县文化馆
编号	IV-89

1. 历史源流

武夷山脉、雪峰山脉以及云贵高原余脉的莽莽群山之中，有一块古老神奇的土地—新晃侗族自治县。这里的侗民勤劳勇敢、热情奔放、能歌善舞，产生了被誉为中国早期南戏"活化石"的古老戏剧——侗族傩戏。侗族傩戏被称为"咚咚推"或"跳戏"，现存于新晃县贡溪乡四路村天井寨。因演出时在"咚咚"（鼓声）、"推"（一种中间有凸出的小锣声）的锣鼓声中跳跃进行，"咚咚推"由此而得名。这种傩戏，是在明代时期由靖州传来。天井寨旧时有盘古庙、飞山庙各一座，春节期间每庙一年，轮流祭祀，祭祀时必演"咚咚推"。每逢天灾或瘟疫时，也要表演"咚咚推"。

2. 艺术特色

（1）健康朴素的剧目题材

侗族傩戏具备鲜明的民族性和地域特征，又有着极大的包容性，不但表现本民族的生活，也把汉族的故事纳入其中，对汉族的人物做了侗族化的处理，使当地群众更加能够接受。从题材上看，侗族傩戏总体上可分为三种类型：一是取材于侗族历史上的神话故事传说，反映本民族生活；二是以汉族历史故事为题材改编的剧目；三是颂善贬恶类的教育剧目，体现了古代侗族人朴素的唯物主义思想，这种情形在湘黔一带的其他傩戏中是绝无仅有的。[1]

（2）一枝独秀的民族语言

侗族傩戏是一份不可多得的文化遗产。它流传在湘黔边境地区，这一带少数民族的其他傩戏，包括苗族、土家族、瑶族在内的各民族的傩戏，用的都是汉语，唯独侗族傩戏用的是本民族的语言——侗语。"咚咚推"的流行范围最小，只在一个村寨流行，但它的人文价值丝毫不亚于其他傩戏。

（3）神人合一的面具形象

侗族傩戏表演最引人注目的地方是艺人们所戴的各种面具，常用的面具称为"交目"，用樟木、丁香木等不易开裂的木头雕刻、彩绘而成，共有36种，有的是模仿动物的形象，有的是想象中的鬼神形象，但更多的是三国人物面具。这些面具造型奇特，充满奇思妙想，兼有"人兽合一"的特点，他们有体现勇武、凶悍、威严的神，并常集动物的狰狞和人形面孔于一体，充满"神人合一"幻想色彩。

（4）高度综合的表演内容

侗族傩戏表演高度综合，歌、乐、舞三位一体。湘黔一带的傩戏演唱，都是由巫师演唱的，唯独侗族傩戏全民参与。音乐源自山歌，旋律简单，主要使用鼓和锣作为歌曲引子。侗族傩戏的表演在舞蹈中进行，演员的双脚一直是合着"锣鼓点"，踩着三角形，不停地跳动，起舞步伐也暗合民俗中"鸟"的图腾崇拜和"五行说"[2]。

3. 传承价值

傩戏主要流传于乡间，随着社会的发展，娱乐活动不断丰富，愿意观看傩戏演出的人日益减少，侗族傩戏传承困难。1992年，当地群众重做面具，恢复了"咚咚推"的本来面目。近年来，"咚咚推"引起了国内外的广泛关注，先后有日、韩等国的专家多次对其进行考察，均给予了高度评价。近年来，随着文化旅游的深度融合，新晃县加大了对侗族傩戏等传统文化

① 杨果朋. 侗族"咚咚推"的艺术特征及赏析[J]. 中国音乐，2009（2）：184-191.
② 覃嫔. 侗族傩戏"咚咚推"的表演特征及价值初探[J]. 科技信息（学术研究），2008（11）：697-698.

的保护与扶持，盘活了天井寨的文化旅游资源，越来越多的游客走进寨里游玩观光，傩戏也渐渐被大众所熟知。如今在天井寨，每逢重大节日及旅游旺季，这里的村民都会表演起侗族傩戏。傩戏是历史、民俗、民间宗教和原始戏剧的综合体，蕴藏着丰富的文化基因，具有重要的研究价值。侗族傩戏历经繁荣与衰落、稳定和变迁，得以保持下来，本身就具有传奇色彩。作为具有侗族独特文化的一种外化形态，侗族傩戏与侗族大歌、侗族锣、多嘎多耶一起承载着侗族文明的千年的脉动，关系着侗家人劳动生活的方方面面，具有很高的文化史价值。

(三)傩戏(梅山傩戏)(表3-42)

表3-42　傩戏(梅山傩戏)

入选时间	2011 第三批
保护单位	冷水江市文化馆
编号	IV-89

1. 历史源流

冷水江市地处湖南中部、娄底西部，宋代前这里居住着苏、张等23姓土著，被称为"梅山峒蛮"。今冷水江所传承的傩戏，为保存最丰富、最完整的梅山傩戏，是冷水江市民间举行祈福、求子、驱邪等傩事活动时，时常会扮演的娱神和自娱戏剧。湘中独特的地理和历史孕育了古老的传统民俗文化——梅山文化，其重要载体就是梅山傩戏。梅山傩戏是我国傩文化体系中独一无二的、以蚩尤为傩祖的地方原始剧种。其历史悠久、形态丰富、内涵深刻，在荆楚文化中可谓一枝独秀。因为传承体系独立、传承形态延展，表演内容亲和等特点，梅山傩戏成为极具代表性的地方性民间艺术。

2. 艺术特色

(1)自带浓郁的巫教色彩

梅山的先民们长期生活在深山老林，信奉"万物有灵"，崇拜各种神灵和图腾。梅山先民的这种宗教信仰便形成了特殊的"梅山教"，以鬼神崇拜达到人神关系的和谐共处，并通过梅山傩戏这样的驱鬼、敬神等巫术表演达到心理上的安慰，将神性力量融合到世俗化的人性关怀之中，表现出极为鲜明的巫教色彩。

(2)佩戴神秘的傩神面具

傩面具是伴随巫傩祭祀而产生和发展起来的，是傩戏区别于其他戏剧的重要特征，除了具有戏剧艺术美感外，还被赋予了神秘的宗教与民俗含义，它是神灵的象征和载体。在梅山傩戏中，傩面具起着重要作用，既是造型艺术的重要手段，也是必不可少的道具。傩面具内容多与宗教鬼神有关，表演时不同的角色佩戴不同的彩绘面具，通过面具的变化来表现人物性格。[1]

---

① 周邦春. 梅山祭祀乐舞——傩戏的历史衍变及内涵特征分析[J]. 艺术评鉴, 2020(3)：153-155.

（3）蕴含丰富的文化内涵

傩戏通过原始的表演来讲述先祖的故事，题材大多跟犁田、开山、打猎、捕鱼、谈情、说爱有关，具有原始的野性美。梅山傩戏的声腔、对白和动作，原始、野性、诙谐幽默，极具生活情趣。道具来自本土农家生产生活中的常用器具，以简代繁，以虚代实，具有独特的"原始、土、野、俏"风格。故事情节简单，由对白构成基本框架，穿插山歌、小调、儿歌、顺口溜，表演中邀请观众参与，临场发挥，因娱乐功能强而深受群众喜爱和欢迎。

3.传承价值

与许多其他地方的傩戏一样，随着社会文化生态环境的大幅改变、老一辈传承人相继过世，梅山傩戏这门古老的活态传承艺术，面临"人活艺在，人绝艺亡"的濒危境地。如何传承与发展梅山傩戏是冷水江乃至整个湘中古梅山区域面临的重要而又紧迫的问题。[①] 自2006年起冷水江致力于推进傩戏文化保护以来，通过近8年的抢救、挖掘、整理，当地文化部门和民间艺人不断传承、发扬这一原汁原味的本土文化。2007年9月，10位民间艺人受中国艺术研究院特别邀请，作为中国古代文化的典型代表出席了"中日文化交流会"开幕式。他们的傩戏节目《搬锯匠》让中日学者、观众啧啧称赞，也是国内唯一邀请的民间表演节目。梅山傩戏是对当地生产生活方式、宗教信仰、风俗习惯以及饮食文化的一种折射，具有丰富的文化审美与文化艺术价值。对梅山傩戏进行有效的保护与发展，不仅有利于再现原始古朴的梅山文化，而且有利于唤起古梅山峒区域人们和其他聚居地域瑶族人民的文化认同和身份认同，重塑民族集体情结和乡土情怀。

(四)傩戏(临武傩戏)(表3-43)

表3-43　傩戏(临武傩戏)

入选时间	2014 第四批
保护单位	湖南省临武傩戏剧团
编号	Ⅳ-89

1.历史源流

临武县位于湘南南部，是楚、越和中原文化三种文化的"鲁缟之地"，不同文化也在此汇合交融。自古以来，祭神祭祖、祈福驱邪的民间巫傩宗教文化在郴州一带极为盛行，形成了郴州文化的历史特色。临武傩戏又称"舞岳傩神""大冲傩戏"，当地人称为"神狮子"，流行于郴县鲁塘一带，表演时各戴面具，各持道具，有说有唱，动作粗犷豪放，并有吹打乐伴奏，是保存较为完整的一种傩舞。它形成于明朝成化年间，永州府蓝山县里田迁过来的居民，将傩戏传播开来，在从师学习傩祭作法的过程中，创造丰富，代代口授身传，流传至今，已有近五百年的历史。

---

① 徐益，翟婧媛. 湘中梅山傩戏传承现状与解困论析——以梅山傩戏代表性坛班阳君坛为例[J]. 贵州大学学报（艺术版），2019(8)：75-78.

2. 艺术特色

（1）古朴奇特的演出过程。像各地的傩戏一样，临武傩戏剧目附着在傩祭仪式之中。出神之前要请法师做佛事，之后由许愿方准备黄旗，带好三牲供品到路上来迎接，行人要避之。临武傩戏表现形式原始，情景、人物丰富，有夜叉、二郎神、关公、来保、三娘、土地、小鬼、猴王、狮王，表演活动一般在半夜开始，串村过巷，边唱边跳边念，狮猴嬉戏，尽显民间原始娱乐的形态。整个表演古朴奇特，在表演过程中，佛、道、儒家文化交错渗透，具有浓郁神秘的楚巫文化色彩和珍贵的艺术价值①。

（2）别具一格的装束道具。临武傩戏演员装束、道具别具一格，与其他表演艺术迥然不同，具有以下基本特征：演员不用女性，在扮演傩神的演员当中无论男女角色都由男性扮演；临武傩戏演员都是戴着樟木所制作的傩面具表演，主要人物形象源于神话；傩戏的服装来自生活，但表演者均系有红色花头巾；道具有小纸扇、小手巾、棍棒（土地神用）、大刀（关羽、二郎神各执一把）、夜叉锤、黄旗、舞龙宝珠等。

（3）丰富多彩的伴乐形式。音乐高亢激昂，具有道教音乐元素。演唱形式也是多种多样，有独唱、齐唱、对唱、清唱、伴唱启众和等形式。运用丰富多变的表现手法，表达人物形象的喜怒哀乐、诙谐幽默等各种不同的情绪。傩戏音乐虽然原始但相当丰富，主要包括：民间歌曲、歌舞音乐、宗教音乐，特色器乐、固定曲牌与锣经等，口语性和吟诵性相结合，又说又唱，辅以对唱和帮腔，更体现了傩戏庄严肃穆的独特风格，具有地方性的独特风味。

3. 传承价值

20世纪80年代开始，临武傩戏曾一度消失，县内很少有傩戏表演，傩戏传承人大多数外出谋生。直至2006年，临武县相关部门在大冲乡油湾村发现了傩戏，并组织人员进行抢救和保护。2006年10月25日，消失20多年后的油湾村傩戏再次"面世"，村里彩旗飘扬，人声鼎沸，大家都为这一古老的传统习俗拍手叫绝。经过几年的挖掘整理，油湾村傩戏逐渐成了临武县的一块文化招牌。目前，临武正在探索创造傩戏整体性保护的社会环境，让临武傩戏在良好的文化生态环境中得到保护和传承。

傩戏是一个带着神秘色彩的剧种。傩戏的内容从最初的"娱神"到后期的"娱人"，这一发展过程说明傩戏曾在人们的生产、生活中占据着重要的位置。抛开它的演剧内容，笔者认为傩戏在演剧形式上始终保持着最原始的、最质朴的状态，它不紧不慢地在自己的"一亩三分地"演着"曾经的模样"。欣赏傩戏，并不只是看它的舞台布景和它的现代舞台呈现，更多的是看它的"原汁原味"，因为它的每一片面具、每一件服装都撰写着历史。

---

① 临武傩戏传承人的坚守：不放弃＿文化频道＿凤凰网［EB/OL］. http://culture.ifeng.com/gundong/detail_2012_08/22/17000248_0.shtml.

三、高腔（辰河高腔）（表3-44）

表3-44　高腔（辰河高腔）

入选时间	2006 第一批	2006 第一批
保护单位	泸溪县辰河高腔传习所	辰溪县高腔艺术保护中心
编号	Ⅳ-7	Ⅳ-7

（一）历史源流

在湘西这片多重文化聚集的土地上，土家族、苗族等民族留下了众多神秘浪漫的古老风俗和非物质文化遗产，高亢激昂、响彻云霄的辰河高腔就是其中之一。辰河高腔距今约有五百年的历史，是江西弋阳腔与后来的青阳腔演变派生形成的诸声腔剧种。明初"江西填湖南"大迁徙，随着众多移民由江西流入辰河地域，弋阳腔也同时传入。以江西弋阳腔为基础，少数民族多元民俗文化融合，同时在汉族地区原有的民歌艺术和风土人情等多重因素的影响下，辰河高腔逐渐形成。清《湖南通志》载：浦市产高腔，虽三岁孩童亦知吟唱。辰河高腔以湘西泸溪县浦市镇为中心，向其周边地区发展流传，目前主要流行于泸溪县、辰溪县和沅陵县。

（二）艺术特色

1. 完整丰富的剧本曲牌。辰河高腔现存剧目数量大，类型丰富。在全国诸高腔剧种中，保留剧目的数量仅次于川剧。目连戏是辰河高腔的主体剧目，有48本，此外还有《黄金印》《红袍记》《一品忠》等剧目，在湘西久演不衰，深受群众喜爱。辰河高腔曲调丰富，有曲牌五百余支，适合表达各种不同的思想感情，主要曲牌有"归朝欢""降皇龙""浪淘沙"等。

2. 高亢激昂的唱腔伴奏。辰河高腔的声腔高亢激昂，音域宽广，可在高、中、低音区回旋。男声用大本嗓演唱，女声唱腔的高八度花腔，委婉清亮，悦耳动听。特制的高腔唢呐声音高亢优美，能与唱腔融为一体，在帮腔和伴奏中发挥着重要作用。

3. 独特刺激的表演技巧。与其他地方戏剧相比，辰河高腔不仅具有独特的表演风格，还有让观众叹为观止的惊险、刺激、怪诞的绝技功夫，是结合民间武术、杂技、音乐、宗教以及佛、道、傩等祭祀仪式的大型仪式剧。辰河高腔的表演多为祭祀仪式，它在早期的武打戏中，融合了本地民间武术的招式，很有地方特色。①

（三）传承价值

1957 年，泸溪成立了县辰河戏剧团，在泸溪、辰溪、溆浦等地极为著名红火。但是，辰河高腔也和许多古老戏曲一样，受地域偏僻、新型艺术形式兴起等因素的影响，面临传播、传承低迷的现状。正当该剧濒临失传之际，泸溪县委、县政府以招聘的形式引进了一批年轻文艺骨干，改变了以前自收自支、留不住人的局面，又对辰河高腔《目连戏》进行了大量的整理和挖掘工作。2012 年以来，泸溪县辰河戏剧团在划转为泸溪县辰河高腔传习所的同时，还成立了辰河高腔演艺有限责任公司，对多个辰河高腔传统剧目进行整理、复排，还新创作了

---

① 熊晓辉. 辰河高腔的行当与表演技巧[J]. 贵州工程应用技术学院学报，2016(5)：116-120.

《月是故乡明》《赔情》《情满橘园》等一批富有现代气息的新剧目，经过"改造"的辰河高腔再续传奇。2017年，泸溪县文广局开设了辰河高腔兴趣班和非遗传承班，聘请了辰河高腔传承人进行授课，让古老的传统戏剧真正地焕发了生机。

作为一种传统的湘西地方戏剧，辰河高腔中保存着湘西地区多姿多彩的历史风貌，有着独特的艺术特征，形成了完整的艺术系统。在形成过程中，辰河高腔吸收了佛教、道教的宗教音乐，与山歌、民族音乐相融合，又受到了花鼓戏、阳戏、傩戏等邻近剧种的影响，有着浓郁的湘西地域特色，体现了湘西民间艺术的生命力、创造力以及湘西特有的文化意识和精神价值。涵盖了民族民间、历史、民族、宗教、考古、语言、文学、艺术等诸方面内容的辰河高腔，对人们了解湘西地区的经济、文化发展有着重要的价值，对保留、研究、振兴湘西地区传统文化有着极大帮助，是一份不可多得、难以再生的文化遗产。

四、高腔(常德高腔)(表3-45)

表3-45　高腔(常德高腔)

入选时间	2006 第一批
保护单位	常德市汉剧高腔保护中心
编号	IV-7

(一)历史源流

常德古称武陵，左包洞庭之险，右扼五溪之要，历来被称为"洞庭明珠"。常德文化底蕴深厚，是湘楚文化的重要发源地，自古以来雅士会聚、星光璀璨，亦有"人文渊薮"的美誉。常德高腔正是在人杰地灵的常德繁茂生长的一支传统艺术之花。常德高腔为常德汉剧高、昆、弹三大声腔之一，主要流行于西洞庭区、武陵山系、辰水、沅水流域，是在本地原始祭祀歌舞等乡土音乐的基础上不断吸收明代弋阳腔、青阳腔等早期戏曲声腔逐渐发展而来。据《常德县志》记载，在明代万历时期常德高腔就发展成熟并广为流传。

(二)艺术特色

1.方言声调别有韵味。与传统戏剧一样，常德高腔分为生、旦、净、丑四种行当，表演中唱念以中州韵拼读标准与常德方言声调相结合，为了强调人物的地域特点，也兼用一些外地语言，演唱时余音绕梁、独具韵味。

2.腔调组合变化多端。与其他高腔不同的是，常德高腔的腔调与沅水船歌、扎簰号子音调有密切的关系。常德高腔声音高亢，一般可以划分为两个部分，即主腔和帮腔，一人启齿，众人帮腔。主腔、演唱体系和曲目的组合极富多样性——三十六腔(基本腔)和七十二调板(曲牌)等演唱体系，变化丰富多彩。

3.演唱方法独领风骚。常德高腔注重演唱方法，其发声咬字、运气、润腔都有独特之处，有真嗓(即本嗓)、假嗓(即小嗓)、边嗓(常德高腔的特色，比假嗓声音稍粗大)和本带边(即真假嗓相结合)等形式，不同类型的角色分别具有不同的唱法。生行、净行、老旦一般用本嗓，旦行用假嗓，丑行用真嗓，符合行当定位。嗓音随心入腔，时而酣畅淋漓，时而沁人心脾。

4.音乐伴奏丰富"秉文兼武"。丰富的乐器音色为常德高腔增添了音乐性，而音乐伴奏又有文场和武场之分。文场以管弦乐为主，柔美婉约；武场则以打击乐为主，大气磅礴。传统高腔演出会明确区分文武场，现代高腔演出往往采用混合乐队。

(三)传承价值

常德高腔在明代达到全盛，在清代逐渐衰落，剧目失传，传承几近中断。1954年，常德市文化主管部门举办高腔学习班，挖掘传统剧本二十余个，并恢复上演了其中的少数剧目，使几近消亡的常德高腔重新焕发了生机。近年来，常德高腔一度引起党和政府的高度重视和大力支持，每年都拿出一定的资金进行扶持。常德高腔流传于洞庭湖西岸五百余年，是常德地域文化的有机载体，更为研究地方戏曲声腔的传播衍变提供了鲜活的材料，是湖南民间艺术中乃至中华民族艺术难中以复制的珍贵宝藏。

五、荆河戏(表3-46)

表3-46 荆河戏

入选时间	2006 第一批
保护单位	澧县荆河剧院演艺有限公司
编号	Ⅳ-35

(一)历史源流

位于湘鄂交界的澧县，水路纵横，自古便是交通要地，天南地北的商旅在此汇聚，带来了各种不同的戏剧。澧水流域的戏曲艺人在长期的艺术实践中传承、积累、吸纳、流变了秦腔、西皮、高腔、昆腔、弹腔(南北路)、杂腔小调等多种戏曲，逐渐形成了荆河戏。澧县荆河戏是在湘西北及湖北荆州、沙市等地流行的一个戏曲声腔剧种，因流传于长江荆河段(即荆、襄、府、汉四派中的荆河派)而得名，历史上曾有上河路子、大班子、大台戏等名称，抗战期间又曾被叫作楚剧、汉剧、湘剧，1954年正式定名为荆河戏，成为湖南地方戏一大剧种。

荆河戏诞生于明永乐初年，兴于明万历时期。关于其发源地，目前有两种不同观点：一为澧县起源，二为湖北荆州沙市起源。由于荆河戏行里有着"湖南坐科，沙市唱戏"的说法，也就是在湖南荆河戏科班里学成之后，还要往沙市的荆河戏班"洗口"，以得到沙市观众的认可。但就历史渊源和地理环境而言，明代及清初湖南湖北同属湖广，政治上本为一体，作为戏班学习和成长之地的澧县应当是荆河戏的摇篮，而荆州沙市的荆河戏亦有其独特价值，二者同出一源，在演出交流中互相学习，取长补短。

(二)艺术特色

荆河戏能在几百年历史长河中传承并经久不衰，其根本原因就在于它独特的艺术风格。荆河戏地方色彩浓郁，表演时声腔变化多样，基本功扎实显功力，唱词、道白通俗有韵味，具有很高的艺术价值。

1.文戏唱腔南北交融

荆河戏唱腔南北交融,别具韵味。其基本声腔是弹腔,包括北路和南路以及特定腔调三类。其唱词及念白均以澧洲方言为基础,京白、苏白、川白夹杂其中。北路是古老秦腔与当地民间音乐相结合而形成的,是荆河戏所独有的特殊唱腔;南路受微调影响较大;特定腔调是专用唱腔,与特定的故事情节和人物内心活动相匹配,可以看作是荆河戏的一种"规矩"。

2.武戏动作风格独特

荆河戏的表演重做功,以武功戏见长,具体体现在内、外八块的功夫上。"内八块"功夫指人物的喜、怒、哀、乐、惊、疑、痴、醉等内心情感,"外八块"功夫则指云手、站档、踢腿、放腰、片马、箭步、摆裆、下盘等八种外部形体程式动作。此外还有各种姿态的"拗军马""抖壳子",其独特的表演艺术风格,深受当地观众喜爱。

3.音乐伴奏文武兼修

荆河戏的伴奏乐器同样分为文、武两种场面。文场面有胡琴、月琴、三弦、唢呐、笛子等;武场面则包括堂鼓、大锣、小锣、马锣、头钹、二钹等。马锣的传统打法极为特别,是将锣抛到空中再打。大闹台用整套曲牌,演奏气势磅礴,震撼人心。

(三)传承价值

荆河戏是诞生于湘鄂地区的戏曲瑰宝,它保留着自己独特的唱腔、功法和乐器特色,在几百年历史长河中传承下来,历久弥新。它漫长的历史、丰富的内涵、独特的艺术风格、严谨细致的创作及表演态度,在我国传统戏曲和传统文化中独树一帜,具有不可替代的作用。历经百年沧桑未曾中断的荆河戏,在新世纪却陷入了发展困境:观众群流失,戏班经营困难,人才青黄不接,艺术创新乏力,与全国其他剧种一样逐渐衰微。为响应国家传承和弘扬中华民族传统文化,促进传统文化传承和发展的号召,拯救荆河戏这一国家级非物质文化遗产,1991年,澧县成立了振兴荆河戏领导小组,组建了国风荆河戏责任有限公司,重新挖掘改编优秀传统戏,为剧团配备了新的服装道具和一辆巡回演出专车,常年组织剧团下乡巡回演出。如今,荆河戏剧院对于后备人才培养更是高度重视,剧院领导经过几年的准备,在当地政府的大力支持下与湖南艺术职业学院开展"院团合作、联合培养",2020年9月,荆河戏表演专业的学生将进入校园开始他们5年的荆河戏学习之路,相信在不久的将来,这个剧种将有一批年轻的后起之秀挺立在湖南地方戏曲大观园的潮头,撑起荆河戏传承与发展的未来。

六、目连戏(辰河目连戏)(表3-47)

表3-47 目连戏(辰河目连戏)

入选时间	2006 第一批
保护单位	溆浦县辰河目连戏传承保护中心
编号	Ⅳ-87

(一)历史源流

辰州是古代地理概念,因境内辰溪得名。"辰河"是沅水中上游一带地域的泛指,辰河目连戏也因此冠名。事实上,目连戏并非辰河独有,而是全国性的剧种,起源于南北朝时期翻译的《盂兰盆经》中印度僧人目连地狱救母的故事,唐代民间说唱《目连变文》将故事中国化,目连也有了中国名字傅罗卜,从此他不再是佛教的目连,而是中国戏曲文化的目连。宋代出现了乐人扮演的《目连救母》杂剧,明初成为弋阳腔的主要剧目,随着江西移民(在辰河高腔一节已有介绍)传到了五溪地域,与辰州语言、宗教、习俗结合,成为具有辰河特色的《目连传》。目连戏的发展经历了古代百戏、宋元杂剧、明清传奇等几个重要时期,因其历史积淀厚重、剧本规范、曲牌丰富、表演形式千姿百态,几乎包含了中国传统戏曲的一切手法,是中国历史上剧目最多、保存最完整、规模最宏大的宗教戏剧,堪称中国古老宗教剧的"活化石",被艺人称为"戏祖"和"戏娘"。

(二)艺术特色

数百年间,演唱目连大戏,一直是辰河地区最盛大的全民文娱活动,其中的表演艺术和演出排场,集中了数百年间一代又一代辰河艺人的智慧,其艺术特色主要体现在以下几个方面。

1.剧目组合庞大

辰河目连戏演出的剧目,是历经数百年形成的一种古代文化现象,是戏曲艺术与宗教、民俗的复合载体。它将儒、释、道的宗教内容以及盛行于辰河的巫傩之风,融汇到戏曲艺术之中。在长期的艺术实践中,民间艺人不断地将剧目的范围扩大,将《前目连》《梁传》《香山》以及被称为"花目连"的一系列剧目也纳入其中,形成了极为庞大的剧目组合,称"四十八本目连戏",共有曲牌203支,锣鼓曲牌73支。[①]

2.腔调唱法灵活

目连戏的腔调丰富,以高腔为主,兼唱低腔、昆腔和弹腔。高腔常用具有湘西特色的人声和唢呐帮腔,音调高亢、风格豪放。低腔较为奔放恣肆,很有气势。演唱灵活,没有曲谱,沿用乡土习俗,借用本地乡音,吟歌而颂之,富有地方特色。声音高亢嘹亮,感情朴实真挚,响彻云霄;柔和时,则细若游丝,婉转别致,幽雅动人。[②]

3.伴奏高亢优美

伴奏乐器以效果强烈的打击乐器为主,管弦为辅。尤其是本地特制的高腔唢呐,声音高亢、发音柔和、音色优美,与唱腔融为一体,在帮腔和伴奏中起到十分重要的作用,特色非常鲜明。

---

① 向荫耀. 辰河目连戏之探究[D]. 开封:河南大学,2012.
② 蔡多奇,王文笑. 辰河高腔目连戏的音乐特点及其发展的思考[J]. 音乐创作,2011(4):142–144.

(三)传承价值

辰河目连戏曾经一度辉煌，后目连戏遭遇了传承危机，艺人、观众、资金等方面均不容乐观，传承与保护迫在眉睫。自列入国家第一批非物质文化遗产名录以来，湖南溆浦县政府多措并举、积极作为，在政府的五年规划纲要中布局谋划非物质文化遗产的传承与发展。2006年至2012年，辰河目连戏的保护主体为溆浦县辰河戏剧院。2012年，溆浦县人民政府在剧院的基础上改组成立了辰河目连戏传承保护中心，加大对目连戏的抢救性保护工作。2017年，完成了抢救性记录工作后，又在溆浦县职业中专开办戏班，招收了30名学生，培养辰河目连戏新一代传承人，参加怀化市中职学校文艺表演大赛、送戏下乡、进社区演出，以及在文化和自然遗产日等一些重要场合展演。这些举措，推动了辰河目连戏在保护中传承、在传承中发展、在发展中创新。

辰河目连戏无论是在艺术价值还是文化内涵上，都具有无可替代的历史地位。其成戏之早，演出时间之久，流传之广，延续时间之长，在中国戏曲史上是都极为罕见。在中华民族的历史文化长河中，它不愧为一朵绚丽多彩的浪花，透过这滴辰河之水，我们得以窥见中国戏曲文化的大千世界。

七、巴陵戏(表3-48)

表3-48 巴陵戏

入选时间	2006 第一批
保护单位	岳阳市巴陵戏传承研究院(岳阳市艺术剧院)
编号	IV-34

(一)历史源流

"湘北明珠"岳阳是我国首批历史文化名城，通衢南北，交通便利，从古至今都是重要的经济文化中心。湖光山色两相和，人文气韵光彩熠。古老的文化，深厚的积淀，催开了巴陵戏这朵湘北高岭之花。巴陵戏是湖南最负盛名的大戏剧种之一，形成于明末清初，辐射湘赣北、鄂南多地。明末诗云"秦筑楚语拨筌篌"，记录了民间戏班用"楚语"(即湘北方言)，进行演唱的艺术形式，可视为岳阳巴陵戏之雏形。虽然巴陵戏的起源较湖湘地区的其他地方剧种稍晚，但发展极其迅速，清代尤为兴盛。当时民间习惯称它为"岳州班"或"巴湘戏"，直到1953年才正式确定为"巴陵戏"。

(二)艺术特色

湘北人民对土生土长的巴陵戏有着特殊的偏好，为了适应当地观众的需求，巴陵戏不断改革和发展，逐渐形成了独有的艺术特色。

1.剧目题材包罗万象

岳阳巴陵戏的传统剧目，种类繁多，数量庞大，有各类剧目六百余出(折)，在湖南省地方大剧种中占比超过三分之二。此外剧目的演唱题材呈现多元化的现象，既有反映历代政治、军事事件的历史故事剧，也有反映百姓日常生活的小戏，还有文人学士创作的针砭现实生活的时装戏以及反映现代生活的现代戏。其代表剧目有《打差算粮》《闹花灯》《审刺客》等，现代剧目层出不穷，新编历史剧《远在江湖》广受赞誉。

2.语言唱腔雅俗共赏

巴陵戏的舞台语言以传统中原雅韵为基础，与普通话相似，结合湖广地区独特的语言声调，巴陵戏的音乐唱腔风格独具浓厚的湘北地方特色，亦雅亦俗，明白晓畅，自然亲切，深受当地人民喜爱。

3.声腔音乐兼容并蓄

岳阳巴陵戏的音乐十分完整，主要由声腔音乐和伴奏音乐组成，包含的声腔种类丰富，包括昆腔、弹腔、杂腔小调等。巴陵戏音乐与各兄弟艺术之间广泛交流，承南北曲之传统，熔多种声腔于一炉，还将岳阳独特的地方文化与民间音乐艺术融为一体，保持了其本身的地域独特性。[①]

(三)传承价值

民国中后期，巴陵戏开始走向衰落，生存几陷绝境，数度备尝艰苦。新中国成立后，党和政府高度重视地方传统戏剧，几度进行抢救，巴陵戏也因此得到复兴的契机，并经过多年有组织的保护和培养传承人才，重新焕发了生机。2006年，由岳阳市巴陵戏传承研究院创排的大型巴陵戏历史剧《远在江湖》，通过对历史的挖掘和典故的改编，用新的观念阐述"岳阳楼"与"岳阳楼记"，表现了中华民族深沉、宏大的"先天下之忧而忧，后天下之乐而乐"和"不以物喜，不以己悲"的精神，形神兼备，意境深远。岳阳巴陵戏是岳阳民间音乐和优秀戏曲艺术的遗存，是湘北人民劳动和智慧的结晶，更是一笔得天独厚的历史文化资源。历经近500年的发展长河，经过不懈的艺术创造，巴陵戏以其精深的文化内涵、独特的艺术特性、厚重的历史底蕴，成为岳阳楼下、洞庭湖边一道独特的音乐艺术风景，对研究中国地方戏剧戏曲的发展和传播传承岳阳文化都有重大意义。

八、湘剧

湘剧，因湖南省简称湘而称之为湘剧。它是我国传统戏剧种类之一，是与川剧、汉剧、豫剧、秦腔、赣剧、粤剧等剧种享有同等声望和影响的地方大戏。它主要流行于长沙市、湘潭市、株洲市、桂阳县等地，因流行地域的不同，又分为长沙湘剧、衡阳湘剧等。它是湖南省的一个代表性剧种，素有省剧之誉。它源于元、明之际，在600多年的发展过程中，逐渐形成了包括高(高腔)、低(低牌子)、昆(昆腔)、乱(乱弹)的四大声腔以及丰富的打击乐谱(锣经)和过场音乐。它拥有1000出左右的传统剧目，新中国成立后，又陆续创排了近百出新编历史剧和现代戏；它有着严谨的戏剧程式，表、导演艺术既精湛又富于湖湘地方特色；舞台美术中，尤其是服饰、脸谱，都具有湖湘地方的独特风格。湘剧入选国家级非物质文化遗产

---

① 杨婷.岳阳巴陵戏艺术特征和保护传承研究[D].长沙：湖南师范大学，2011.

的有长沙湘剧和衡阳湘剧。

（一）湘剧（长沙湘剧）（表 3-49）

表 3-49　湘剧（长沙湘剧）

入选时间	2008 年第二批	2008 年第二批
保护单位	湖南省湘剧院	长沙市湘剧保护传承中心
编号	Ⅳ-127	Ⅳ-127

1. 历史源流

长沙的戏剧活动最早可以追溯到屈原的《九歌》。北宋年间，已经有了民间的俳优戏剧活动。元朝天历年间，北杂剧进入长沙，当时的北杂剧深得湖湘人民喜爱。明初，大量江西等地的移民进入湖南后，移民中原本熟稔戏曲、曲艺的艺人们，将弋阳腔等声腔带入湖南。清朝年间湘剧便逐渐形成了以演唱高腔与弹腔为主，兼唱低牌子和昆腔的多声腔剧种。1950 年 11 月，文化部召开全国戏曲工作会议，湖南湘剧名演员徐绍清出席。随之，长沙市和湖南省相继成立了戏曲改进委员会。一时间，湘剧舞台，繁荣活跃，涌现了一批改编的优秀湘剧剧目，如《白毛女》《血债血还》《田寡妇看瓜》等。20 世纪 60 年代到 70 年代间，湘剧创作演出现代戏《园丁之歌》并拍摄成电影，在全国产生广泛影响。

2. 艺术特色

（1）从基本特征看，湘剧使用长沙官话作舞台语言，它的高、低、昆、弹四大声腔，有着独特的曲调和风味，它的伴奏有独特的锣鼓经和器乐曲。湘剧还有着独特的表演风格和技艺。

（2）从剧目看，长沙湘剧剧目在清道光、咸丰时，多达千余个，经过百多年演出实践，不断的消长更迭，到新中国成立后，老艺人能演的剧目或前辈艺人演出过、尚存有剧本的，共有 682 个，其中弹腔剧目有 500 个以上，高腔剧目约 100 个，低牌子剧目保存在连台大本戏中的有二百余折，独立单出剧目不多，昆腔及杂腔小调剧目则极少。

（3）在声腔看，长沙的湘剧除了有高腔、昆腔、弹腔外，还有更为古老的低牌子。弋阳腔入湘后，与长沙一带语言、民间音乐以及一些宗教音乐相结合，逐渐形成了流行于湘东北、湘中一带的地方化高腔。当这种高腔流行时，低牌子也在流行。低牌子源自何种声腔，历来的研究者说法有二：一种认为低牌子是昆腔，因为它的词格、曲格均与昆腔相同，曲牌名称一样，仅唱法上有所差异，低牌子应是昆曲地方化之后的俗称，另一种认为低牌子是不同于昆曲的另一种声腔。

（4）从乐器看，湘剧伴奏乐器分文武场。武场中有大鼓、堂鼓、梆鼓、课子、云板、大锣、大钞、小锣、小钞、云锣、碰铃等。伴奏时按用途的不同有"长锤""击头""挑皮""梢皮""包皮"等锣鼓经（俗称锣鼓点子）百余个。又因其不同人物、环境、气氛的需要，而有"大""小""干""湿"等四种不同的器乐配置。文场伴奏乐器分四种，高腔用高胡、琵琶、扬琴、中阮、笛子，有时加唢呐；弹腔用京胡、京二胡、三弦、大小唢呐；昆腔用笛子、箫、笙、琵琶；低牌子以唢呐为主。旧时乐队极为简陋，为文武六场面，后来渐渐丰富。直到 1966 年，为移植京剧样板戏和新编剧目，引进西洋乐器，形成以民族管弦乐为主的中西混合管弦乐队，人员增加到二十余人或三十余人。

3. 传承价值

湘剧虽属地方大戏，但它的萌生、发展和形成经历了漫长的历史过程，与湖湘民族史、文化史息息相关，它全面、完整、生动地体现了湖湘文化传承。它在形成至今的 500 年中，通过历代艺人和观众的共同创造，汇南北曲旋律，集文人墨客精华，得民间艺人智慧，创作了大批精美的传统剧目和优秀现代湘剧。如数百年后仍能以古老的原词原曲演唱的《单刀会》，现代戏有获中央大奖和中央电视台录制的电视剧《布衣毛润之》，新创作的《马陵道》《子血》《山鬼》都是艺术精品中不可多得的佳作。改编的《琵琶记》《白兔记》很受现代观众喜欢，可见其适应性好，可塑性强。湘剧有着空灵的美学品格，写意的艺术智慧，形成了独特的戏曲体系，显示出超凡的舞台神韵。剧作家田汉曾赞道：湘剧在许多地方剧种中比较完整高级。它的好演员、好戏与评剧（京剧）不遑多让，而且有独到的地方。如动作的朴素、感情的强烈，都是难能可贵之处。在剧本文学、唱腔音乐、表演程式、舞台美术等方面，都形成了具有湖湘文化风格和辣椒风味的艺术特色，它不但为湖南人民所青睐，而且足迹遍布大江南北，是与川剧、豫剧、汉剧、秦腔、粤剧等同样享有国家级声望和影响的地方大戏剧种，有着重要的艺术价值、历史价值、社会价值、文化价值和研究价值。

（二）湘剧（衡阳湘剧）（表 3-50）

表 3-50　湘剧（衡阳湘剧）

入选时间	2006 年第一批	2008 年第二批遗
保护单位	衡阳湘剧艺术有限责任公司	桂阳县湘剧保护传承中心
编号	Ⅳ-13	Ⅳ-127

1. 历史源流

衡阳湘剧主要流行于湘南东部一带，包括今衡阳市的衡阳、衡南、衡山、衡东、耒阳、常宁，郴州市的桂阳、安仁、永兴、桂东、宜章、汝城、北湖区，株洲市的炎陵县、茶陵、攸县等县（市、区）。省外活动区域有江西西部北起莲花、吉安，南至大余、南康等县，粤北的坪石、岐门、乐昌、桂头、犁市、韶关等地。早期的衡阳湘剧以班社命名，如"老天源班""老吉祥班"等，民间统称为"衡州班子"或"衡州大戏班子"。清末民初，弹腔剧目兴盛后，又被称为"衡阳汉班"。1949 年中华人民共和国成立后定名为"衡阳湘剧"，至 2007 年仅存衡阳市湘剧团和桂阳县湘剧团两个专业表演团体。

2. 艺术特色

衡阳湘剧是湖南多声腔的地方大戏剧种，主要唱腔由昆腔、高腔、弹腔组成，也使用一些杂腔和小调，是保留昆腔剧目较多的剧种。其表演风格按声腔分为三种不同路子：昆腔戏，动作细腻、舞蹈性强；高腔戏，动作古朴，讲究唱与念；弹腔戏，动作规范、唱、念富于板式变化。

（1）衡阳湘剧中不同声腔剧目的文字脚本，各有其不同的艺术特色。昆腔剧本多为明清传奇本，曲牌联套，格式严谨，文字典雅。高腔剧本多源于弋阳诸腔本，在保留了长短句曲牌词格的同时，加入了地方口语化的"数句子"（即"滚调"），增添了浓郁的生活气息，加强了剧本文学的语言魅力。弹腔剧本，多取材于话本（演义）小说，唱词为齐言体，注意念白，文字通俗易懂。高昆间唱的剧目，即在一个连台剧目中既有高腔整本又有昆腔整本，或在一个整本剧目中既有高腔散折又有昆腔散折，亦或在一个散折剧目里既唱高腔曲牌又唱昆腔曲牌。大量的传统剧目经整理、改编，在内容上和艺术上都有所提高。其中如昆腔散折戏《醉打山门》《芦花荡》《打碑杀庙》《水漫金山》《侠代刺梁》等，弹腔散折戏《雁门提潘》《审假旨》《张飞滚鼓》等，高腔整本戏《职田庄》《贺府斩曹》《衣带诏》等数十出剧目，已成为衡阳湘剧的代表性保留剧目。

（2）衡阳湘剧音乐包括昆腔、高腔、弹腔、杂腔小调四种声腔，过场曲牌和打击乐曲等。历经演变和消长，仍保留有昆腔曲牌100多支；高腔曲牌100多支；杂曲小调50多支；弹腔则保留有南路弋板、垛板、慢板、散板、北路慢板、快板、二流、慢二流、垛子、散板等板式。

（3）衡阳湘剧的表演艺术，亦按昆腔、高腔、弹腔分为三种不尽相同的表演风格：昆腔戏，动作细腻、舞蹈性强，以动作身段紧密配合唱腔；高腔戏，动作较为古朴，泥土气息较重，更多的是运用"唱""念"手段；弹腔戏，动作规范程度较高，多运用准确的程式动作，大段富有板式变化的唱腔或整段念白等手段。在昆、高、弹戏的传统分行形式和各行戏路的长期演出的过程中，已归于统一，都是按"九人头"的方式分为老生、正生、小生、大花、二花、三花、老旦、正旦、小旦九行。

3. 传承价值

植根于湘南大地的衡阳湘剧，脱胎于昆曲艺术，拥有昆曲的艺术价值，并将高雅艺术与区域文化充分结合，把高雅艺术本土化，从而达到了雅俗共赏的目的。特别是谭派表演艺术在昆曲的传统表演基础上，创造性地发展了武打戏、花脸戏、丑行戏，既丰富了衡阳湘剧的内涵，又拓展了昆曲净行和丑行的表演艺术。衡阳湘剧传承数百年，在戏曲史上影响深远，意义重大。

九、花鼓戏

湖南花鼓戏是一种湖南省的汉族戏曲剧种，历史悠久，在嘉庆年间形成了一旦一丑演唱的形式。到清同治时期，花鼓戏就形成了三小戏，并且演出具有一定规模，形式简单朴实。湖南各地的花鼓戏剧目有400余出，大多是反映人民劳动、男女爱情和家庭矛盾的，如《打鸟》《盘花》《雪梅教子》《鞭打芦花》《绣荷包》《赶子上路》《刘海砍樵》《补锅》《告经承》《荞麦记》《天仙配》《酒醉花魁》等。湖南花鼓戏是湖南各地花鼓戏流派的总称，根据流行地区的不同分为长沙花鼓戏、岳阳花鼓戏、衡阳花鼓戏、邵阳花鼓戏、常德花鼓戏等六个流派，各具不同的艺术风格。各地不同流派的花鼓戏之间，虽彼此存在千丝万缕的关系，但由于流行地域、语言风俗的不同，故行腔各异。六大花鼓戏流派的最大共同点就是其主要伴奏乐器都是采用的"花鼓大筒"。文化是民族的血脉，是人民的精神家园。湖南花鼓戏蕴含了各个地方独特的艺术表现形式，吸收了各种民间艺术的精华，是地方传统文化的一块瑰宝。花鼓戏的传承与发展，有助于更好地弘扬地方传统文化，激发百姓的爱国热情，凝聚建设和谐社会的精神动力。

(一)花鼓戏(岳阳花鼓戏)(表3-51)

表3-51　岳阳花鼓戏

入选时间	2008 第二批
保护单位	岳阳县花鼓戏传承研究所
编号	IV-112

1.历史源流

岳阳花鼓戏，民间旧称花鼓子、瓮琴戏，是在新墙河流域民间歌舞的基础上发展形成的地方小戏剧种。岳阳花鼓戏究竟形成于何时，目前尚无确凿史料可考。但新墙河流域受楚文化影响至深，却是有史可据的。该地域战国时属楚，汉王逸《楚辞·九歌注》云："楚南郢之邑，沅、湘之间，其俗信鬼而好祀。祀必使巫觋作乐歌舞以娱神。"新墙河流域自古以来流行着许多地方风俗音乐，民间有"栽田不唱歌，谷少稗子多"的谚语，因此，插秧有栽田歌，薅草有薅草歌，采茶有茶歌，有独唱、齐唱、盘歌对唱、一唱众和等多种形式。民间凡有嫁娶喜庆，必有鼓乐吹打，逢有丧事，皆请僧道吹吹打打，"坐夜""唱歌"。宗祠祭祖，举行隆重的"开堂行礼"，必有音乐，大多一唱众和，锣鼓间奏，唢呐托腔。这些在岳阳花鼓戏的条锣腔和唢呐牌子锣鼓经中，有明显体现。

岳阳花鼓戏，一为科班，一为跟师，也有业余爱好者。艺人流动性很大，若按班社续谱，传承脉络难以分明。故其传承谱系，只能按其行当、知名艺人的师承关系分代记叙。岳阳花鼓戏的传承谱系，以戏班为例，从清咸丰年间至民国末年，各种文字记载，先后建有20多个班社，其中影响较大的有陈兴泰班，杨洪发、杨春发班，吴茂南班，许默章班，杨占魁班，燕窝戴班，毛胜清班七个。岳阳花鼓戏的传统剧目具有丰富性，据不完全统计，已经整理的剧目有123出(折)。

2.艺术特色

(1)岳阳花鼓戏在早期的"正五八腊"节日和平常的婚寿、喜庆活动中，形成了一批特定剧目和活动形式，因而形成了参与礼俗活动的规律性。

(2)岳阳花鼓戏剧目题材有反映历代政治、军事事件的故事剧，也有反映民间日常生活的劳动与爱情小戏，还有艺人、文人创作的时装戏，也有百姓在田间、山中创造的情歌戏调。

(3)岳阳花鼓戏声腔分锣腔与琴腔两大类。其旋律轻快活泼，音乐形象鲜明，乡土气息浓郁，深受观众喜爱。演唱中运用地方语言，吸收了民间艺术进行表演，引起了声腔艺术的变化发展，又丰富了表演艺术程式，深受群众欢迎，因而形成了声腔和表演艺术的地域性。

(4)岳阳花鼓戏表演艺术从真实生活出发，粗犷细腻，具有浓郁的生活气息。如以"八步图""三盘""四门花"等组成各种扇舞，用以表达不同人物的不同心情。旦角的表演以"三娇"

"三妖""三俏"独具特色，小生的褶子功、小丑的鼻须功深受观众喜爱，具有戏剧技艺的稀有性。

（5）岳阳花鼓戏既有官班、科班的城镇演出，也有专为乡村酬神求水、消灾、灭病的演出，还有围鼓堂的围鼓坐唱。因此，岳阳花鼓戏具有形式多样和演出的灵活性。

3.传承价值

岳阳花鼓戏，在湖南省及全国地方戏剧中占有着重要地位，它是岳阳地区及周边市、县优秀戏剧艺术及民间艺术的代表作，其挖掘、保护、抢救和继承的价值主要体现在以下几个方面。

（1）学术价值。岳阳花鼓戏形成、发展、流行于湘北及湘、鄂、赣毗邻地区，深深地植根于岳阳民间。其舞台语言、剧目、声腔、音乐、表演乃至演出场所和演出习俗，都承载着大量的岳阳历史文化信息，是研究岳阳历史文化和民风、民俗的宝贵资料。

（2）文化价值。岳阳花鼓戏保存了丰富的传统剧目、声腔、音乐和表演艺术，是研究中国戏曲流变、地方剧种形成与发展的宝贵资料。挖掘、抢救和保护岳阳花鼓戏，可以丰富完善中国戏曲发展史，推动地方文化的健康发展。

（3）历史价值。岳阳花鼓戏剧目大都来自历史演义、民间故事和话本，也有贴近时代、反映现实的剧目。因此，能反映一定历史时代的生活、时代的变迁、传统习俗、人们的情感和审美意识。

（4）实用价值。发掘、抢救、保护岳阳花鼓戏，对建设岳阳及周边地区的精神文明，丰富人民群众文化生活，提高人民群众的文化素质，促进旅游事业的发展，构建社会主义和谐社会，都将产生极大的促进作用。

（二）花鼓戏（邵阳花鼓戏）（表3-52）

表3-52　邵阳花鼓戏

入选时间	2008 第二批
保护单位	邵阳市花鼓戏保护传承中心
编号	Ⅳ-112

1.历史源流

邵阳花鼓戏，旧称"花鼓"或"花鼓戏"，湖南地方小戏剧种，曾有"邵阳花鼓走天下"之说，发祥于旧邵阳县境，20世纪50年代始冠以"邵阳"之名。其戏曲形态，最迟形成于清道光、咸丰年间，历来有东路、南路、西路之别。东路花鼓戏主要流传在邵东、邵阳市双清区及衡阳、湘潭、衡东等地；南路花鼓戏主要流传于邵阳县、新宁县，广西桂林等地；西路花鼓戏主要流传于隆回县、洞口县、武冈市、城步苗族自治县、绥宁县、新邵县和邵阳市北塔区等地。邵阳花鼓戏为邵阳各族人民群众及流传地域观众所喜闻乐见，是不可或缺的文化艺术重要组成部分，很多乡镇都有自办的小型民间业余花鼓戏团体。

2.艺术特色

(1)从山歌、小调、花灯舞、地花鼓到花鼓戏，邵阳花鼓戏经历了300多年的演变、发展和众多艺人的传承，载歌载舞、欢快诙谐，非常贴近生活，具有浓郁的生活气息。矮子步、口子功、油纸扇、褂子裙等演技的运用，使邵阳花鼓戏独具特色。

(2)邵阳花鼓戏不仅流派多样，而且剧目、音乐也十分丰富。邵阳花鼓戏有东路、西路、南路三个风格不同的花鼓流派。流行的传统剧目中有反映民间现实生活，鞭笞封建礼教的丑恶现象，演绎人文理想神话和民间传说，歌颂真、善、美中华传统美德及男女爱情等内容的丰富多样的剧目。同时，邵阳花鼓戏音乐也多样，起源于民歌、山歌、情歌和小调，全部曲牌分为"川调类""牌子类""小调类"三大类，共560多首。演奏技艺概括为"快慢轻重、花硬砍风、单双空实、头尾边巾"16字口诀。

(3)邵阳花鼓戏形式的综合性体现在其集歌、舞、戏、音乐于一体。邵阳花鼓戏吸收祁剧、昆曲、傩戏、巫文化、湘剧和湖南花鼓戏各地方流派的艺术精华，体现着其风格的综合性。

(4)邵阳花鼓戏的大众性。邵阳花鼓戏为邵阳各族人民群众及流传地域观众所喜闻乐见，是不可或缺的文化艺术重要组成部分，很多乡镇都有私办的小型民间业余花鼓戏团体。

(三)传承价值

(1)人文价值

邵阳是个多民族聚居、多民族文化交融的地方。自古以来，各族人民能歌善舞，创造了丰富多彩的民族文化，从民间歌舞中发展而来的邵阳花鼓戏，经历了300多年的漫长历史过程，与邵阳的文明史、发展史息息相关，它深受邵阳各族人民和省内外观众的喜爱，全面、完整、生动地体现了邵阳的人文价值。

(2)艺术价值

邵阳花鼓戏传统剧目丰富多彩，曲牌众多，唱腔或高亢热烈或优美风趣，它的"四子"(即矮子步、口子功、油纸扇、褂子裙)表演技艺幽默、诙谐、轻快、自然，生活气息十分浓郁，其独特的表演风格和艺术特色极大地丰富了湖南花鼓戏的艺术形式。

(3)社会价值

邵阳花鼓戏自产生以来，无论是历代艺人跨省的巡回演出，还是配合党和国家在各个时期的中心工作，寓教于乐的艺术创作，都留下了它的足迹，是邵阳人民与外界沟通、交流和展示的一座桥梁，在邵阳的新农村建设、先进文化建设和经济建设中发挥了不可替代的重要作用。

(三)花鼓戏(常德花鼓戏)(表3-53)

表3-53 常德花鼓戏

入选时间	2008 第二批
保护单位	常德市鼎城区花鼓戏保护中心
编号	IV-112

1.历史源流

常德花鼓戏是以正宫调为主要声腔的湖南民间小戏剧种，在清乾、嘉年间形成并逐渐兴盛，至今已有两百余年的历史，拥有自己的"独家戏"、移植或创作剧目、唱腔曲调、表演程式以及伴奏谱、锣鼓经。常德花鼓戏流行于沅水、澧水流域，盛行于常德市鼎城区、桃源县、澧县。清道光(1821—1850)年间即有"花鼓戏"的称谓。常德为古三苗、南蛮辖地，民间巫傩之风，亘延不绝，习成风俗。常德花鼓戏便在巫傩艺术和民间歌舞基础上形成和发展起来。沅水流域"灯戏"的记载早见于清乾隆年间的当地地方志。当时，鼎城区的花鼓戏声腔只有"一唱众和，不托管弦，锣鼓分腔"的"打锣腔"和民间小调，其《送手钏》等小戏及其打锣腔曲调曾为桃源木偶观音戏所沿用。清嘉庆年间，四川梁山县灯戏主腔"胖筒筒"传入沅、澧二水流域，在常德府辖各地流行的过程中，融入了当地民歌、山歌、号子、傩腔等音乐素材，借鉴武陵戏的板腔形式，逐渐演化成本土的"正宫调"。在地方化的过程中，引用沅水号子和当地山歌的某些特色唱法，在正宫调的结尾乐句，采用假声翻高八度的形式，形成一种独特的演唱风格。

2.艺术特色

(1)常德花鼓戏音乐包括唱腔音乐、伴奏音乐和锣鼓三大部分。唱腔音乐又有正调、打锣腔、小调和花鼓高腔之分。正调以正宫调为主体，通过板式、旋律、调式、曲式等变化，形成了适用于不同行当、不同情绪的七字调、悦调、阴调、新正宫调、大起板、三流等派生曲调群，结合情调古朴、旋律独特的专用悲腔潼关调，丑角专用腔老鸦调，构成了正宫调的声腔系统。正调包括正宫调、潼关调、七字调、悦调、阴调、老鸦调和三流等所谓"六个半调子"。"正宫调"用假嗓翻高八度唱句尾的演唱形式，它和旋律独特、情调别致的"潼关调"都具有"天下仅只一家"的艺术品位和独特地位。"正宫调"是"梁山调"传入湖南后，与当地民间音乐、宗教音乐和戏曲音乐相结合而形成的特色声腔，它以其曲调的可塑性和大筒托腔保调的功能，使琴腔逐渐地取代了打锣腔。它内含的板式变化和情绪表现上的潜力，随同大本戏的上演而得到充分的发挥。

(2)常德花鼓戏源于地方歌舞和宗教戏剧，因此其表现内容具有较大的包容性。历来传统剧目和新创作剧目的演出效果有力地说明了常德花鼓戏不仅擅长表现古代和现代生动活泼的民间生活，而且也善于表现情节复杂、内容深刻、行当齐备、场面宏大的各类社会生活。

(3)常德花鼓戏缘起于农村，发展于农村，其本质属于草根艺术，没有各种陈规陋习的束缚，各种艺术表现手段皆随社会发展而与时俱进。常德花鼓戏在对其他兄弟艺术的表现手法博采众长的同时，也不断发掘并丰富具有本剧种特色的表现程式，并注重在发展的过程中保持本剧种的艺术传统的相对稳定和规范。

3.传承价值

常德花鼓戏作为一个地域性的地方小戏，其历史比较悠久，曾对其他小戏剧种产生过积极影响。调查研究表明，长沙花鼓戏等一些湖南花鼓戏剧种的琴腔(川调类)基本曲调及其早期的演唱方法、伴奏形式，皆是由常德花鼓戏的正宫调演变和发展而成。常德花鼓戏的一些早期传统剧目都曾在不同时期被有些剧种所移植或搬演,如《刘海砍樵》被长沙花鼓戏由小丑、小旦的"二小戏"原生态发展成现在色彩丰富的大型戏曲《刘海戏金蟾》;长沙花鼓戏《八百里洞庭》的原型便是常德花鼓戏的《放羊下海》,其《龙女放羊》一折中所唱的"放羊调",至今还保留了花鼓戏原始的打锣腔风貌。因此,对古老的常德花鼓戏进行抢救和继承,不仅具有很高的学术价值,而且还具有一定的历史意义。

常德花鼓戏不仅能在逆境中顽强地生存,而且能以极快的速度、极大的热情,在广泛的范围内,呈现传统剧目传承与现代戏创作演出并举的面貌,展示出花鼓戏深厚的群众基础和厚重的艺术底蕴。同时,也说明花鼓戏在丰富广大人民群众的精神文化生活,凝聚人民群众的生活情感,满足人民群众的审美情趣等方面,至今仍具有较高的实用价值。

(四)花鼓戏(长沙花鼓戏)(表3-54)

表3-54　长沙花鼓戏

入选时间	2011 第三批
保护单位	湖南省花鼓戏保护传承中心
编号	Ⅳ-112

1.历史源流

长沙花鼓戏来源于民间歌舞说唱艺术。清代中期以前,长沙一带盛行"地花鼓""花灯"和"竹马灯"。清代中叶以后,花鼓戏逐渐流传开来。但各地名称不同,宁乡一带称之为"打花鼓",浏阳各乡称为"花鼓灯"和"竹马灯",长沙望城一带和醴陵地区称其为"采茶戏",20世纪40年代,有人称之为"楚剧"。乡间则统称为花鼓班子,以班主命名,后多以吉祥语或地名命名,诸如得胜班、土坝班、大兴班等。

长沙花鼓戏脱胎于湘中各地的山歌、民歌和民间歌舞,是在丑、旦歌舞演唱的"对子花鼓"基础上发展形成的。其历史可分为三个阶段。第一阶段是"两小戏"阶段。这是长沙花鼓戏的雏形,与丑、旦歌舞演唱的"对子花鼓"既有联系又有区别。第二阶段是"三小戏"阶段,这是花鼓戏正式形成并最具特色的阶段。时间大约在清代道光至同治年间(1821—1874)。"三小戏"是"两小戏"的发展,在丑、旦演唱的基础上,加入了小生行当,使花鼓戏脱离了歌舞演唱的旧套。"多行当本戏"为第三阶段。"多行当本戏"在"三小戏"的基础上增加了生、净等表演行当,剧目也从原来以小戏或折子戏为主而逐步变为搬演故事完整的本戏。在这个阶段,长沙花鼓戏的声腔得到了完善,剧目进一步扩大,角色行当进一步发展,成为一种表现力丰富,生活气息、地方特色十分浓郁的地方戏曲剧种。

2.艺术特色

(1)长沙花鼓戏的声腔分为"川调""打锣腔"和"小调"三大类。前两类称为"正调",有较固定的声腔格式、旋律特点;后一类的曲调旋律、节奏、调式都变化较大,基本上各自保持原来的民歌结构。

(2)长沙花鼓戏剧目大多以载歌载舞、短小精悍见长,特别是那些生活气息浓郁,轻松活泼的喜剧和嬉笑怒骂、泼辣热闹的闹剧很受观众的欢迎。长沙花鼓戏以"小戏"中的两小戏、三小戏最具特色。其行当始于丑、旦，后增加小生，直至后来生旦净丑齐全，但表演仍以丑、旦二行最具特色。在传统戏中，丑行多为劳动人民，所以有"丑行不丑，风趣可爱"一说。

（3）长沙花鼓戏剧本语言生动，从民谣、民歌、俗语、歇后语中提炼对白和唱词，有时甚至就以极其朴素的生活语言入戏，通俗易懂，皆大欢喜。

（4）长沙花鼓戏表演上既承袭了民间歌舞中的扇舞、手巾舞、矮子步、打花棍、打酒杯等表现手法，又从劳动生活中提炼了一些表现力极强、特色鲜明的表演程式，如犁田、使牛、推车、砍柴、绣花、喂鸡、纺纱等。

（5）长沙花鼓戏的伴奏乐队分文、武场面。文场有大筒、唢呐。大筒是主要乐器，形似二胡，以竹筒蛇皮制作，音色清亮而浑厚，伴奏时用于托腔保调；唢呐分大唢呐和小唢呐，主要用于吹奏过门。武场有堂鼓、大锣（苏锣）、大钹（汉钹）、小钹和小锣。击拍的是"可子"（即长方形的梆子）。

3. 传承价值

长沙花鼓戏乡土气息浓郁，它源于湖南民间，植根于乡镇市井，其题材及故事与普通民众的生活息息相关。其戏曲语言生动朴素、风趣幽默、俗语俚词、贴近生活；其表演载歌载舞、形式活泼、充满着浓郁的生活气息；其音乐以正调为主，小调为辅，演唱和伴奏处理细腻、字正腔圆、委婉清新、真挚动听、乡土气息浓郁。因此，为流行地区的人民群众所深爱。长沙花鼓戏诞生、发展在洞庭湖及湘江、资江下游地区，以独有的艺术形式记录了近、现代这一地区社会的历史变迁，充分体现了这一地区民间社会的人文精神、艺术品格、情感状态和社会风貌。长沙花鼓戏作为汉民族传承的民间文化，有着其他文化不可替代的历史价值。

（五）花鼓戏（临湘花鼓戏）（表3-55）

表3-55　临湘花鼓戏

入选时间	2011 第三批
保护单位	临湘市楚韵临湘花鼓戏剧团
编号	IV-112

临湘花鼓戏哈巴调《蓝丝宝带》选段

1. 历史源流

临湘花鼓戏由岳阳花鼓戏发展而来，后期又受长沙花鼓戏的影响，形成以岳阳花鼓戏为主体，兼唱长沙花鼓戏和临湘地方小调的花鼓戏演唱风格。因其主要在临湘市境内的桃林河流域流传，使用的舞台语言是临湘方言，故当地又称之为临湘花鼓戏。因演奏的主要乐器中有叫嗡琴者，当地老百姓又俗称其为"嗡琴戏"。

临湘花鼓戏从清道光年间的"两小"（小旦、小丑）雏形，发展到清咸丰、同治年间的"三小"（小旦、小生、小丑），逐步形成了多角色的演出戏班，如当时有名的"三秋班""三堂班""乌畈门班""金少爷班"等。"三秋班"班主还向戏剧大师梅兰芳学过戏。到清光绪、民国年间，临湘花鼓戏发展到了鼎盛时期。临湘花鼓戏脱胎于临湘当地的民歌、山歌、夜歌、情歌、地花鼓、地方小调等，并吸收了少量汉剧、川剧、湖北的荆州花鼓戏等剧种的唱腔特色，形成了一个以锣腔、琴腔为主，兼有吹腔、套曲、地方小调五种声腔的独具特色的地方剧种。临湘花鼓戏现存代表剧目76个，主要有：传统戏《王妹子回门》《孟氏割股》《董永卖身》《韩湘子化斋》《孟姜女》《雪梅教子》《张广大拜寿》，现代戏《大兴与兰兰》《堂客拨的扶贫款》《村官是个打工仔》等。

2. 艺术特色

（1）临湘花鼓戏的声腔

地处湘鄂交界处的临湘，受湘楚文化和湖湘文化的辐射，形成了民歌、山歌、地花鼓、围鼓说唱等民族音乐的土壤，于是就有了临湘花鼓戏五大声腔（锣腔、琴腔、套曲、吹腔、小调）。声腔表现形式上的多样化，是该剧种的魅力所在。声腔独具特色，特别是五大声腔中的琴腔、吹腔和地方小调，充分体现了民族音乐的原生态美感。表现花鼓戏正调的主要是锣腔和琴腔，其声腔多为随口而歌，多系口语化的音调稍加修饰而成，叙事功能多于抒情功能，与起源地区的民歌、山歌、地花鼓等民族音乐的骨干音完全一致，这能让观众从花鼓戏里领悟民族民间音乐之神韵，寻求其返璞归真的原生态美的享受。

（2）临湘花鼓戏的运嗓方法

以本带假的传统运嗓方法在我国其他剧种里也有，但临湘花鼓戏的运嗓方法却有些别致，它不分男女老少或性格的文雅与粗暴，或喜怒哀乐，均以本带假演唱（个别行当也有例外），在原旋律的基础上翻高八度唱成假嗓音的进行不连贯。

（3）临湘花鼓戏的音乐美感

临湘花鼓戏曲调丰富且富有浓郁的临湘民歌山歌风味。临湘的山歌、民歌可谓丰富多彩，临湘的瑶族民歌优美动听，临湘花效戏吸收了它们的精华，自成一体并独具特色，增添了花鼓戏的音乐美感。

（4）临湘花鼓戏的表演

临湘花鼓戏的旋律色彩和功能擅长表演悲剧。临湘花鼓戏上演的《秦雪梅教子》《秦雪梅吊孝》《孟姜女哭长城》等悲剧百演不衰，与它的声腔风格特点有关，它的"凄头"像哭号，它的假声纤细无力像哭泣，它的板式只有速度的变化，没有戏剧性的展开，表现感情专一。唱腔道白适应和贴近演出地的观众，随当地方言变化而变化，更贴近观众。因为临湘地处湘鄂交界处，语言非常复杂，唱腔道白除用湘北语系伴以汉腔外，"两小""三小"的喜剧人物则用临湘的桃林话为主，根据剧本的内容及剧中人物的出生地而灵活运用当地方言，特别是小丑，在哪里演出就用哪里的方言。

3. 传承价值

2001年，中国（广西）瑶学学会的专家通过多年艰苦考察研究和科学论证，已将临湘花鼓戏起源地的桃林河上游的龙窖山千家峒认定为瑶族同胞居住的故乡。没有文字却能歌善舞的瑶族人给当地留下了许多山歌、民歌等宝贵的口头文化遗产，对研究花鼓戏与瑶族文化的历史渊源关系有重要作用。临湘花鼓戏里的琴腔具有现代复调音乐的雏形，是现代复调音乐的母体，对于研究该地区的民间音乐和戏曲音乐的历史面貌和发展流变有着重要的参考价值，丰富和完善了中国的音乐和戏曲发展史，从而推动了民族文化的健康发展。临湘地处湖南湖北交界处,从古至今一直是楚湘文化和湖湘文化的交汇之处,发掘研究临湘花鼓戏,对研究和传承楚湘文化和湖湘文化意义匪浅。

(六)花鼓戏(衡州花鼓戏)(表3-56)

表3-56　衡州花鼓戏

入选时间	2011 第三批
保护单位	衡阳衡州花鼓戏艺术有限责任公司
编号	Ⅳ-112

1.历史源流

衡州花鼓戏,因发源并主要流布在衡阳(旧称衡州)地区,又称衡阳花鼓戏,是民间小戏剧种,流行于湘南各地,舞台语言以衡州方言为基础稍加提炼而成。

早在宋朝,民间灯会便颇为盛行。明代,歌舞、百戏又有发展,民间傩舞亦盛行。同时,衡州一带风行采茶歌。灯会、傩舞、采茶歌、民间歌舞是衡阳花鼓戏得以形成和发展的基础。

2.艺术特色

(1)衡州花鼓戏行当的划分以小生、小旦、小丑为主,老生、老旦、花脸无专行演员。衡州花鼓戏的剧目十分丰富,据不完全统计,衡州花鼓戏的传统剧目共有165出早期的传统剧目多无固定脚本,小戏只有小调唱词是固定的,白口全凭演员即兴创作,大戏只有故事梗概,艺人叫"乔路"。衡州花鼓戏的剧本通俗易懂,杂用土语乡音,形象生动,生活气息浓厚,但由于杂用土语乡音,舞台语言也具有各流行地域的方言,如衡山一带使用衡山官话,安江、永兴一带接近郴州官话,但丑行仍然使用衡阳方言。衡州花鼓戏音乐开朗、豪放、节奏明快,旋律优美婉转动听。衡州花鼓戏更侧重于川子调的运用,其洞腔的粗犷和老三川、四川、安川、哀川的高亢可用"穿云裂帛"来形容。

(2)衡州花鼓戏的"特立独行"表现在小丑表演上。在现存的100多个传统曲目中,小丑行当的身影几乎无处不在,是衡阳花鼓戏的一大特色:讲白曲子特别多,产生了这一剧种特有的所谓"赋"与"数课子"。赋者,韵白为主无伴奏,但在结尾时来点高潮,所有的锣鼓、唢呐及弦乐一同为"赋"者伴奏,节奏感特强,有的"课子"可以数到成百上千句。

3.传承价值

衡州花鼓戏丰富多彩的表现手法、与时俱进的表演内容、浓郁诙谐的地方色彩、加上不断创新的表演技巧,使衡州花鼓戏充满了永久的青春活力。衡州花鼓戏在整个衡阳地区,乃至整个湘南地区的广大民众的传统文化生活中占有相当的地位,是传统文化、民俗地方文化的缩影。抢救、保护好衡阳花鼓戏,将推动和促进广大农村对传统优秀文化的弘扬,同时,对丰富和完善地方戏剧史、地方民间艺术史能产生积极的作用。保护好衡州花鼓戏对身为农业大市的衡阳市乃至整个湘南地区的精神文明建设,丰富人民群众的文化生活,提高人民群众的素质，促进人的全面发展，构建社会主义和谐社会，都将产生积极的推动作用。

十、祁剧（表3-57）

表3-57 祁剧

入选时间	2008年第二批	2008年第二批	2008年第二批
保护单位	湖南省祁剧保护传承中心	衡阳祁剧艺术有限责任公司	祁阳县祁剧团
编号	Ⅳ-128	Ⅳ-128	Ⅳ-128

（一）历史源流

祁剧也叫祁阳戏，又称楚南戏，因发祥于湖南省祁阳县而得名。1950年后，定名"祁剧"。作为湖南省主要地方大戏剧种之一，祁剧至今已有500余年历史。祁剧源于弋阳腔，明初传入祁阳后与地方艺术相融合，长期演变而逐渐形成。据说明永乐年间（1403—1424），当时弋阳腔随江西移民传至祁阳逐渐传播，明朝成化年间（约1465—1487），弋阳诸腔与当地丰富的民间艺术相结合，逐渐地方化，形成了祁阳一带的高腔；明朝万历年间，昆山腔风靡全国后，祁阳一带的戏曲又吸收了昆腔和昆腔剧目；清康熙后，祁剧先后融汇徽调、汉调和秦腔而形成弹腔（南北路）。清末，江西、福建等地称祁阳戏为"楚南戏"。民国年间，称"祁阳戏"。新中国成立后，定名为"祁剧"。

（二）艺术特色

祁剧是湖南省汉族地方戏曲中流行地域最广、历史最悠久的一个剧种，占据了永州、衡阳、郴州、邵阳、怀化、娄底等大半个湖南省的区域。在漫长的历史发展中，祁剧的艺术特征主要有以下几个方面。

1.剧目丰富，曲牌上千

悠久的历史、频繁的交流，自然使得古老的祁剧剧目异常丰富。祁剧拥有941个剧目的庞大体系，音乐集高、昆、弹及祁阳小调于一身，各类曲牌达1079支，故能成为名副其实的地方大戏剧种。据20世纪80年代初统计，祁剧剧目有941出之多，其中整本272个，散折60个；弹腔剧目占80%以上，高、昆约占20%。高、昆剧目中，永河派称《目连传》《精忠传》（《岳飞传》）《观音传》《西游记》为四大部；宝河派四大部有《夫子戏》《西游记》《目连戏》正传五本，另加外传两本，共七大本可连演七天；《精忠传》七本，连演七天，高腔三本，昆腔三本，第七天高、昆合演；《观音传》高腔演唱，连演三天；《西游记》高、昆合演三天；《夫子戏》俱高腔，能连演几个月。

2.表演独特，自成体系

祁剧表演艺术的最大特点是粗犷、朴实而富于山野气，这与祁剧表现古代战争的剧目比重较大有直接关系。如《夜战马超》中的赤膊张飞，《马刚打闸》的铜打闸门，《秦府抵命》的扑桌、丢桌等，惊心动魄，视觉效果强烈。祁剧表演艺术特别重做工，不但行当、体制齐全规范,"四功五法"系统全面,功夫技巧精湛,百戏杂陈,琳琅满目,特技绝招,粗朴简洁,风格粗犷、质朴,艺术体系宏大。祁剧脸谱通常以红、黑、白三色为基色,调色开脸,通过鲜明的色调、纵放的线条、精巧的图案、生动的写意表现出性格鲜明的人物形象。祁剧中的弹腔戏表演粗犷朴实,动作幅度大,唱腔慷慨沉雄,富于山野气息;高、昆戏表演细腻,唱腔委婉柔美,具有文雅蕴藉的风致。祁剧中跑马的舞蹈程式习称"马路",在表演中最见特色,各个行当根据角色性格和戏剧情节的需要而改变"马路"风格,使之呈现出多样的形态。祁剧尤重眼功,白天对镜练眼,夜晚随香火转动眼珠。表情多种多样,吃惊或焦急时用"斗眼";发怒或威胁时用"瞪眼";气愤时"睁眼";沉思时"梭眼";动脑时"滚眼";威武时"颤眼";左右环顾时"分眼";人之将死时"阴眼";多情时"俊眼""媚眼"等。

3.独特的舞台语言体系

在发展过程中,祁剧形成了永河、宝河两大流派,但均使用祁阳官话进行表演。祁剧剧目和曲牌都很丰富,传统剧目达九百多个,曲牌现已整理刊印一千余阙。祁剧唱腔中包含高、昆、弹三种声腔,演唱声调高亢嘹亮,辅以高音战鼓、帽形噪鼓、硬弓祁胡等乐器伴奏。在此状况下,须生演唱时用沙音以显苍老,小生用子音以显文秀,旦角用窄音以显秀媚,花脸用霸音或喝音以显粗豪。此外,祁剧以祁阳官话为基础,借鉴、吸纳中州韵的特点,咬字行腔,讲究空、实、单、双、满,这是其他地方剧种少有的特征。

(三)传承价值

1.历史文化价值

祁剧已有数百年历史,不同于昆曲,它是地道的湖湘历史文化。祁剧的形成,与它的语言、音乐的地域性有密切的关联,随着时代的演变、祁阳方言的消失、地方音乐的趋同,祁剧的语言和声腔音乐都将成为一种历史文化遗产。

2.观赏教化价值

祁剧高亢优雅、清丽委婉。它那将高腔、昆腔和弹腔融为一体的唱腔特色,影响着桂剧、巴陵戏等其他地方大戏剧种的唱腔。祁剧的脸谱更具有独创性,祁剧净行多在额头上画有代表人物的出身、经历、本领、名字的象征物。它丰富的剧目能够适应各个层次观众的心理需要,它不仅能够为本乡本土的观众所喜爱,而且还能为不同区域的观众所接受。

3.文化交流价值

祁剧在形成过程中吸收各地的表演艺术,与祁阳本地的语言、音乐、风俗、民情和戏剧结合,特别是祁剧的目连戏集中反映了当地民情风俗和宗教信仰。祁剧远播广东、广西、赣南、闽西及新疆等地,促进了区域文化的交流与融合。1987年8月美国加利福尼亚州大学举办了国际专题讨论会,对祁剧古老剧目之一的《目连传》作出了很高评价,说《九殿不语》一折就够他们研究10年。

十一、皮影戏(湖南皮影戏)(表3-58)

表3-58　皮影戏(湖南皮影戏)

入选时间	2008年第二批	2008年第二批
保护单位	湖南省木偶皮影艺术保护传承中心	衡山县文化馆(衡山县非物质文化遗产保护中心)
编号	Ⅳ-91	Ⅳ-91

(一)历史源流

皮影戏是我国一种古老的艺术形式,是世界上最早由人配音的影画艺术形式。皮影戏,湖南旧时又称"影子戏"或"灯影戏",是一种用兽皮或纸板做成的人物剪影表演、讲述故事的民间戏剧。表演时艺人们在白色幕布后,一边操纵影人,一边用当地流行的曲调讲述故事,同时配以打击乐器和弦乐,有浓厚的乡土气息。其流行范围极为广泛,并因各地所演的声腔不同而形成多种多样的皮影戏。湖南皮影戏历史悠久,据传起源于汉代,现有的史料可考为北宋(960—1127年)。前清时期皮影戏得到普及和空前发展;抗战时期,田汉曾组织皮影戏艺人参加抗日救亡宣传。新中国成立后,湖南皮影戏获得了振兴。湖南皮影戏保留的传统剧目有数百种,主要流派有长沙皮影、澧县皮影、衡山皮影、常宁皮影等,主要流行于湖南省长沙市和衡阳市,演出于长沙、浏阳、望城、宁乡、衡阳、衡山、衡东、常宁等县市。

(二)艺术特色

湖南皮影戏以其精美的雕刻影偶、通俗的音乐唱词和简单灵活的演出形式深受群众喜爱,在流传演变过程中,形成了其独特的艺术风格。

1.造型生动,惟妙惟肖

湖南皮影造型生动夸张、优美洗练,美学风格与中国北方迥然不同。湖南皮影戏的影人多为"纸偶",在制作上吸收了剪纸、绘画、雕刻等多种民间艺术的精华,雕刻刀法丰富、虚实结合、繁简相映、造型美观、惟妙惟肖。湖南皮影戏的创作历来有注重人物角色性格的塑造,强调戏剧冲突、剧目中蕴含中华传统文化的思想内涵。

2.行当齐全,独具特色

皮影表演角色行当齐全,各行当又有细分,如旦角分为青衣、花旦、闺门旦、摇旦等。各行当不但具有自身独特的造型特点,而且有各自特色鲜明的表演程式,表现形式丰富多彩,表演时细腻传神、动作性很强。

3.贴近生活,广受欢迎

湖南皮影戏在音乐上都是采用当地戏剧唱腔,如长沙皮影戏使用湘剧或长沙花鼓戏唱腔,衡阳皮影戏使用衡阳湘剧或衡州花鼓戏唱腔。因为皮影戏制作和演出简单,戏中又多为老百姓喜闻乐见的内容,所以深受城乡群众欢迎。

（三）传承价值

湖南皮影作为传统的民间文化，想要维持生命力的出路就是创新，在传统的基础上，湖南皮影戏艺术在造型、布景、灯光、音响效果方面不断改进，以创作音乐逐步替代戏曲音乐，开拓了动物戏皮影戏的表现领域。从20世纪50年代开始，为了更好地传承，创意策划把目光投向了焕发着活力的孩子们，摆脱了过去皮影戏演绎以帝王将相、才子佳人、鬼神之类的题材，创作了一批新编历史剧和现代戏以及寓言童话等儿童剧。例如：《龟与鹤》《两朋友》《采蘑菇》《暑假的一天》等划时代的突破性剧作①。除了剧目的创新，皮影戏在皮影造型艺术上也进行了大胆的创新，在保持传统皮影艺术风格的基础上，受到了国画、剪纸、木刻、动漫等各种艺术风格美术的激发，以简洁明快的风格，使得湖南皮影戏的人物造型、布景体现上形成了新特色。

十二、木偶戏

木偶戏古称"傀儡戏""傀儡子"，是由艺人操作木偶表演故事的一种戏曲形式。中国的木偶戏兴起于汉代，至唐代有了新的发展和提高，能用木偶演出歌舞戏。宋代是我国木偶戏发展的一个重要时期，木偶的制作工艺和操纵技艺进一步成熟。随着社会经济的发展，明代木偶戏已流行至全国各地，经济发达的南方各省区木偶戏更为繁荣，故有"南方好傀儡"之说。清代以后木偶戏进入全盛时期，不仅流行范围广，而且演出的声腔也日益增多，出现了辽西木偶戏、漳州布袋木偶戏、泉州提线木偶戏、晋江布袋木偶戏、邵阳布袋木偶戏、高州木偶戏、潮州铁枝木偶戏、川北大木偶戏、石阡木偶戏、阳提线木偶戏、泰顺药发木偶戏、临高人偶戏等分支。木偶戏就演出形式而言，可概括为提线木偶、杖头木偶、布袋木偶、铁枝木偶、药发木偶五种。

（一）木偶戏（湖南杖头木偶戏）（表3-59）

表3-59　木偶戏（湖南杖头木偶戏）

入选时间	2008年第二批
保护单位	湖南省木偶皮影艺术保护传承中心
编号	IV-92

1.历史源流

湖南杖头木偶戏在一些地区又称"木脑壳戏""棒棒戏""矮台戏""低台戏""观音戏"，演出木偶戏的班社则称为"矮台班"或"低台班"。湖南杖头木偶戏的分布状况与地方戏曲相同，有地方大剧种之处基本就会有木偶戏。湖南杖头木偶戏又分衡山杖头木偶，主要流行于衡山、衡阳等县；常德杖头木偶戏，主要流行于常德、桃源、华容等县；长沙杖头木偶戏，主要流行于长沙、湘潭、湘乡等县；溆浦杖头木偶戏流行于溆浦、辰溪等县。

---

① 彭泽科.湖南皮影本体技艺的传承与创新发展初探[J].中国木偶皮影艺术学会会议论文集,2013（11）：94-99.

2.艺术特色

（1）表演细腻传神

演员要赋予木偶以生命，使木偶在舞台上"活"起来，故在表演节奏上必须准确鲜明，使木偶的每一个形体动作都细腻传神。湖南木偶表演夸张，木偶戏不论表演、造型、音乐各个部分，均可大胆夸张，使美的更美，丑的更丑。木偶戏的表演动作，一方面有虚拟的，如开门、关窗、起霸、趟马等；另一方面有写实的，如抽烟、打斗及一些动物的表演。虚中有实，实中有虚，二者有机地糅合在一起，上天入地，表演空间十分自由，这正是木偶戏独特的表演风格。木偶表演行当齐全，特点鲜明，一专多能。木偶形象从生、旦、净、末、丑等传统形象，逐步改变为符合剧中人物性格的形象。木偶本身无脚，老艺人李才一创造性地将打脚的表演技巧融入木偶表演之中，使木偶表演的艺术更加丰富多彩。

（2）造型精美绝伦

木偶艺术除了有艺人的精彩表演外，完美的偶人造型艺术也是吸引广大观众的一个重要方面。木偶戏的衣甲、冠戴、武器、道具都是特制的，极为精致考究，特别是衣冠整齐、服饰鲜艳的木偶戏班备受青睐。而戏中又尤以武将、武旦光彩照人。或明盔亮甲，长髯挂面，背插"飞虎旗"，气度不凡；或凤冠霞帔，雉尾高翘，花枝招展。加之木偶动作潇洒利落，格斗动作精湛，这很大程度上决定了杖头木偶擅长表演历史闹剧、武打戏。

3.传承价值

湖南木偶戏继承发展了包括祁阳木偶戏、长沙木偶戏在内的表演艺术传统，革新了木偶制作，引进了一批专业舞美制作人员。音乐在民族民间音乐的基础上革故鼎新，台词将地方方言改为普通话，创作了一批适合儿童观看的新节目。现在的湖南杖头木偶戏，通过木偶的身段、步法和动作，特别是一些嘴技，将各类人物扮演得惟妙惟肖，使杖头木偶戏别开生面，获得了新的发展。在剧目上，湖南杖头木偶戏以传统剧目著称，老一辈艺人擅演短小精悍的折子戏，《拦马》《鸿门宴》《芦花荡》《盗仙草》等都是较有特色的剧目。湖南木偶戏的继承者发扬传统，借鉴革新，使这个剧种得到进一步的发展。新创作的《金鳞记》《白蛇传》《八百里洞庭》《马兰花》《火云鸟》《猎人海力布》《青蛙王子》《石三伢子》等剧目受到广大观众的喜爱，其中一些作品还在国内外木偶艺术节上屡屡获奖。

（二）木偶戏（邵阳布袋戏）（表 3-60）

表3-60　木偶戏（邵阳布袋戏）

入选时间	2006 年第一批
保护单位	邵阳县文化馆
编号	Ⅳ-92

1.历史源流

邵阳布袋戏是中国布袋木偶戏的一个重要分支，是我国现存唯一的原始布袋戏。其历史悠久，元末从外省(河南、福建或江西)传入到宝庆(今邵阳)，在当地生根发展，距今已经有六百多年的历史，《宝庆府志》中就有"邵阳南路耍把戏"的记载。邵阳布袋木偶戏在演出时，表演艺人藏身于一个由蓝印花布布袋围成的戏台内，用手指操纵木制玩偶进行表演，一边操纵木偶，一边说唱，手脚并用，奏以乐器音效，几乎是"一个人的独角戏"，也被当地群众称为"被窝戏"。数百年来，邵阳布袋木偶戏在当地社会生活中扮演着娱神娱人的重要文化角色，深受当地人喜爱。

2. 艺术特色

(1)简便流动的表演场地

流动性是邵阳布袋木偶戏与其他戏剧最大的区别，邵阳布袋木偶戏无固定演出场所，因而亦无任何场地限制，仅需简单布置，随时随地皆可表演。表演的戏台是可折叠的四方桌，内设大口袋，用来放置戏偶，并且用一根扁担就能将戏台轻松地挑起，游走八方演艺。正如《竹枝词》中的"一担傀儡随处行"。

(2)以一求多的表演形式

邵阳布袋戏最突出的舞台风格是只由一个人完成舞台上的吹、拉、弹、唱、做、念、打等动作，是我国现存唯一的单人单档布袋戏。要求演员演技高超精湛，精通各种角色的表演技巧，同时还要掌握多种乐器的演奏。即艺人在一个戏台上，表演木偶、演唱、锣等，而木偶对唱腔进行配合，扮演"仙怪和生、旦、净、末、丑"等不同的角色，表演可谓是惟妙惟肖、异常风趣。

(3)拙雅质朴的木偶造型

邵阳布袋戏在木偶的雕刻和制作上传承了我国戏剧的文化。布袋戏木偶质朴的制作造型拙雅，简练粗犷，没有太多的精雕细琢，也没有过多的烦琐复杂装饰，风格大都质朴清新，有种狞厉拙巧之美。偶人采用当地盛产的樟木雕刻而成，不同的造型和衣着分别对应不同的角色行当。艺人大都没有美术功底，但是他们所描绘的脸谱却异常生动，体现了民间大众的审美。

3. 传承价值

邵阳布袋木偶戏历经六百年风雨沧桑，曾经一度因为战争的影响濒临绝迹，改革开放后，又面临着外来时尚艺术和现代新潮艺术的冲击，急需保护与传承。入选国家级非遗后，邵阳布袋木偶戏受到了政府重视以及各大媒体和专家学者们的关注：中央电视台戏剧频道2005年播出了邵阳布袋木偶戏的专题纪录片；中央电视台科教频道《探索与发现》栏目2010年对邵阳布袋木偶戏做了专题报道。邵阳布袋木偶戏也因此迎来了新的发展契机。

邵阳布袋戏古朴新奇，内涵丰富，它集木偶技巧、戏剧形式、表演技艺于一体，至今仍原汁原味地保持着数百年前的表演技巧、演出风格和演出形式，独具历史文化底蕴。此外，邵阳布袋戏融合了当地的民间戏曲、民间音乐、民间技巧、民间风俗和人们的生活情趣，其创作主体和欣赏主体都是普通民众，代表了农民群众的审美意识和文化层面的欣赏水平，符合大众的审美心理。它将人与木偶连为一体，唱与表演融会贯通，把人的悲喜愁苦、万千情感通过巧妙的演技，用木偶活灵活现地表现出来，让人受到启迪和感悟，具有高尚的审美情趣和价值取向。

十三、侗戏(表 3-61)

表 3-61 侗戏

入选时间	2008 年第二批
保护单位	通道侗族自治县非物质文化遗产保护中心
编号	Ⅳ-83

(一)历史源流

侗戏是以侗族大歌、侗族琵琶歌为基础,吸收了汉族地方戏曲剧种的表演程式和舞台演出样式,穿着侗族服装,运用侗族语言演唱的一种民族戏曲形式。侗戏产生于清代嘉庆至道光年间,主要流行于贵州黎平、从江、广西三江和湖南通道等侗族聚居地,是侗族人民喜闻乐见的本民族剧种。侗戏植根于侗乡,具有浓郁的侗族特色,而且声情并茂,歌舞结合,很能引起侗族观众的共鸣。

(二)艺术特色

侗戏是侗族民间戏剧艺术瑰宝之一,尽管发展缓慢,但民族特色和地方特色鲜明,有深厚的群众基础,其艺术特色主要有以下表现。

1.丰富的剧目与内容

侗戏从产生到发展的历史只有 100 多年,但其内容相当丰富,剧目不少。据不完全统计,仅是通道境内流传的剧目就有 300 多个。侗戏从作品产生的时间和内容上看,可分为传统侗戏和现代侗戏两种。侗戏剧本的素材主要来源于四个方面。一是侗族民间故事、传说;二是其他民族民间故事、传说;三是其他剧种的剧本;四是现实生活故事等。传统侗戏在侗戏剧目中占有较大的比例,形式异彩纷呈,内容丰富多彩。如以侗族传说故事为题材编写的侗戏有《珠朗娘美》《吴勉王》《刘媄》《补贯》《三郎五妹》《门龙肖女》《金汉列媄》《美道》《雪妹》《秀银吉妹》《丁郎龙女》等一百多个剧目。其内容以婚姻爱情为主。这类剧目除了反对封建的父母之命、媒妁之言、嫌贫爱富、门当户对、姑舅表婚等旧的婚姻陋习之外,还有以颂扬英雄为题材的剧目。如吴勉是侗族人民的英雄和骄傲,他的故事在侗族地区广为传颂,在他的身上蕴含着无限的力量,始终激励着侗族同胞团结奋斗、共同抗敌。还有以崇尚和善为题材的剧目。侗族是个十分亲和的民族,不好争斗,讲究亲情,凡事都与人为善,慈悲为怀,和谐为本。因此这类题材的剧目最多,流传最广,影响最深。还有以宣扬忠诚善良为题材的剧目。这类题材的侗戏大部分以改编汉族剧本和历史事件居多。如以汉族故事或传书改编的侗戏《李旦凤姣》《梅良玉》《柏玉霜》《梁祝》《陈杏元》《毛洪玉英》《天仙配》等。现代侗戏剧目繁多,大多都是戏师们根据自己的耳闻目睹,以现实生活为依据,以历史时期为背景,以具体事件为内容,以习俗细节为题材撰写的。因此,现代侗戏剧本短小精练、人物集中、剧情活跃、布景灵活、注重调度、突出演技。

2. 浓郁的民族色彩

湖南侗戏是我国民族戏曲中一个独立的戏种，具有独特的戏曲风格，浓郁的民族色彩。侗戏中既能见到侗族音乐和侗族习俗的因素，也能见到汉族和其他少数民族的影响，是多元一体民族文化中的瑰宝。

3. 深植于侗族群众心中

侗戏既是一种民族艺术形式，又是一种情感交流的方式。唱词道白用侗话，侗族群众都能听得懂。侗戏唱词讲究韵律，演唱起来既好听，又好记。侗戏演出布景、服装、道具简单，化装简易，无脸谱。通道侗寨村村都有侗戏班子，侗戏深受侗族群众喜爱，在村寨戏台表演侗戏，广大群众均可参加演出或观看。

(三) 传承价值

侗戏的萌生、发展和最终形成，经历了100多年的历史过程，与侗族的民族史、文化史和民俗活动息息相关。它生动地体现了这一民族及其所在地区的文化传统。湖南侗戏是侗族人民自己的艺术创作，具有宽广深厚的生活根基和群体生活积淀，凝聚着浓厚的民族感情，散发出宜人的乡土气息，孕育了美好的艺术想象，承载了侗族丰富的文化传统和审美趣味，展示了侗族人民积极向上、乐观豁达的乐生意识和生活态度。它是侗族优秀的文化遗产和优秀民间艺术的遗存，具有发掘、挽救、保护的重要价值。

十四、阳戏

阳戏是一种流行于中国西南诸省的地方戏剧种。在重庆、湖南、贵州、湖北等省市广大的农村地区流传。那里居住着汉、土家、苗、侗、白、回、瑶、壮等多个少数民族，残留着大量巴、楚、湘、黔文化的余绪、末韵。根据艺术风格的不同，阳戏可以分为北路和南路两个艺术流派。历史上，南路阳戏流行于吉首、泸溪、凤凰、麻阳、怀化、芷江、黔阳、会同、新晃、溆浦以及贵州的松桃、铜仁、玉屏、天柱、锦屏、黎平等县市，北路阳戏则流行于沅陵、古丈、永顺、大庸、桑植、龙山、保靖、花垣以及湖北的鹤峰、来凤，四川的酉阳、重庆的秀山等县市。阳戏还曾经以县定名，按照流行的县市名称，称为大庸阳戏、酉阳阳戏、吉首阳戏、凤凰阳戏、沅陵阳戏、怀化阳戏、黔阳阳戏等。其中，张家界阳戏与上河阳戏被列入湖南国家级非物质文化遗产。

(一) 张家界阳戏 (表 3-62)

表 3-62　张家界阳戏

入选时间	2011 年第三批
保护单位	张家界市永定区文化馆
编号	IV-157

1.历史源流

张家界阳戏起源于明末清初，悠久的巴楚文化艺术和多姿多彩的民间音乐歌舞，以及湘鄂渝黔边区丰厚的少数民族文化，为张家界阳戏的形成和发展提供了有利的条件。张家界阳戏发祥于永定十三都，即今张家界市永定区教子垭镇犀牛潭一带，当时还没形成一个剧种，只是民间的草台戏，也就是由民间音乐组合起来。在不断的发展过程中，张家界阳戏逐渐形成了较为完整的戏剧体系，主要流行于湖南省张家界市及周边地区。土家族阳戏这一地方戏曲瑰宝，现已成为全省乃至全国的稀有剧种，成为张家界民族文化的代表作。

2.艺术特色

张家界阳戏产生于群众的现实生活之中，因此它的艺术特色离不开生活、生产，离不开民族语言。它的唱腔朴质粗犷，充分表现了湘西北的风土人情。

(1)表演贴近生活，内容广受欢迎

湘西北自古以来交通闭塞，土家人创造了自娱自乐的民间戏曲，由于他们只熟悉本民族的一些传说和民族习俗、生活习惯，故在表演上形成了自己独特的艺术风格。如传统戏中的搓彩线、打捻头、挑花、刺绣、编织等女红，打水、挑水、摘花、薅草、女人哭嫁、开荒、挖地、种苞谷等舞台动作，几乎全部照搬生活。阳戏多以反映家庭伦理道德观念的"三小戏"(小生、小旦、小丑)为主，有完整的故事，有曲折的情节，有鲜明的人物，歌颂人间善良，鞭挞社会丑恶，有血有肉，有魂有魄，普通百姓人人爱看，个个喜欢。这是阳戏历经数百年而赖以生存发展的主要原因。

(2)语言生动风趣，唱腔风味独具

阳戏演出基本采用地方语言，俗语俚词，贴近生活，使观众听起来感到亲切、亲近、亲密。正因为如此，阳戏才得以在湘鄂川黔四省边境土家族聚居地广为流传并为群众所喜闻乐见。同时，这一语言特色，使阳戏个性独具。阳戏的唱腔由正调和小调两部分组成。正调的唱法必须用真假嗓相结合，唱词用真嗓，拖腔用假嗓翻高八度，这种唱法又称"金线吊葫芦"，在全国各类剧种中绝无仅有。这种唱法是从土家人的民歌风味中衍化而来。土家人山歌唱完，必须用小嗓打一声吆喝，这吆喝声吼得悠扬婉转，激越高亢，而且男女不分腔。阳戏"三小"(小生、小丑、小旦)的演唱正好借鉴并且艺术化地保存了这一特殊的技巧。这种真假嗓的巧妙结合和运用，既体现了土家人粗犷豪放的性格，又展示了阳戏唱腔的独特风格，韵味无穷，土家男女老少在生产生活中都能哼唱几句。然而外地人却很难模仿出这种独特风韵。

3.传承价值

张家界阳戏因其"金线吊葫芦"的唱腔特点，在湘、鄂、川、黔边区曾十分辉煌。阳戏发源地的核心张家界市曾拥有的三十多个专业和业余阳戏剧团，所到之处场场爆满、座无虚席。张家界阳戏承载着土家族文化基因，体现了地域内人们适应自然、乐观生活的智慧与独特的审美情趣。通过对阳戏的欣赏和理解，可以最大限度地领略地方民间文化精华，把握地方文脉。对阳戏的研究，不仅能对研究张家界乃至湘西的文化历史、风土人情、习俗爱好、生产生活以及政治经济、社会变迁有重要作用，而且对今后的戏剧、戏曲、民族音乐创作、科研、表演、教学等方面的实践都会产生巨大的影响，同时也对张家界旅游事业的发展具有相当重要的意义。

(二)阳戏(上河阳戏)(表3-63)

表3-63　上河阳戏

入选时间	2014年第四批
保护单位	怀化市鹤城区阳戏保护传承中心
编号	IV-157

1. 历史源流

上河阳戏是怀化地区的地方剧种。阳戏形成于清嘉庆、道光年之间，距今已有三百年历史。它是流行于沅水中上游及其支流、武陵和雪峰山的大湘西地区以及毗邻的贵州、重庆、湖北部分县市的民间小戏剧种，由湘西各地民歌、民间小调、花灯和傩堂巫师舞唱演变而来。阳戏在发展过程中受辰河戏的影响，由没有行当到分"二小""三小"以至多行当；由演故事到唱小戏、演大本戏；由清唱到配打击乐伴奏、加过音乐；由矮台演出到高台演出。阳戏的名称与巫傩戏有关，巫傩冲傩还愿时，戴着面具演唱的娱神戏，称为阴戏，也叫傩戏。涂面化妆演出的娱人戏，就是阳戏。

2. 艺术特色

上河阳戏有传统剧目150余个，大都属于生活小戏，贴近老百姓的生活，就像发生在他们身边的事情，因此观众们看起来也就觉得格外亲切。如表现男女爱情交往、婚姻、反对赌博、嫖娼、抑恶扬善、尊老爱幼及一些神话传说等贴近生活的小戏，俗称"三小戏"(小生、小旦、小丑)。

上河阳戏的曲牌结构简洁，普通百姓易于接受传唱。从20世纪50年代后期收集到的民间阳戏音乐资料来看，曲牌大多为上下句结构，五字句、七家句、十字句等形式很多。特别是上下句结婚形式的对唱，观众极易接受，《盘花》是阳戏的代表剧目，剧中一对男女花童的对唱，通过对各种花卉的赞颂、猜答，表现了这对花童隽永机智、妙趣横生的动人情景。曲调清新活泼、优美动听，上下两句朗朗上口、不断反复，观众易接受。正是这种"俗"，迎合了观众的思想、感情、乐趣和审美观；正是这种"俗"，贴近了他们的生活，在他们的精神文化生活中占有重要地位。此外，阳戏演出载歌载舞，极具观赏性，因为阳戏这一剧种的"接地气"，所以阳戏在当地具有广泛的群众基础，深受观众的喜爱。

3. 传承价值

近年来，阳戏传承发展的势头较好，怀化市阳戏剧团自2000年以来在继承传统剧目的基础上创作了一批现代阳戏，其中《天木》《斗笠弯》《斗酒》等剧目在省汇演中获奖。由怀化市鹤城区阳戏保护传承中心精心创排的阳戏《侗山红》是一部现代革命历史题材的戏曲剧目，也是一部少数民族题材的戏曲。该剧讲述了1934年12月，中央红军长征路上经历湘江战役后，毛泽东力挽狂澜，带领队伍在通道县境内进行了改写中国命运及红军历史的"通道转兵"，刻画了两位红军战士在芋头侗寨疗伤时与侗族群众发生的一段可歌可泣的感人故事，以此展现"侗族人民"的鲜活性格，弘扬了红军对共产主义的坚定信仰。2018 年《侗山红》代表怀化市参加第六届湖南艺术节，获得"田汉大奖"及六项田汉单项奖；2019 年获湖南省第十四届精神文明建设"五个一工程"奖。

随堂练习 ▶▶

1. 目连戏起源于南北朝时期由(　　　)传入中国的《盂兰盆经》中僧人目连地狱救母的故事。

A. 印度　　　　　　B. 缅甸　　　　　　C. 高棉　　　　　　D. 暹罗

2. 以下哪项不是湖南花鼓戏的著名剧目？(　　　)

A.《补锅》　　　　B.《刘海戏金蟾》　C.《打铜锣》　　　　D.《牡丹亭》

思考探究 ▶▶

随着时代的发展，传统艺术受到流行文化的冲击。请结合搜索的资料，对传统戏剧的传承提出建议。

第五节　曲　艺

曲艺作为一门以口头语言"说唱"叙述的表演艺术，是我国重要的非物质文化遗产。其口头表演的实践特征、口耳相传的承续方式、娱乐审美的创造智慧和精神食粮的功能价值，无不具有非常典型的"非遗"属性。曲艺不仅以其不可替代的娱乐审美作用，拥有了自身独特的艺术"本体价值"；而且以其孕育催生传统章回小说体裁、少数民族英雄史诗文学与诸多地方戏曲剧种等的特殊文化功能，具有了十分奇特的文化"母体价值"。因而曲艺的传承保护不仅是作为"非遗"重要组成部分的保护，同时也是对中国文学和传统戏曲生成土壤与文化生态的别样维护，还是对各地各民族文化身份与文化权益的一种捍卫。

湖南地方曲艺具有鲜明的地域特点和民族特色，也有着丰富的社会功能和价值。了解湖南曲艺的历史渊源，研究曲艺类非遗的价值，探索其保护与传承的途径，对于曲艺未来的发展具有积极意义。目前湖南省范围的曲艺类型约四十多种，其中有六项入选国家级非物质文化遗产名录(表 3-64)，即常德丝弦、长沙弹词、丝弦、祁阳小调、湖南渔鼓、鼓盆歌。

表 3-64　湖南省国家级非物质文化遗产传统曲艺类(共 6 项)

序号	项目名称	申报地区
1	常德丝弦	湖南省常德市
2	丝弦	湖南省武冈市
3	长沙弹词	湖南省长沙市

续表3-64

序号	项目名称	申报地区
4	祁阳小调	湖南省祁阳县
5	湖南渔鼓	湖南省
6	鼓盆歌	湖南省澧县

一、常德丝弦（表3-65）

表3-65　常德丝弦

入选时间	2006年第一批
保护单位	常德市文化馆
编号	V-27

（一）历史源流

丝弦是一种民间曲艺，分为南方丝弦和北方丝弦，已有四百多年的演唱历史。湖南丝弦流传于湖南各地，因用扬琴、琵琶、月琴、三弦、二胡、京胡等丝弦乐器伴奏而得名。它是由清代初年江浙一带流入湖南的时调小曲和湖南本地的民歌曲调融合发展而成。这个曲种在湖南各地的流传中又形成了以常德为中心的"常德丝弦"、以长沙为中心的"长沙丝弦"、以浏阳为中心的"浏阳丝弦"、以平江为中心的"平江丝弦"、以衡阳为中心的"衡阳丝弦"和以邵阳为中心的"邵阳丝弦"等各具特色的支派，其中以"常德丝弦"最为繁盛。常德丝弦作为湖南丝弦的重要分支，因在湖南丝弦中影响最大，已然具有了独立曲种的地位。其旋律悦耳动听、独具特色、富有抒情性，表演形式多种多样，伴奏乐器常采用板鼓、扬琴、胡琴等。作品常采用抒情与叙事紧密结合的创作手法，取材于群众生活，表达了人民群众内心美好的愿望与憧憬。

（二）艺术特色

丝弦是湖南传统民间曲艺形式，是湖湘文化的重要组成部分，丝弦具有独特的地域特色，是一种运用方言演唱的说唱音乐，此外其表演艺术也别具风格。

1.方言的演唱方式

常德丝弦是用方言进行演唱，而常德方言又近似于普通话，所以，常德丝弦的观众几乎没有地域之分。南方人能听懂常德丝弦，北方人也可以听懂常德丝弦。常德丝弦的唱词多取于民间故事，通俗易懂又富有韵味。它注重演唱中的神韵与表演，给观众亲切的感觉，又有很深刻明了的寓意。在常德丝弦中，常常用到口语化的词语，如"伊儿呦"，比如常德丝弦《常德是个好地方》这首曲子中，唱词"常德是个好地方啊，伊儿呦，伊儿呦"。还有很多曲子中，均会用到这些口语，它们让常德丝弦的演唱更加有韵味。

2.独特的表演形式

常德丝弦在最初的时候，演唱方式多是坐唱形式，就是演员坐着进行演唱。这样的演唱形式中，演唱者一般为六个人，分别扮演生、旦、净、丑等不同角色，演员在演唱中，要通过声音的变化来表现自己所演的人物。其中，有的是一人饰一个角色。但是，通常在剧中人物较多的时候，演员要一人分饰多个角色，既要表现剧中的人物，又要以说唱者的身份进行。

(三)传承价值

常德丝弦有着鲜明的地方特色和乡土气息，艺术价值较高，但因20世纪80年代以来缺少专业表演团体，加上老一辈丝弦艺人相继辞世，常德丝弦也面临着后继无人的尴尬局面，亟待抢救和保护。1997年，常德市委、市政府提出"振兴常德丝弦"的口号，常德市鼎城区决定对原有的鼎城区花鼓戏剧团进行改革。在常德市、区政府和文化主管部门的积极支持下，常德丝弦艺术团正式成立，开启了两块牌子、一套人马的模式，并聘请了我国著名曲艺家兼相声演员马季担任名誉团长。挂牌之后，在业务方面，丝弦对演员的要求更高了，定位也更高了，这对丝弦的发展具有重大的意义。

二、丝弦(武冈丝弦)(表3-66)

表3-66　丝弦(武冈丝弦)

入选时间	2011年第三批
保护单位	武冈市文化馆
编号	V-27

(一)历史源流

湖南地区除常德丝弦以外，武冈丝弦也是国家级非物质文化遗产之一。武冈丝弦作为湖南丝弦主要名派之一，已有四百多年的演唱历史，是湖南传统民间曲艺形式，是湖湘文化重要组成部分。武冈丝弦的结构布局紧凑、语言形式优美、表现手法丰富，在湖南传统民间曲艺形式中独树一帜。武冈丝弦是在元杂剧、南曲、小令、江南丝竹音乐的基础上，经朱王府的乐师、歌妓吸收武冈、邵阳一带的民歌、小调加工而成的，主要流传于以武冈为中心的邵阳、隆回、洞口、城步、新宁等地。

(二)艺术特色

(1)所谓"十里不同风，百里不同俗""岭前岭后声相异"，武冈丝弦与其他的地方丝弦差异最大的便是语言。武冈丝弦传唱一般接"说唱"表演中方言的采用，地方俗语的使用，以及方言在丝弦作品中和演唱过程中得到的艺术处理，让丝弦表现得亲切、生动、鲜活又极富感染力，通俗易懂，入耳入心，远离含混和生涩，易于明白和晓畅，使得丝弦艺人与人民群众间的审美距离得以拉近，同时也加强了武冈丝弦与受众的审美联系。

（2）武冈丝弦传统的演唱形式，基本上以坐唱为主，但从各曲调的内容分析，又归于曲艺演唱形式的坐唱、站唱、走唱、拆唱和彩唱。坐唱是最简练的一种，演唱者和乐手围桌而坐的演唱，演员通过各种不同的坐相来塑造不同的人物。站唱是站立演唱，如独唱歌曲演员一样，略带表情出步伸手。走唱则带舞蹈。

（三）传承价值

湖南丝弦中风格新颖独特的武冈丝弦，是湖南传统民间曲艺中令人感叹的剪影。对武冈丝弦的保护、传承和发展，深入了解其深厚的艺术价值、文化价值和历史价值，有利于武冈丝弦深深植根于湖湘文化沃土之中，也有利于人们对湖湘文化、对武冈丝弦有更全面的认识与了解。武冈丝弦已成为武冈的文化符号，推动着武冈文化向前发展，不断丰富和提升武冈人民的文化生活，同时也不断与时代一起改变和进步，对武冈丝弦的深究细讨，必定会促使民间曲艺进一步繁荣。

三、长沙弹词（表3-67）

表3-67　长沙弹词

入选时间	2008 年第二批
保护单位	长沙市群众艺术馆
编号	V-51

（一）历史源流

长沙弹词是湖南省的传统曲艺之一，又称"唱讲""讲评""平讲曲"，流行于湖南湘江、资水流域的长沙、益阳、湘潭、株洲、浏阳等地。长沙弹词大约形成于清同治年间，长沙著名艺人舒三和对它的历史演变有着这样的说法"一百年前只有一人演唱，后来演变成两个人或三个人演唱。三十年前只有艺人演唱，后来演唱有渔鼓伴奏。近三十年来，由于艺人生活太差，因此又变成一个人独自弹奏月琴演唱"。清末戏剧家杨恩寿在《坦园文录》中记述，同治年间长沙道情艺人张跛以鼓板唱道情，惟妙惟肖。后来有了一人弹月琴、一人以渔鼓和小钹打击节奏，二人对唱的渔鼓道情。艺人在秋收之后串村说唱，平时在城镇街头卖唱。在长沙弹词的形成过程中最初是一人自弹自唱的表演形式，后来加入渔鼓伴奏，所以有的地区称为"道情"。

（二）艺术特色

长沙弹词以日常生活为基础进行唱词创作，用地道的长沙方言进行演唱，其真正的生命力在艺人们的一场场表演和人们的口口相传中得以延续。其在发展过程中，经历了表演形式的嬗变和流派的演变，逐渐形成以下艺术特色：

1.游走说唱的表演形式

长沙弹词的表演最初在街头游走说唱，俗称"打街"。一般是师傅抱月琴弹唱，徒弟持渔鼓简板伴奏或伴唱。后来的坐棚说唱多为艺人自弹自唱。艺人们把表演程式要领总结为：站如青松滴翠，坐如玉树临风，胸如心花开放，神传人物之情，把握多角进出，分清轻重缓急，唱穿炎凉冷暖，说透书里人情。

2.各具特色的唱腔流派

长沙弹词是用长沙方言说唱，由艺人怀抱月琴伴奏。一人说唱称为"单档"。由两人对唱，一人怀抱月琴、一人持渔鼓简板（简称"三响"）这种形式称为"双档"。后来还发展成为小组多人说唱。其特点是：韵散相间，说唱结合，散文处为说，韵文处为唱。通俗易懂，展现了长沙方言感情丰富、风趣幽默的魅力。

3.包罗万象的题材内容

从清代中叶到民国时期再到抗日战争时期，长沙弹词经历了从道教的"劝世文"和民间短小故事到革命人士、文人参与的创作阶段。传统曲目多达 2000 多万言。涉及题材从商朝到清代，历代不缺。现代题材曲目也达 200 万言。

(三)传承价值

长沙弹词是城市曲艺的一种，在 20 世纪初曾经兴旺一时，但在"文革"后迅速衰落。20世纪 70 年代末 80 年代初，长沙弹词才重获新生，当时长沙还剩下 20 多名弹词艺人。近二十年来，长沙弹词赖以生存的茶馆、书棚均已成为历史，不少专业艺人相继作古，健在的也因年事已高而不能继续从艺，这一优秀的民间曲艺形式后继乏人，保护并传承长沙弹词刻不容缓。

长沙弹词传承人彭延坤在年幼时，因误用眼药水导致双目永久性失明。9 岁时，抗日战争胜利，长沙茶馆文化随后迎来鼎盛时期。新中国成立后，整个长沙城有四五十个说唱艺人，二十多个茶楼设场，觥筹交错，曲韵萦绕。其父彭紫钦开了一家名为"日要书场"的茶馆，每天两场，都是雇著名艺人唐云芳、舒三和等表演。彭延坤几乎每天都坐在台下听，渐渐迷上了这个行当。由于眼盲，彭延坤学琴比一般人困难，但他刻苦，整天琴不离手。2006年起，彭延坤及夫人开始为长沙弹词申遗做准备。2010 年，彭延坤受邀参加当年法国巴黎"中国曲艺节"，在容纳近千人的音乐厅里，他一人一琴唱起《红楼梦》中一折《悼潇湘》（又名《宝玉哭灵》），摘得银奖。后来，彭延坤老先生担任湖南省曲艺家协会荣誉主席、长沙市文联兼职副主席、市曲艺家协会主席等职务。对于继承长沙弹词彭延坤有自己的想法，他的说唱吸取了各派精华，并将湘剧、花鼓调、黄梅戏、京剧的一些唱腔融入说唱中，自成一派，而他本人也被称为"长沙弹词活化石"。以前，长沙弹词包括平腔、欢腔、柔腔、悲腔、大悲腔、怒腔、神仙腔等唱腔，彭延坤博采众长，融化运用，自创"滥腔"，使长沙弹词的形式更加灵活，韵味更为深长。他将弹词的九板八腔、十八套曲、方言十三辙加以规范，又融汇湘剧高腔、昆曲、小调、山歌等多种音乐元素，形成独具一格的彭派，丰富了长沙弹词的演唱艺术。其"现场回答"的表演独具特色，随机发挥，堪称一绝。

四、祁阳小调（表3-68）

表3-68　祁阳小调

入选时间	2011 年第三批
所属地区	祁阳县文化馆
编号	V-107

（一）历史源流

《祁阳县志》中记载，大约在明、清时期，湘南祁阳县境内，就流传一种民间曲艺，当地人也称它为"小曲"。[①] 这种"小曲"最初主要以当地的"山歌"和"花灯"等民间音乐为基础，经过传承、改进和发展后，逐渐形成以唱为主，结合了说、演和伴奏的湖南汉民族民间曲艺形式，也就是我们现在所说的祁阳小调。那首广为流传、脍炙人口的歌曲《浏阳河》，其音乐素材就是来源于祁阳小调。20 世纪五六十年代的时候，祁阳小调可以说是祁阳县一道独特亮丽的文化风景，演唱祁阳小调的班、社随处可见，演员们无论到哪都能受到人们的热情款待。

（二）艺术特色

1. 题材内容贴近生活

在婚丧喜事和民俗礼仪活动中，祁阳人们喜欢通过祁阳小调来渲染环境，以示庆贺。其题材内容包含谈情说爱、生产劳动、算命占卜、欢庆戏闹等，甚至猜谜，打猎，怀古，征兵，游戏，读书放学都有特定的专用曲调，几乎达到了无所不唱，无时无刻不唱的地步。

2. 表演形式多样化

早期的祁阳小调表演形式比较单一，只由一位男性完成，一人要分饰几角并且演唱不同的声部。以后逐步发展成为以唱为主、说唱结合、多人组合的演唱形式，慢慢也有了对唱、走唱、坐唱、边舞边唱、小乐队伴奏唱等多种形式。

3. 音乐旋律丰富多彩

祁阳小调的音乐旋律都由民族五声调式构成，美妙动听，其曲牌、曲调也十分丰富，大约有400 来个，经常演唱并为群众喜爱的有《三杯酒》《讨学钱》《采茶调》《龙灯调》《一匹绸》等。祁阳小调伴奏乐器以弦乐为主，也有加入唢呐、竹笛等打击乐器。演唱时，演员常以手持小瓷碟子、盅子或调羹等道具，伴随着乐曲的节奏，边唱边击，配合表演，诙谐幽默，独具特色。

（三）传承价值

祁阳小调的唱词属民歌体形式，字、句、段都很完整，讲究押韵，内容直接反映群众的生

[①]　邹林波. 探究地方曲艺"祁阳小调"［J］. 中国音乐（季刊），2010（3）：209-212.

活，读起来朗朗上口，易记，易理解。祁阳小调的曲目大多精短，风格活泼清丽，许多曲目采用多段唱词，用同一曲调多次反复，听了让人印象深刻，有较高的美学价值和文化价值。祁阳小调除了传承传统的乐性作用外，还具有实用价值。中华人民共和国成立以后，文艺工作者学习研究运用祁阳小调表现现实生活，服务于各个行业，取得了可喜的成绩。同时运用祁阳小调的音乐素材，新编祁阳小调，对宣传党的方针政策，促进各行各业的发展，增强民族团结，构建和谐社会，起到了很好的作用。

五、湖南渔鼓（表 3-69）

表 3-69　湖南渔鼓

入选时间	2014（第四批）
传承保护单位	湖南省文化馆（湖南省非物质文化遗产保护中心）
编号	V-124

（一）历史源流

渔鼓是一种历史悠久的说唱文艺形式，最初起源于道教，广泛流行于我国各地。湖南渔鼓，又称"道情"或"渔鼓道情"，主要有两大支派。一支是流行于湘方言地区的湘中、湘南渔鼓，以衡州渔鼓为代表；另一只则是流行于澧水、沅水流域的湘北、湘西渔鼓。关于渔鼓在湖南的流传，主要以各大口头传说为主。相传八仙之一张果老在昆仑山上砍下一根翠竹，留下中间一段竹筒，制作成了渔鼓筒，手指敲击鼓膜，咚咚作响。因此民间传说"衡阳渔鼓是唐时张果老所创始，武冈渔鼓来自吕洞宾，安江渔鼓是韩湘子留传后代的"[1]。宋时有了渔鼓击拍的伴奏乐器，元代城乡有民间渔鼓流行，明清两代渔鼓道情也很盛行，遍及全国广大地区。明末清初思想家王夫之在其著作《船山遗书》中曾提到，"晓风残月，一板一槌，亦自使逍遥自在，倚愚鼓而和之"，描绘的就是渔鼓在民间的存在形态[2]。此外，王夫之还写了 27 首《愚鼓词》。

（二）艺术特色

（1）作为一门综合类艺术，湖南渔鼓具有表演形式多样、唱腔丰富、取材广泛、唱词讲究押韵等特征。早期的渔鼓由一人左手怀抱渔鼓简板击节，流传至今发展成有单口、对口、群口、表演唱等多种表演形式。根据表演人数的多少，伴奏乐器也不一样，除了基本的渔鼓和简板，人数较多时，还会加上月胡、笛子、三弦、二胡、唢呐等乐器。

（2）渔鼓是说唱艺术，以唱为主、说为辅。唱词的写作与唱腔的运用是渔鼓作品的中心环节，是叙述故事内容、描写人物形象的主要部分。曲本全篇包括"引诗""正词""锁口"三部分。其中，"引诗"和"锁口"分别为开头和结尾，一般为四句；"正词"则是全篇的主要部分，以二二三的七字句、三三四的十字句居多[3]。在唱腔方面，一般来讲，只有一种曲调，称

① 龙华.湖南曲艺初探[M].长沙：湖南人民出版社，1979：100.
② 武艺民.中国道情艺术概论[M].太原：山西古籍出版社，1997：141.
③ 谢维.湖南渔鼓研究综述[J].艺术科技，2019，32(10)：142-143.

《渔鼓腔》[①]。其音乐绝大部分都采用征调式,听上去朗朗上口很是亲切。代表剧目有《百人赞》《劝世文》《江湖礼义》等。

(三)传承价值

政府越来越重视对渔鼓的保护和传承,定期组织渔鼓大赛,建立渔鼓传习所,开设渔鼓培训班,建立渔鼓保护传承基地、示范点等,让非遗文化走进校园、社区、机关、企事业单位及乡村,让渔鼓艺术深入民众生活,让更多的民众有机会接触渔鼓并参与渔鼓的表演活动,为渔鼓的传承和保护工作打下了良好的基础。

六、鼓盆歌(表 3-70)

表 3-70　鼓盆歌

入选时间	2014(第四批)
传承保护单位	澧县非物质文化遗产保护中心
编号	V-32

(一)历史源流

鼓盆歌最早可追溯到《诗经》与《周易》中关于"鼓缶""击缶"的记载,距今约 3000 多年。战国时期,"鼓缶"成为"钟鼓之乐",为当时三种音乐形态之一。澧县鼓盆歌的起源与古代民间演唱习俗也有很深的渊源,源于古代葬礼上"一个盆子当鼓打,唱歌陪丧家"的民俗闹丧活动,是一种传承数千年的古老曲艺形式,被誉为曲艺"活化石"。故澧县鼓盆歌俗称丧歌、丧鼓歌或打鼓闹丧,经典剧目有《绣荷包》《观花》《白蛇传》《醉打蒋门神》等。

(二)艺术特色

传承近四千年的文化底蕴,使澧县鼓盆歌以"善德"为主要题材传唱至今,形成了沉郁、悲怆、遒劲的风格特点,具有敬老孝亲、超然豁达、崇德向善的独特魅力。概括起来有三个方面。

1.表现形式简单。演唱伴奏只有一个圆鼓,手提即可四处表演,表演者通常为一人或两人,表演时自击鼓板,独唱或对唱,也有无伴奏一人清唱,演唱时观众可在每段唱词的开头、结尾参与演唱,形成互动。

2.击鼓节奏独特。击鼓时在唱腔的下句结束前两小节进行"咚""咚"两声敲击,在结束小节的强拍上采取休止,形成"欲止而继"的特点,其节奏在音乐的上下句落尾处出现强拍无重音现象。正是这种不同于常规音乐节奏的独特之处,使鼓盆歌能绵绵不绝地调动听众情绪,避免听众长时间听唱厌倦和演唱者疲惫。

3.人文思想独到。澧县鼓盆歌融入了庄子的人文思想,庄子妻死,鼓盆而歌,以"鼓盆"在丧礼上讴歌生命,表达对死生的超然与豁达,表现出生生不息的生命态度,激励人们从丧

---

① 中国音乐研究所.湖南音乐普查报告[M].长沙:湖南人民出版社,1960:430.

失亲人的悲伤中走出来，承担先人的责任，努力过好生活。

(三)传承价值

澧县鼓盆歌的表演形式在演唱艺术、民俗学、社会学和文化学等方面有多重价值。澧县政府为该项目的保护传承做了大量工作，挖掘传统鼓盆歌唱本，拍摄推出传承人李金楚先生表演视频，积极扩大对外影响，创新剧目，在抗击新冠肺炎疫情期间推出澧县鼓盆歌新作《天佑中华万万年》，宣传防疫知识，受到群众欢迎。

随堂练习 >>

长沙弹词大约形成于什么时期?(　　)
A.明永乐年间　　　B.明成化年间　　　C.清同治年间　　　D.清顺治年间

思考探究 >>

1.请对长沙弹词的传承现状进行调研，并提出相应的保护措施。
2.在流行音乐冲击传统曲艺的今天，请你谈谈传统曲艺该如何发展?

第六节　传统美术

传统美术是经过历史沉淀、世代相传保留至今的传统民间技艺。每一项传统美术技艺都融入了先民和一代代当地居民们的生活习惯、宗教信仰、人文风俗和美好追求。传统美术是非物质文化遗产保护名录中的一个重要类别，大体可以分为四大类，即民间绘画、民间雕塑、民间工艺、民间建筑，包含了日常衣着、居住场所、审美装饰等多个方面。近年来随着非物质文化遗产保护的兴起，从政府到民间艺人，都开始越来越注重并加强对民间传统美术的传承和保护。历史悠久、文化底蕴深厚的湖南省，有13项被列入国家级非物质文化遗产名录传统美术类(表3-71)。闻名海内外的湘绣、美轮美奂的苗画、独一无二的石雕、神秘精美的纸扎，这些古朴神秘的传统美术，在被加以创新后，让我们的生活越来越多姿多彩。

表3-71　湖南省国家级非物质文化遗产传统美术类(共13项)

序号	项目名称	申报地区
1	滩头木版年画	湖南省隆回县
2	湘绣	湖南省长沙市
3	挑花(花瑶挑花)	湖南省隆回县
4	竹刻(宝庆竹刻)	湖南省邵阳市
5	石雕(菊花石雕)	湖南省浏阳市

续表3-71

序号	项目名称	申报地区
6	彩纸(凤凰纸扎)	湖南省凤凰县
7	剪纸(踏虎凿花)	湖南省泸溪县
8	挑花(花瑶挑花)	湖南省溆浦县
9	苗画	湖南省保靖县
10	石雕(菊花石雕)	湖南省工艺美术研究所
11	竹编(益阳小郁竹艺)	湖南省益阳市
12	挑花(苗族挑花)	湖南省泸溪县
13	石雕(沅州石雕)	湖南省芷江侗族自治县

一、滩头木板年画(表3-72)

表3-72 滩头木板年画

入选时间	2006年(第一批)
传承保护单位	隆回县非物质文化遗产保护中心
编号	VII-8

滩头木版年画
视频介绍

(一)历史源流

湖南省隆回县的滩头木版年画已有300多年的历史,其制作工艺与滩头自古流行的梅山文化和民间祭祀活动用的纸马等有着传承关系。据《隆回县志》记载,明末清初时长沙有一人称"王猴子"的秀才,名叫王东元,为逃避兵荒携妻来到滩头,创办了最早的滩头木版年画作坊。此人聪明过人,很善于利用当地得天独厚的竹纸、颜料等条件,又具有绘画才能,创作印制了《秦叔宝》《尉迟恭》等十余种年画。这些年画由当地的商贩推销、贩运到外地,王东元由此声名大噪。到20世纪初,滩头木版年画发展达到鼎盛,作坊多达108家,每年生产的几千万份年画,不仅在江南各省盛行,还远销东南亚一带。令人惋惜的是1949年以后,滩头木版年画被当作封建迷信品禁止生产传播,很多作坊都停产转行,几十年间经历恢复印制又再次被摧毁,直到1979年才得以真正重新恢复生产,滩头镇也于1984年被文化部授予"中国现代民间绘画之乡"称号。

(二)艺术特色

滩头木版年画有一个很鲜见的特点,就是从原料的选择、造纸、刻板、印刷到最后的成品共二十多道工序,已经形成了一个完整的生产链,都在滩头当地完成。年画的题材范围很广,主要包括神祇画像类、寓意吉祥类和戏文故事类。神祇画像类大体是一些财神、灶神、门神、佛像等,寓意着吉祥喜庆、求福祈财等。例如年画《秦叔宝·尉迟恭》就象征着平安吉祥、得第升迁。寓意吉祥类的年画更是如此,画中通常以葫芦、蟠桃、蝙蝠、佛手等表达特定的美好寓意,将民间吉祥用语以年画的形式表现出来,如《招财进宝》《和气致祥》等。而戏文故事类年画则多用神话传说、历史故事,如《老鼠娶亲》《桃园结义》《西厢记》等。其实不管哪种类别,几乎每一幅滩头木版年画都流传着一个动人的故事。从形成至今,滩头木版年画已经形成了自己特有的艺术风格,色彩艳丽、造型独特、线条流畅、材料纯正,加上精湛的工艺如蒸纸、托胶、刷粉、"开脸"等,每一幅都栩栩如生,如浮雕一般,将小小年画里的奇妙世界演绎得淋漓尽致。

(三)传承价值

在滩头,当地民间流传着一句话,"滩头年画威力大,歪风邪气见它怕,收藏一套滩头画,子子孙孙幸福家"。[①]2006 年,滩头木版年画被列入第一批国家级非物质文化遗产名录,高蜡梅也被评为代表性传承人,她与丈夫钟海仙都是高蜡梅作坊的第二代传承人,不过当前两位都已去世,高蜡梅作坊为目前仅存的滩头木版年画代表。六十几个年头,无数个日夜,两位老人曾相濡以沫,共同交流、改进、印制、创新木版年画,执着地为这一艺术的延续奉献了一生。近几年,受各方面因素的影响,滩头木版年画的发展不容乐观,民众缺乏热情,随着老一辈传承人的相继过世,了解这一文化的人也越来越少,加之年画本身创作缺乏新意,虽有价值,但却在市场上找不到可用之地。所幸在政府的扶持和政策推进下,高蜡梅的儿子钟石棉、钟建桐得以保持原岗,带薪承艺,成为高蜡梅作坊的第三代传承人,掌握了年画的制作技艺和核心技术,兄弟俩也正通过自己的努力让滩头木版年画得以延续,得到市场的认可。

二、湘绣(表3-73)

表3-73　湘绣

入选时间	2006 年(第一批)
传承保护单位	长沙市群众艺术馆
编号	Ⅶ-19

(一)历史源流

湘绣是中国四大名绣之一,起源于湖南长沙一带的民间刺绣,具有鲜明的湘楚文化色彩。1958 年湖南长沙烈士公园出土了两件战国绣花绢残片,说明湖南刺绣有实物可考的历史可以追溯到 2000 多年前的春秋战国时期。《中国染织史》中,田自秉教授指出,自 1972 年长沙马王堆一号墓出土"绢地长寿秀""绢地乘云绣""罗绮地信期绣"等精美汉代刺绣后,我们对于湘绣的历史有了新的认识。可以这样说,湘绣是在清代后期形成了独特风格的刺绣体系。[②]清代也是中国刺绣的鼎盛时期,湖南民间很早就有妇女从事刺绣。据记载,清光绪年间,绣工胡莲仙的儿子吴汉臣,在长沙创办了第一家"吴彩霞绣坊",做工精致秀美,湘绣因此全国闻名。

---

① 张佩. 湖南省隆回县滩头木版年画的传承与发展[J]. 课程教育研究, 2013(35):220.
② 田自秉. 中国染织史[M]. 上海:上海人民出版社, 1986.

(二)艺术特色

湘绣形象生动,丁佩在《绣谱》中准确地说明了刺绣艺术的特点——"以针为笔,以纤素为纸,以丝绒为颜色"。[①] 从制稿、临稿、选料、印版、配色、饰绷、绣制、拆绷、刺绣、整烫到最后饰裱,任何一件湘绣艺术品都要经过这十几道工序。其中千变万化的色彩和巧妙的针法是湘绣表现艺术生命的关键。湘绣的配色完全依靠配线艺人的一双眼睛,它要从近两千多种色线中,根据设计者的思路和不同的画稿题材,配选出合适的颜色,而色彩丰富鲜艳也是湘绣区别于其他绣种的独特之处,绣工们几乎会做到"有色皆备"。据《雪宦绣谱》记载,有青、黄、红、黑、白(以上正色)、绿、赭、紫、交、葱(以上间色),88 种原色,因其深浅染制成 745 种不同的色彩。千变万化的针法也是湘绣的一大特点。传统的针法就有五大类 72 种,其中平绣类 32 种,织绣类 15 种,网绣类 11 种,扭绣类 8 种,结绣类 6 种。[②] 其中以清末李仪徽首创的掺针针法为主,这一针法广泛流传并在后期吸收了苏绣的技艺特点,改齐掺针为乱掺针,使得湘绣生动逼真、色彩过渡自然,曾有"绣花花生香,绣鸟能听声,绣虎能奔跑,绣人能传神"的美誉。

(三)传承价值

国家美术工艺大师、高级工艺美术师刘爱云,是湘绣的国家级传承人。她生于 1939 年,从青少年时期就开始接触湘绣,后来经过湘绣大家余振辉老师的点拨和自身的不断努力,她很快就掌握了湘绣的各种针法并深谙于心。从事湘绣 60 多年来,她的作品曾多次获奖,《饮虎》《洞庭情趣》《雄狮与母狮》等都获得了国内外赞誉,颇具影响力。她指导完成的巨幅湘绣作品《毛主席和五十六个民族》《岳阳楼》《张家界》更是被人民大会堂湖南厅永久珍藏。除此之外,另一位代表性传承人江再红不仅让湘绣走出国门走向世界,还多次飞向了太空。她的四幅作品曾三次登上"神舟"系列飞船:《厚德博学,强军兴国》和国防科技大学校徽等作品登上了神舟六号;刺绣毛主席诗配画入选神舟七号载人飞船搭载品;2014 年,江再红的湘绣双面绣《毛主席像》又再次"荣登"神舟十号。

三、挑花(花瑶挑花)(表3-74)

表3-74 挑花(花瑶挑花)

入选时间	2006(第一批)	2008(第二批)
传承保护单位	隆回县非物质文化遗产保护中心	溆浦县文化馆
编号	Ⅶ-25	Ⅶ-25

(一)历史源流

花瑶挑花历史悠久,相传汉代以前就有关于花瑶挑花的记载,流传于湖南省隆回县瑶族和湖南溆浦地区。清同治年间的《溆浦县志》早已记载,隆回虎形山和茅坳的花瑶原是溆浦十

---

① 许凡、徐青青. 湖南湘绣艺术特色研究[J]. 南京艺术学院学报,2008(6):127-130.
② 许凡、徐青青. 湖南湘绣艺术特色研究[J]. 南京艺术学院学报,2008(6):127-130.

大瑶峒的一支——白水瑶峒,1953 年两地划归隆回管辖。① 说明聚居在湖南隆回虎形山和溆浦山背一带的花瑶是瑶族的重要分支。这几年,虎形山利用旅游业优势声名鹊起,因此提到花瑶,很多人总会先想到隆回县。花瑶人口有 1.2 万人,生活在雪峰山东北麓溆浦和隆回交界处的崇山峻岭中,他们有自己的民族语言却没有文字,这个古老的部落用图案语言直观地表达出自己的美好愿望,挑花也是他们世代相传的民族工艺,成为记录花瑶民族文化和信仰的珍贵历史遗存。据东汉应劭《风俗通义》记载,花瑶祖先"积绩木皮,染以草实,好五色衣服"。唐代魏征在《隋书》中记载"长沙郡杂有夷蜒,名曰莫瑶""其女子蓝布衫,斑布裙,通无鞋履",这些描述都与现今花瑶女子们所穿服饰上的挑花元素不谋而合。在花瑶风俗中,花瑶女子通常从七八岁时开始就要在母亲或亲属的口传心授下学习挑花,这一项技能也成为评判花瑶姑娘们才能与淑德的重要依据,是她们对生命和美的理解和追求。因此有人说,花瑶女子是花瑶民族文化的创造者和守护者。

(二)艺术特色

花瑶挑花取材广泛,且都具有很深的文化内涵,其主体图案题材主要包括四类:一是反映花瑶传统习俗和美好生活的日常生活类;二是反映瑶族祖先们抵御外族侵略的历史人物故事、民间传说、民族信仰类;三是以花草树木为主的植物类;四是以蛇、龙、虎、狮等为主的反映花瑶图腾信仰崇拜的动物类。花瑶挑花在工艺上非常精致、独具特色。它不像其他刺绣需要先描绘设计,而是全凭一双巧手,就将自己心中的构图和愿望在布料上以布的经纬纱交叉呈"十"字形为"坐标",针针相套,疏密有致,一针一线徒手操作。花瑶挑花的主要技法为"清纱"法(也叫"数针法"),是以普通的挑花针为工具,白纱线、五彩丝线或五彩毛线及青色土织布为材料来完成。挑刺出来的花纹种类繁多,比较常见的有太阳纹、万字纹、灯笼纹、牡丹纹、铜钱纹等。其中有一种叫作"杯干约"的纹样,传说是有一个花瑶姑娘,在一次迁徙中攀岩游玩,结果发现赤壁下生长的小碎花甚是好看,便记在心中,回家后装饰于服装上流传至今成为基本的挑花纹样。花瑶挑花在色彩上,主要分为素色和彩色。素色一般采用蓝色布料拾取白色粗线;彩色追求强烈的色彩冲击感,鲜红色、深蓝色、雪白色、灰白色、黄色、绿色相互映衬,整个服饰看上去冷暖协调、色彩匀称又鲜艳夺目。

(三)传承价值

奉雪妹是隆回县花瑶挑花的代表性传承人,7 岁便开始学习挑花,一家六人都会这项技能。奉雪妹从小天赋异禀,11 岁成为挑花能手,15 岁就做了挑花"师傅",19 岁那年她绣了一件《乘龙过海》挑花围裙,足足付出了 40 多万针的心血,20 岁时已是挑乡鼎鼎有名的"挑花王"。30 多年来,她先后收了 300 多个徒弟,大多数人现已在这个领域大展身手。奉雪妹的挑花作品也先后获得"讨僚皈"挑花展一等奖、"讨念拜"挑花比赛二等奖。如今,花瑶挑花已经被列入当地中小学乡土教材中,让孩子们从小就学习这项民族技艺,接受挑花文化的熏陶。

溆浦县花瑶挑花的代表性传承人奉兰香 7 岁时便开始学习挑花,她的母亲是祖传的"花瑶挑花"第二十九代传承人,奉兰香从小耳濡目染,10 岁便完成了第一件挑花作品《双虎乘

① 申瑞瑾. 云端上的溆浦花瑶[J]. 散文百家,2015(6):51-53.

凉》。如今,奉兰香带有十几名徒弟,并和她们一起积极筹办了"花瑶挑花"山背村传习所。2009 年,奉兰香的作品《双龙抢宝》《双虎乘凉》获怀化市少数民族服饰大赛一等奖。

四、挑花(苗族挑花)(表 3-75)

表 3-75　挑花(苗族挑花)

入选时间	2011(第三批)
传承保护单位	泸溪县非物质文化遗产保护中心
编号	Ⅶ-25

(一)历史源流

湘西泸溪苗族挑花是一项古老的手工艺。泸溪县位于武水和沅水的交汇处,《泸溪县志》记载,"苗族先民是尧、舜、禹时代的三苗、盘瓠部落族"。① 辛女嫁盘瓠的传说便是来源于此。苗族民众和他们的手工艺术挑花深受"盘瓠文化"和"巫傩文化"的影响,自古流传下来的图腾崇拜、故事传说都在她们的巧手中发展成为风格鲜明的挑花图纹,成为苗族人民对远古文化的纪念和传承。2010 年,泸溪县武溪镇出土了一大批约 5 至 10 万年前的石针、石斧、刮削器等文物,让我们看到了原始先民在这一带劳动生活的痕迹。从遗址文物中的石针可以推断出,远古时期人们就开始会用石针缝衣服,而这也是苗族挑花的历史渊源之一。

(二)艺术特色

苗族挑花,又称"数纱"或"挑纱",主要流行于湖南省湘西土家族苗族自治州泸溪苗族地区。当地的苗族姑娘从小便跟随长辈学习挑花技艺,以自己纺织的"家织布"为原料,在其表面行针制作出精美图案,多用于头帕、手帕、被面、床单等。挑花取材广泛,且都具有很深的文化内涵。其主体图案,纹样题材大致可分为四类:始祖崇拜类、驱鬼辟邪类、自然崇拜类、吉祥福寿类。这些不同的纹样图案都流传着动人神奇的传说故事,记载着苗族人民古老的生活,体现了在生产力和认知水平低下的时期,先民们将自己美好的生活愿望和精神追求寄托于挑花这种艺术当中,激励着一代又一代苗族人民。此外,苗族挑花作品的空间布局也很有讲究,主要由团花、边花、角花、填花等手工艺组成,其中最常见也是最美观精湛的属团花。讲究对称性和圆形式空间布局是苗族挑花区别于其他少数民族挑花艺术的独特之处,一般呈上下、左右对称,中间设计成规整的几何图形,整体看上去显得大气、庄重、却又不失生气。色彩上,苗族挑花有素色和彩色两类。素色一般采用在白色的底布上绣以黑色的线条图纹,形成一种简洁淡雅的古朴美感。除此之外,苗族人民也会用红绿色彩搭配或者在黑色布底上用红绿等颜色绣出图案,形成鲜明的色彩对比,给人眼前一亮的效果。好的针法往往是手工挑花技艺中的重中之重。苗族挑花中针法的运用往往是最耗时也是最严格的工序,其采用"密纬疏经"的针法,即横线的方向数四根纱,纵线的方向数三根纱。而且苗族挑花在制作时没有现成的图案参考,全凭挑花者根据自己心中和脑中的灵感进行创作,非常考验技术。

① 张永安. 泸溪县志[M]. 北京:社会科学文献出版社,1993.

(三)传承价值

1.历史文化价值

苗族挑花的历史可以追溯到远古时期,在发展过程中深受"盘瓠文化"和"巫傩文化"的影响,深刻反映了苗族人民的图腾崇拜和信仰文化。

2.民族精神价值

苗族是一个历史悠久的民族,也是一个爱美的民族。苗族挑花作为民族文化的一种载体,凸显了我国少数民族的经济文化、审美趣味、生活追求,也代表着苗族女性的精神。

3.时代创新价值

苗族挑花工艺复杂、色彩考究,从原料到设计布局、图案、针法都非常考验技术,它的这些特点也大大启发了现代设计,被广泛运用于现代家纺、包装、服装等设计领域。

五、竹刻(宝庆竹刻)(表3-76)

表3-76 竹刻(宝庆竹刻)

入选时间	2006(第一批)
传承保护单位	邵阳市宝庆竹刻研究所
编号	Ⅶ-46

(一)历史源流

邵阳市古称宝庆府,盛产楠竹。宝庆竹刻起源于古代手工竹木雕刻技艺。自有记载的明朝嘉靖年间算起,已有600多年的历史。《大来堂制艺》是嘉靖末年刊印的记录宝庆竹刻技艺的著作,证实明代宝庆竹刻就以留青竹刻、竹根雕刻等技艺著称于世。《宝庆府志》记载:"闻万历间云山有好事者,就竹势之态,饰人物、山水、花鸟于上,或琢饰玲珑小器,供于茶肆或文房。"据考证,明清时期宝庆竹刻是宝庆府圈定的朝廷贡品。明朝皇帝朱元璋之子朱楩于1425年被贬迁至宝庆府武冈州,寄情玩物、附庸风雅,促成了宝庆竹刻向文玩方向发展。清朝康熙年间,王尚智发明竹簧制作技艺,使宝庆翻簧竹刻以秀美奇巧、精工细琢登上大雅之堂,成为朝廷贡品,故宫收藏的竹簧雕刻《天地同春寿字盒》是为慈禧太后制作的寿礼,代表着宝庆竹刻技艺的成熟。

1915年,在巴拿马万国博览会中,宝庆竹刻获得金奖。宝庆竹刻产品成为艺术珍品,有盆、瓶、盘、碟、扇等日用品及屏风、挂屏、仿青铜器、花瓶等摆件,竹簧器型产品达300余种。20世纪70年代曾年产宝庆竹刻产品3000余万件,出口至72个国家和地区。

(二)艺术特色

宝庆竹刻作为古代传承至今的竹木雕刻技艺,是集观赏、实用为一体的艺术品,风格典雅,特点明快、秀美、舒逸,题材丰富,成品形态优美,有着鲜明的艺术特色和民间美术成就。

1. 工艺精细。宝庆竹刻脱胎于实用竹器工艺,以工艺分工分成"竹青雕刻""翻簧竹刻""竹根雕刻""竹简书刻"等。竹青雕刻的材料一般选择生长在高岭石缝的大竹,竹龄3至5年,取竹材表面润泽的竹青色。翻簧竹刻也称竹簧雕刻、贴簧、文竹,其制作要经历伐竹取簧、器型制作等、刻簧等几十道工序。

2. 刀工独特。为适应宝庆竹刻的丰富题材,宝庆竹刻的刀法吸收了石雕、石刻、木雕、木刻等技法,宝庆竹刻技艺种类齐全、手法别致,仅刀法就有20多种。

3. 设计制图。宝庆竹刻创作中,要根据竹簧材料特性画出设计图,再根据设计图制作木模具,采用装饰胶合簧皮、图样拓样、压制成型等工艺制作出结构合理、形态优美的艺术品。

4. 色彩独特。为提高成品品位,宝庆竹刻采用了雕刻和彩绘相结合的表现技法,把竹青雕刻的青色、浅黄色等天然色彩和竹簧雕刻所描绘的色彩结合起来,浑然天成,以艺人的情怀和阅历对作品题材与色彩进行搭配,增加了艺术感染力。

(三)传承价值

1. 历史价值

宝庆竹刻历史悠久,虽然在历代战乱中和20世纪60年代屡受严重摧折,却仍顽强地生存下来并流传至今,反映了历代不同的宫廷与世俗文化、经济、审美趣味。

2. 艺术价值

宝庆竹刻工序精细,刀工、设计、色彩都独具特色,大师们将高超的表现技巧与文人的审美情趣和中国古典书画的意境融合在一起,创造了无数精美的竹刻艺术作品,具有极高的艺术价值。

六、石雕(菊花石雕)(表3-77)

表3-77　石雕(菊花石雕)

入选时间	2008(第二批)	2011(第三批)
传承保护单位	浏阳市菊花石行业协会	湖南省工业美术研究所
编号	Ⅶ-56	Ⅶ-56

湖南永和菊花石工艺美术有限公司宣传片

(一)历史源流

菊花石雕历史悠久,是中国著名的三大石雕之一,采用2亿多年前形成的菊花石雕琢而成。据《浏阳县志》记载:清乾隆五年前后,浏阳永和镇的农民在芙蓉河底采石期间无意中发现了一种奇特的石头,形似菊花,带有白花纹,色泽呈灰色或灰黑色。有趣的是将此石制成砚台,磨出的墨汁久润不干,书写流畅,菊花石雕即始于此。因此,菊花石雕最初其实主要为文房用具,但产量稀少、价格昂贵,所以多为宫廷贡品或被富人收藏。随着多代艺人的努力,菊花石逐步进入市场,被制作成笔筒、花屏、茶具、假山、相框、印章等,花样越来越丰富。到清光绪年间,从业人数逐渐增加,品种也花样百出。浏阳长厚首创菊花石雕作坊,取名"补天石菊花石作坊",产品依然多以实用型为主,且多见于宫廷和民间藏品。民国初期,菊花石雕工艺技术得到进一步拓展,涌现出了一批优秀的菊花石雕艺名师,如戴清升、戴杭炎等,此时的作品慢慢转向观赏型。自20世纪70年代以后,国际上掀起一股奇石、赏石热潮,菊花石的产地、厂家、工艺都不断得到拓展,产品种类不仅有观赏型的、收藏型的,还有玩耍普及型的,并开始进入寻常百姓家,同时菊花石雕名声大噪,大量销往港台及国外。此后,菊花石作坊、工艺厂、研究机构等如雨后春笋般崛起,菊花石雕作品多次获奖并取得多项研究成果,有力地推动了湖南菊花石雕的传承和发展。

(二)艺术特色

菊花石雕自发现以来,发展历程跌宕起伏,经过历代艺师们的潜心研究、巧夺天工,主要形成以下特征。

1. 独一无二,具有唯一性。每一件菊花石雕都来源于自然形成的菊花石,因此石雕之本已是天地造化的孤品,绝无雷同。在已有石料的基础上,根据天然形成的花纹、质地等特性,再经过艺师的设计、雕琢再创造,从而形成一件件千姿百态、不可复制的珍品。

2. 题材丰富,具有多样性。虽说最初的菊花石雕是作为文房用具,主要以菊花石砚台为主,但后期也逐步向各类生活用具、花鸟虫鱼、山水景物、飞禽走兽、人物神话发展,作品题材几乎涉及自然和意识各领域。造型构图也因材施艺,新颖奇妙,将形、神、意巧妙地贯通融会为一体。如菊花石雕"梅兰竹菊"花瓶、双层菊花石雕《龙球》《踏花归来马蹄香》等作品,都令人啧啧称奇。

3. 因材施艺,具有创造性。菊花石雕工艺分为采料、选材、开花、造型设计、雕刻、打磨、上色、配座八道工序。艺师们会因料取势,以花为主,以题选材,以花定形。其雕刻技法也由仅有的浮雕和半浮雕,发展到圆雕、镂空雕、透雕等多种手法,作者根据实际情况选择合适的技艺进行创作,使得作品主次分明、形象完美。

(三)传承价值

菊花石"吸天地之灵气,取日月之精华",鬼斧神工,自然天成,每一件菊花石雕工艺品都独一无二,从而更为珍贵,其重要价值主要有以下四点。

1. 历史价值

菊花石雕手工技艺经历代雕刻艺人的不断充实、完善、丰富和发展,有着长达200多年的悠久工艺史。

2. 文化价值

菊花石雕作品具有鲜明的时代特征,反映着作品创作年代的政治、经济、文化、社会状态和当时的审美取向。

3.工艺价值

一件菊花石雕作品的完成需要经过八道基本工序，精雕细刻，充分融入了创作者对于艺术和人生的感悟，是心灵的创造。

4.欣赏收藏价值

菊花石雕材质天然独特，技艺精湛别致，作品生动具神韵，是我国著名的三大石雕之一，因而具有极高的欣赏和收藏价值。

七、石雕（沅州石雕）（表3-78）

表3-78　石雕（沅州石雕）

入选时间	2014（第四批）
传承保护单位	芷江侗族自治县文化馆
编号	Ⅶ-56

（一）历史源流

沅州石雕的原产地是湖南西部的芷江，古称沅州，沅州石雕因此得名。其石材产自芷江明山，因此沅州石雕又叫明山石雕。据现存的史料记载，在南宋时，用沅州石所制之砚曾由"高宗朝戚里吴琚曾以进御"[1]——这一说法在众多文献，如南宋曾任沅州通判的朱辅撰写的《溪蛮丛笑》与南宋张世南所撰写的《游宦纪闻》中均有记载。由此可以推断，用沅州明山石制作砚台的历史，最晚在南宋时就已经出现。到明清时期，"芷江明山石，青赭黄白，五色层叠。工人铲去上层，显出次层，做梅兰竹菊及鳞羽草虫之类。视各层之色，取意为屏风或几榻，饰雕制精妙，售价不菲"[2]，"本郡匠石入山掘采，遴其尤者辇归，追琢为屏、为砚、为笔床、为墨几、为镇纸、为笔筒、为军持、为佩壶、为砚滴、印合、脂盒、粉盝之属。相其带色，镂刻花鸟、人物、山水、楼阁。妃青偶白，备极精巧……凡游宦过此，必争购觅市间"[3]。由此可见，这一时期沅州石雕的发展达到了鼎盛。湘西山水间，自古多美石，明山石料被各路商贩争相采购出售，除了砚台，还被制成各种文房、生活用器，广受当时人们喜爱，而且售价不菲。此后经历清末的战乱、民国的政变，沅州石雕的发展也跌宕起伏，直到改革开放后，这一民族工艺才再次大放异彩，闻名远近。

（二）艺术特色

沅州石雕的一个重要特征在于以芷江明山之石为原料。明山石因终年有明山山泉的滋养，具有石质细腻、色彩丰富、物性稳定的特征，加工后具有柔和的光泽，古朴典雅，自古便作为石雕的上好材料被争相觅购。明山石种类丰富，有紫袍玉带、明山天眼、绿沉石、金丝

---

[1]　（宋）赵希鹄.洞天清录.杭州：浙江人民美术出版社，2006：19.
[2]　（清）江昱.《潇湘听雨录》卷八，乾隆二十八年（1763）刊本.
[3]　（清）张官五、吴嗣仲等.《沅州府志》卷二十《物产》，同治十二年（1873）刊本.

带等，沅州石雕以紫袍玉带石为主要原料，民间又称其为"五彩石"。紫袍玉带石属绢云母千枚岩，其主要矿物成分为绢云母、氧化铁等，由绿泥石、金红石等构成，色泽以稳重的褐紫色为主，泥绿、灰白相间，缀有铁红、土黄等色在其中。[①] 因此，雕刻艺术家们常常巧妙地利用原石色带鲜明这一特征，俏色制作，追求达到"一绝二巧三不花"的境界。此外，沅州石雕技法多样，集平雕刻线、大雕细描、圆雕、浮雕、镂空于一体，广得大家喜爱。

(三)传承价值

2019年5月19日，沅州石雕传承人胡杨和张小花夫妇在芷江建立"沅州石雕"传习基地。他们对史料、史籍进行了收集整理、陈列，参加各种培训和展会以提高理论知识、开阔眼界，把收集到的沅洲石雕史籍史物和当代沅州石雕作品共500余件集中于传习基地展示。2018年，由胡杨创作的沅州石雕作品《一路连科》，获得文博会中国工艺美术文化创意奖金奖。多年来，他和妻子为沅州石雕的传承和发展做出了很大贡献，"拥有一颗传承文化的心，一颗感悟生活的心，一颗创新向前的心，泰然自若地将沅州石雕文化传承下去。"这也是他的"中国梦"。

八、彩扎(凤凰纸扎)(表3-79)

表3-79　彩扎(凤凰纸扎)

入选时间	2008(第二批)
传承保护单位	凤凰县非物质文化遗产保护中心
编号	Ⅶ-66

(一)历史源流

凤凰纸扎融合扎制、贴糊、剪纸、泥塑、彩绘等技艺于一体，体现了民间传统的装饰审美方式和文化观念，是一门古老的民间艺术。纸扎又称为"糊纸"或"扎纸""扎作""扎活"等。清末民国初凤凰纸扎达到顶峰，《凤凰县志》记载：清末至民国初期，县城有数十多家纸扎铺子，散在大街、虹桥、东正街、十字街等处，纸扎工艺的主要原料是竹片、篾丝、木棍，扎成各种人物、动物、花草虫鱼、用具等形象，糊以皮纸，施加彩绘，形象逼真，惟妙惟肖！凤凰纸扎不单老百姓喜欢，那些达官贵人、富庶乡绅也都十分爱好，他们为父母、为自己过寿或者为过世的老人举丧都要放"烟火架"，扎几对金童玉女，以示热闹，表达对父母的孝顺。

(二)艺术特色

凤凰纸扎技艺以篾骨纸裱为主，同时辅以表面彩绘，一年四季都有应时制品。春节期间是纸扎制品的销售旺季。凤凰纸扎制作的狮头、龙头、蚌壳、彩船、虾、蟹、鱼、鳖、云朵、盆花、灯笼等不仅行销本地，还销往邻县他乡，在湘、鄂、川、黔边界具有很大的影响。现已远

---

① 徐艺乙. 沅州石雕《鱼藻图》[J]. 民族艺术, 2019(6).

销至中国香港、日本、韩国、意大利等地。凤凰纸扎博采众长，具有生动逼真的特点，富有丰富的民俗内涵，是民俗学及民间工艺学研究的鲜活例证，具有鲜明的地域特色。

1. 骨架牢固，不易变形。凤凰纸扎使用当地产的巨竹作为骨架材料，有竹节较长、骨节部分较平、竹丝比较细、韧性较好、抗拉力强等优点。制作时，整根的竹子先用刀破开，去除骨节，用篾刀破出大小不同的竹篾，经过防腐处理、晒干、火烤弄弯等工序再进行使用，制作出的凤凰纸扎制品摆放不变形、易于搬运。

2. 绘制夸张，色彩鲜明。凤凰纸扎彩绘夸张浪漫，使纸扎作品神形兼备。

3. 特色浓郁，题材广泛。凤凰纸扎具有浓郁的湘西地域特色，取材广泛、结构严谨、造型夸张、色彩鲜明。大量作品取材于湘西土家族、苗族神话传说、民间故事、民风民俗，展现了湘西古老文明的历史进程，反映了湘西民间的审美情趣。

(三)传承价值

凤凰县委县政府积极支持凤凰纸扎技艺创新发展，鼓励创新题材、扩大影响，为凤凰纸扎技艺参加展览、走上荧屏创造条件，鼓励传承人收徒学习。在凤凰县非物质文化遗产保护中心的努力下，凤凰纸扎艺术特色更加鲜明，对外影响不断扩大。凤凰纸扎代表性传承人聂方俊先生，1933 年生于纸扎工艺世家，师从父亲，9 岁开始学艺，从事凤凰纸扎工艺 70 余年。1994 年，他扎制的"太狮少狮""鲤鱼跳龙门"等 32 件作品被湖南美术出版社收入《湖南民间美术全集美术拾零卷》。1997 年北戴河中国万博文化城喜迎香港回归民间艺术作品展，凤凰纸扎作品吸引了中外艺术人士的关注，聂先生 5 件作品被中国文化学会收藏。聂方俊先生的纸扎艺术造型依据传统的"形、体、面、色"四字原则，做工讲究，立体感强。通过传承传统手法中的"奇、古、丽、轻"、结合以往凤凰纸扎的"粗、俗、野、土"，造就了凤凰纸扎工艺的独特魅力。他使凤凰纸扎工艺流程化，大胆运用了夸张和浪漫的手法，作品神形兼备，堪称一绝。为传承凤凰纸扎技艺，聂方俊收下 12 名徒弟，努力推广凤凰纸扎技艺，为凤凰纸扎技艺的传承与发展做出了重要贡献。

九、剪纸(踏虎凿花)(表 3-80)

表 3-80　剪纸(踏虎凿花)

入选时间	2008(第二批)
传承保护单位	泸溪县踏虎凿花传习所
编号	VII-16

(一)历史源流

踏虎凿花素有"艺苑奇葩，民族瑰宝"之美誉。它的名称源自踏虎村，式样源于苗族服饰纹样蓝本，工艺源于湘西民间凿"喜钱"习俗。据史料记载，已有三百余年的历史。它虽源于剪纸，却精于剪纸。它是用专门的刻刀，在纸上一刀一刀的进行凿制，是其他剪纸艺术难以比拟的。因而也延伸和弥补了剪纸不能细加工的局限，被称为"不用剪刀的剪纸艺术"。《泸溪县志》记载：泸溪踏虎剪纸起源于清朝乾隆年间的泸溪县踏虎乡(今合水镇踏虎村)。

早期踏虎凿花作品风格简洁粗犷，常见为春节贴在门楣上的"喜钱"，另有祭祀期间的装饰物品、辟邪物品等，之后逐步世俗化，广泛出现在苗族地区的婚丧仪式和各种祭祀之中，并应用于苗族服装装饰。清朝末年，踏虎凿花作品主要满足世俗生活需求，题材以民间刺绣、挑花的稿本为依据，凿制"头巾花""帽子花""衣角花""荷包花"等，凿花工艺臻于成熟。20世纪50年代，踏虎凿花转型为反映现实生活，风格从简洁粗犷转变为精致细腻，出现装饰画，以艺术作品在各种工艺美术竞赛中崭露头角，引起人们关注，提高了知名度。现在的踏虎凿花发展逐渐多元化、市场化，艺术形式也更加丰富，在旅游、装饰、包装等方面开拓了越来越广阔的空间。

（二）艺术特色

踏虎凿花是泸溪县特有的民间传统手工艺，在数百年的传承发展中，形成了刀法细腻、线条流畅、作品精巧、花样繁多的艺术特征，具有鲜明的地方特色。

1. 布局对称平衡。对称：踏虎凿花作品特别注重上下、左右相互对应，另有四面对称、中心对称、部分对称等形式。平衡：凿花作者一般通过"里感"把握整幅作品平衡，使画面稳定丰满，视觉上产生"平稳"的感受。

2. 线条点线结合。踏虎凿花秉承古老的镂刻技艺，作品以运用线条为主，结合点面塑造物象。以多层的挫刻及刀法与针法的结合呈现浮雕效果，运用点、线组合的形式来传递面的个性，块面结合构成画面，通过对比、重复、重叠营造画面意境。

3. 纹样丰富独特。泸溪地域的民俗风情、宗教信仰、传说故事、心灵意愿等，为踏虎凿花纹样设计提供了极其丰富的题材，形成了独特的审美风格。例如：蝴蝶纹样，反映苗族祖先崇拜；狗脑帽纹样，反映苗族对盘瓠远祖的怀念与崇敬；鸳鸯采莲纹样，反映苗族对爱情生活的追求与祝福；傩神纹样，显示巫傩信仰在群众中的文化遗存。丰富、独特的纹样显示出湘西苗族人民在历史长河中对美好生活的向往和精神寄托。

（三）传承价值

踏虎凿花是千百年来湘西苗族群众集体智慧的结晶，为西南少数民族地区民间文化的传播和发展做出了重要贡献。泸溪县委县政府高度重视踏虎凿花非遗项目的传承和保护，成立泸溪县踏虎凿花艺术研究室，开展踏虎凿花田野调查、艺术研究、学术探讨等活动；开设小学生兴趣培训课程，将踏虎凿花引入美术手工课堂；在图书馆设有踏虎凿花传习基地，免费教学、送教下乡，传承传统踏虎凿花技艺。

踏虎凿花代表性传承人邓兴隆先生，1949年出生于踏虎村剪纸世家，6岁起跟着母亲学艺，已从事踏虎凿花技艺60余年。2000年经湖南省剪纸研究会和湖南省群众艺术馆评定，被评为"剪纸艺术家"。邓兴隆的踏虎凿花作品《新嫁娘》《苗山春早》《王小二》等深受各界艺术人士及有关专家的赞赏和好评。邓兴隆先生敢于创新，技艺精湛，有力推动了踏虎凿花技艺的传承和发展，通过各种形式培训推出一大批踏虎凿花艺人，带动踏虎凿花作品走上更高的舞台，赢得更广阔的市场，为踏虎凿花的传承与发展做出了重要贡献。

十、苗画（表 3-81）

表 3-81　苗画

入选时间	2011（第三批）
传承保护单位	保靖县非物质文化遗产保护中心
编号	Ⅶ-98

（一）历史源流

苗画拥有上千年历史，最初作为刺绣花样稿，其渊源可以追溯到苗族古老的文身习俗。《礼·玉制》云："东方曰夷，披发文身……南方曰蛮，雕题，交趾……"雕：谓刻也；题：借额也；谓以丹青，雕刻其额。[①]即在额头上刺花纹，是苗族的一种习俗。到周代，当地人们对生活和美的要求越来越高，于是开始有了各种用于服饰和装饰品的剪纸——凿花。凿花为绣花提供样底，将绣模剪下来，然后贴在布料上，再根据模型穿针刺绣。但是这一过程耗时太长，因此后来绣工们为了提高效率、节约成本，便大胆改进工艺，将"凿"直接变成了在纸上把花样画出来，同时给花样增添颜色，经过几代人的创新发展，苗画逐渐从苗绣底稿中独立出来，成为一种独立的民间绘画。

（二）艺术特色

苗画是苗族妇女美化生活的一种装饰形式，同时苗画里也蕴含着苗族文化。苗画的图案丰富多彩，所表达的主题通常寓意着吉祥如意、人寿年丰。苗画除了表现苗族人民对美好生活的愿望外，也反映了苗族的原始宗教观念，即对"自然神"的信仰和图腾崇拜。所以在苗画中，我们经常可以看到代表着最美丽的花的牡丹图案和代表最好看的鸟的凤凰图案。除此之外，画师还会选择生活中常见的蝶、鱼、蝙蝠、喜鹊等以及传统意义上代表着吉祥的麒麟、龙凤等图案入画。同时，自然界的山川河流、日月云霞、传说中的仙人神兽等，也会被画师经过加工创作后融入苗画图案中，相对应的代表了先民迁徙、民间神话等主题。

此外，苗画的配色也十分讲究，既要求达到丰富的艺术效果，又要考虑到与周围的社会生活环境的和谐。最初苗画的色彩原料都是纯天然的，人们会在春天采集花草、果子、树皮等多种多样的原料，用来加工制作成苗画所需的颜料。苗画多使用红、青、黑、白、绿、橙、黄等颜色作为底色，各种色彩穿插使用，既形成绚丽多彩的色彩对比，又保持着古朴大气的艺术特色。

（三）传承价值

苗族是一个只有语言没有文字的民族，苗画和其他苗族民间艺术一样，成为苗族人"活的史书"，将他们的民族精神、宗教情怀和淳朴的情感熔于一炉，发扬传承。梁德颂是苗画的代表性传承人，他出生于苗画世家，从小耳濡目染，看着父亲在布上作画长大。10岁时，梁

[①] 彭秀莲. 苗画初探[J]. 民族论坛，2010（9）：47-48.

德颂也拿起画笔，跟着父亲学了起来。他的苗画作品多次参与国内外展览，作品《双凤朝阳》获得"湘鄂渝黔边区民族民间旅游商品及民间工艺大师评选大赛"金奖，并被省、州博物馆及个人藏家收藏，获得诸多好评。2006 年其作品赴上海展览获专家学者的好评，他本人也被授予"民间工艺大师"荣誉称号。除此之外，他还成立了梁氏苗画工作室，在女儿的鼓励下，开发创新了一系列苗画的文创产品，把湘西苗画打造成了一种传承民族文化内涵的独特品牌。

十一、竹编(益阳小郁竹艺)(表3-82)

表3-82　竹编(益阳小郁竹艺)

入选时间	2011(第三批)
传承保护单位	益阳市朝阳小郁竹艺有限公司
编号	Ⅶ-51

(一)历史源流

益阳地处湖南省中北部，竹类资源极为丰富，被誉为"楠竹之乡"。小郁竹艺的起源可追溯到 6000 年前的新石器时代，在益阳大溪文化遗址出土的文物中就发现了竹制器具。小郁竹艺始创于唐宋时期，在明代得到重要发展。益阳县志记载："明代初年，益阳竹器即成行业，从业者遍布城乡各地，产品街头巷尾随处可见"。小郁竹艺在清代发展成熟，清朝时，益阳是驰名江南的"竹器之城"，贺家桥的小郁竹器誉为"竹城三绝"之一。

(二)艺术特色

小郁竹艺是门传承 600 多年的工匠手艺。其艺术特征有五个特点。

(1)"郁"的特点。小郁竹艺的"郁"(方言字，与通用汉字释义不同)，一是指以火助力竹器结构的方式，将竹子挖出大半形成郁口，再经火烤加温软化，迅速围郁成形；二是指竹材在火中烧烤将其纤维软化，再在外力的作用下使其弯曲变形，达到制作竹器所需的形状。

(2)"榫"的特点。小郁竹艺的"榫"，即榫卯工艺，也叫"投榫"。郁匠们既要有一手"郁"的绝活儿，同时也要有一手出色的榫卯技艺。制作竹器不用铁钉，不用胶水，就能将各类器具立起来，做到坚固耐用。

(3)"选"的特点。小郁竹艺选用的竹子，骨架选用直径五 cm 以下的刚竹或麻竹，部件加工选用毛竹，用料十分考究。选料后，还要经历下料、烧油、烙花、着色、浸泡、开郁口、预制、精修、打磨、上漆等 50 多道工序才能完成。

(4)"正"的特点。小郁竹艺制品有结构方正、美观大方的特点，符合人们的审美情趣。同时又有色正的优点，制品经久耐用，越用越红、越用越光滑，深受群众喜爱。

(5)"文"的特点。小郁竹艺以虚心有节、刚直不阿、品味高雅的竹文化彰显精神价值，以一丝不苟、技艺精湛、崇尚美观的要求激发人们的创造潜能。

(三)传承价值

益阳小郁竹艺是益阳人民千百年来认识自然、利用自然的智慧结晶，是经历了数十代人的不断探索、积淀而形成的一整套手工技艺,不论在物质方面还是在精神方面都具有十分重要的价值。在20世纪70年代中期,经技艺人员多方努力,创造了竹材着色、竹头拼边、竹青贴面和竹枝郁花四项新工艺,并将竹艺用于室内整体装饰,这是全国首创,它为竹艺产品系列化开辟了新的途径。

1993年至1999年,益阳市人民政府利用其享誉海内外的益阳竹文化,成功举办了四届国际竹文化节。1963年到1989年,益阳小郁技师作为文化交流使者,先后有68人次去亚非拉欧等四大洲的16个国家传授小郁竹艺,使这一传统技艺走向世界,吸引了无数人的目光。

随堂练习 >>

以下哪项不是菊花石雕的艺术特色?(　　)

A.唯一性　　　　B.平衡性　　　　C.创造性　　　　D.多样性

思考探究 >>

选择一种你感兴趣的传统美术类项目并尝试参与实践,撰写心得体会。

第七节　传统体育游艺与杂技

传统体育游艺与杂技是保留至今的传统民间民俗活动,是非遗保护名录中的一个重要类别,由于数量少,所以更显得珍贵与特别。历史悠久、文化底蕴深厚的湖南省,有赛龙舟和梅山武术两个项目被列入国家级非物质文化遗产名录传统体育游艺与杂技类(表3-83)。赛龙舟既反映了沅陵人民长久以来的宗教信仰和英雄崇拜,具有神秘色彩,又经过现代气息的渗入和年轻一辈的传承,使得这项传统体育活动增添了新鲜的活力,丰富了人们的生活。梅山武术早期其实是人们为了生存而产生的,经过传承和发展,现在的梅山武术不仅保留了原有的勇猛朴实,近年来还与艺术相结合,开拓了更宽广的舞台,也弘扬了历史悠久的梅山文化。随着非物质文化遗产保护的兴起,从政府到民间艺人,都开始越来越注重并加强对民间传统体育游艺与杂技的传承和保护。

表3-83　湖南省国家级非物质文化遗产传统体育游艺与杂技(共2项)

序号	项目名称	申报地区
1	赛龙舟	湖南省沅陵县
2	梅山武术	湖南省新化县

一、赛龙舟（表3-84）

表3-84　赛龙舟

入选时间	2011（第三批）
传承保护单位	沅陵县文化馆
编号	VI-65

（一）历史源流

沅陵被称为"中国传统龙舟运动之乡"，自古就有"赛龙舟、闹端午"的习俗。关于赛龙舟的起源有两点：一是源于宗教、祭祀；二是对英雄的信仰、崇拜。在原始社会，古沅陵人被称为濮人，据说最早的沅陵传统龙舟是由濮人用来祭祀水神的灵船演化而来的。今沅陵舒溪与泸溪交界处是应龙潭，传说当年天庭主管司雨的应龙神因犯错而被贬入此地。于是当地民众在每年稻种之后，都会带上祭品前往该潭举行求雨祭祀活动，应龙潭因此成为古代沅陵划龙舟的赛场和发源地。在沅陵，还有一首叫作《漫水神歌》的苗族民谣流传至今——"人家划船祭屈原，我划龙舟祭盘瓠"。民谣中的盘瓠是苗族始祖、五溪各族共同的祖先。传说盘瓠为帝喾取得显赫战绩，还与之签订了和五溪各少数民族互不侵犯的盟约，平息了此地战乱，便得以娶帝喾之女为妻，之后在沅水一带定居繁衍后代，被当地人奉为始祖。为了纪念他，人们便划着独木舟在江中寻找盘瓠的尸体，"揉鱼肉于木槽，扣槽群号以为礼"[①]。久而久之，便形成了沅陵赛龙舟的习俗。

（二）艺术特色

沅陵位于武陵和雪峰两大山脉之腹，江河纵横，很适合发展赛龙舟活动。沅陵传统赛龙舟主要有赛程长、赛船多、划手多、花样多等特点，包括"造船偷料""下水关头""绕河""赏红""抢红""朝庙""竞渡"等一系列特色及神秘的沅陵龙船经。

"龙船料要偷，十赛赢九头"——这是沅陵一直流传的关于造船的一句话。平日里，当地的人们会提前看好造龙船的好料，等到竞渡时节，便组织人半夜去偷，因为他们认为花钱买的不如偷来的料灵活。待船造好便举行"关头"仪式，旌旗喧鼓、杀鸡焚香、祭祀天神，八位童男赤身举摇火把，围绕龙船来回奔跑，这在当地称之为"跑火"，象征着驱瘟辟邪，迎来光明。[②]到五月初，码头上便开始忙碌起来，划手们聚集在一起开始"清桡"工作。龙船正式下水前，所有的参赛队伍都要前往盘瓠庙祭拜，祈求风调雨顺，赛出好成绩。整个比赛过程中有一个非常重要且十分精彩的环节，就是"赏红、抢红"。当地老百姓会自发筹款准备一些烟酒、鞭炮等，有的会买上长长的大匹红布绸，写上胜利的标语，悬挂在两岸中央，期待中意的龙船来抢红，十分热闹。划龙舟的技艺也多姿多彩，有跪式划、坐式划、坐式立式共用；单槌

① 明跃玲. 盘瓠神话与瓦乡人的认同[J]. 黑龙江民族丛刊, 2006(5): 78.
② 舒景. 沅陵传统龙舟运动的历史传承与现代发展[D]. 吉首: 吉首大学, 2015.

擂鼓、双槌催船、单艄掌舵、双艄齐下等不同式样。[1]

(三)传承价值

沅陵传统赛龙舟现由沅陵县文化馆承担主要传承和保护工作,国家体育总局将沅陵指定为全国传统龙舟大赛赛场。自2002年开始已经多次成功举办湖南省省级龙舟赛和中国国家级龙舟大赛,并在2013年举办了国际龙舟邀请赛。[2]

张吉斌,男,汉族,湖南省沅陵人,1973年12月出生,是湖南省首批省级非物质文化遗产项目赛龙舟的代表性传承人,是沅陵传统龙舟赛的传承人之一。张吉斌从小在沅水河畔的龙船锣鼓声中长大,耳濡目染,对龙船有着特殊的情感和喜爱,经常缠着大人们讲龙船经和关于龙船的故事,尤为可贵的是在龙船技艺方面受到了老龙船人牛官室的指点,成年之后便接下了龙船桨,自发组建沅陵镇凤凰山龙船队,并多次在比赛中获奖,让沉睡的高州龙船再次觉醒。

二、梅山武术(表3-85)

表3-85 梅山武术

入选时间	2014年(第四批)
传承保护单位	新化县梅山传统武术协会
编号	Ⅵ-80

(一)历史源流

梅山地处中国中部,《宋史·梅山峒蛮传》记载"梅山峒蛮,旧不与中国通","上下梅山峒蛮,其地千里,东接潭,南接邵,其西则辰,其北则鼎"。这里山高林密、地势险峻、峰峦叠起,长期处于与世隔绝、相对封闭的自然与社会环境中,这也使得当地人们长期保持着原始的生活状态。为了生存,当地人们不得不使自己拥有强健的体魄、翻山越岭的本领和能与野兽搏斗的能力。相传早期的梅山武术为蚩尤所创,在长期的狩猎和战斗中,蚩尤将那些能出奇制胜、运用得当的一招一式、一拳一脚总结起来融入巫事祭祀武舞中,反复模仿加以练习。日积月累,这些招式和技能自成一体,经过不断改造和创新,成为符合实际需要的格斗技能和攻防技法,逐渐形成了原始的武术,经过一代又一代的言传身教流传于世。晚清是梅山武术的顶峰时期,民国时期这项传统继续发展。从新化县城内成立了国术馆。新中国成立后,新化县被授予"武术之乡"的称号。

(二)艺术特色

梅山武术历史久远,依存于梅山峒蛮的发展,原始的求生手段、战争技能到宗教祭祀的内容,以梅山人民风慓悍,梅山武术长期以来都保留着"古朴无华、不尚花哨、以防为

---

[1] 中国非物质文化遗产网·中国非物质文化遗产数字博物馆. http://www.ihchina.cn/Article/Index/detail? id=13877, 2018-12-14.

[2] 舒景. 沅陵传统龙舟运动的历史传承与现代发展[D]. 吉首:吉首大学, 2015年.

主、攻防兼备"的原生态风格。梅山武术在练习时要求非常严格,不仅对头、颈、肩、腰、膝、趾都有讲究,还特别注重对桩功的要求。民间有"四十天打,三十夜桩"之说,即学四十天的武术,需练三十天的桩功。[①] 梅山武术勇猛刚烈,朴实无华,一招一式直来直去又灵活多变,套路短小精悍,主要包括徒手拳术和器械套路两大类。徒手拳术包括梅山拳、梅花桩、仙人撒网、五雷破阵等共 86 种套路。其中梅山叉和流星锤的套路中,会以"朝天三炷香"作为结束动作,据说和古梅山人信奉梅山教有一定的渊源,寓意驱邪逐魔,告慰人类的灵魂。器械套路又可以分为短器械、长器械和软器械三大类。其运功、运力以"神、气、意"三者结合"气沉丹田,意与气合,气与力合""桩固势稳,出手泼辣,发劲凶狠,吐气扬声"。讲究"上护胸,下护裆,进攻连三声,出手三不归",有"来如暴风骤雨,去似风卷残云"之说。[②] 其手型、步型、手法、步法、身法、腿法等方面,都灵活多变,招招刚猛凌厉、结构紧凑。

(三)传承价值

梅山武术现由新化县梅山传统武术协会承担主要传承和保护工作。国家级传承人晏西征,1947 年 5 月出生,湖南省新化县人,是中国武术九段、中华武林百杰之一、中国武术协会副主席、湖南省武术协会特邀主席、湖南省政协委员。晏西征自幼酷爱武术,随拳师游本恒习梅山武功,拜武汉丁鸿奎、四川赵子虬为师学八卦掌,后成为八卦掌传人,梅山派掌门人。梅山武林有个规矩,叫作破场,就是踢馆。只要开馆授徒,别人都可以来踢馆。"场主"赢了,多收一个弟子;输了,就要离开,并由获胜者接管武馆。1982 年,晏西征在新化开办了改革开放后湖南第一家武馆——兴武拳社。至今,还流传着晏西征单枪匹马打破上百人围攻的故事。近几年,随着主题旅游的升温,梅山武术也以节目表演形态的方式走向舞台,向外来游客展示着梅山文化。

随堂练习 >>

沅陵赛龙舟是为了纪念(　　)。
A. 屈原　　　　　　B. 盘瓠　　　　　　C. 帝喾　　　　　　D. 盘古

思考探究 >>

以一项传统体育游艺与杂技为例,谈谈如何在青年群体中推广普及?

---

① 杨俊军. 梅山武术及其文化特征[J]. 体育成人教育学刊,2004(5):34-35.
② 孙文辉. 蛮野寻根 湖南非物质文化遗产源流[D]. 长沙:岳麓书社,2015.

第八节　传统技艺

　　传统技艺是经历时代变迁，历代沿袭下来的手工技巧技能，是传统智慧、传统风俗的重要表现。传统技艺往往与人民群众的生活起居密切相关。传统手工技艺是非物质文化遗产保护名录中的一个重要类别，体现在日常出行、平时用度、居住场所、饮食生活等多个方面。许多传统技艺一度面临失传的危险。近年来，人们重拾对非物质文化遗产的热情，传统技艺再度受到重视。

　　湖南历史悠久、文化底蕴深厚，有13项传统技艺被列入国家级非物质文化遗产名录（表3-86）。土家族织锦技艺被广泛用于衣物装饰，黑茶制作技艺能有效防止团茶腐坏、方便长期储存，长沙窑铜官陶瓷以精美的颜色和造型长期被百姓用为日用器具，这些都有力地说明，传统技艺是普遍具有实用性、经济性和美学等特性的。

表3-86　湖南省国家级非物质文化遗产传统技艺类（共13项）

序号	项目名称	申报地区
1	土家族织锦技艺	湖南省湘西土家族苗族自治州
2	苗族银饰锻制技艺	湖南省凤凰县
3	浏阳花炮制作技艺	湖南省浏阳市
4	醴陵釉下五彩瓷烧制技艺	湖南省醴陵市
5	侗锦织造技艺	湖南省通道侗族自治县
6	黑茶制作技艺（千两茶制作技艺）	湖南省安化县
7	黑茶制作技艺（茯砖茶制作技艺）	湖南省益阳市
8	蓝印花布印染技艺	湖南省邵阳县
9	蓝印花布印染技艺	湖南省凤凰县
10	长沙窑铜官陶瓷烧制技艺	湖南省长沙市望城区
11	土家族吊脚楼营造技艺	湖南省永顺县
12	竹纸制作技艺	湖南省耒阳市
13	竹纸制作技艺（滩头手工抄纸技艺）	湖南省隆回县

一、土家族织锦技艺（表3-87）

表3-87　土家族织锦技艺

入选时间	2006年5月20日第一批
保护单位	湘西土家族苗族自治州非物质文化遗产保护中心
编号	VIII-18

(一)历史源流

土家族织锦技艺,距今已有1500余年的历史,主要分布在龙山、永顺、保靖和古丈县等湘西的酉水河流域。清代《龙山县志》记载,土妇善织锦、裙、被,或全丝为之,间或纬为棉,纹路颇为古致,挑刺花纹,斑斓五色。土家族织锦装饰与实用并重,在土家族人的婚嫁场景中,都会有各色绚丽的被面绣花出现,小孩则是从出生就拥有寓意平安的织锦包被。日常生活中,土家人还会将织锦用于衣物的背带、裤袋或腰带之上。

(二)艺术特色

土家族织锦是极富土家族特性的艺术杰作,主要分为土花铺盖(西兰卡普)和花带两种。土家族织锦制造以棉纱线、彩丝线、棉线、毛线等为材料,图案灵动有趣、纹饰特色鲜明、颜色明丽热闹。土家族织锦是一项全手工操作的技艺,流程较多、工艺复杂,主要流程约为十二项,分别是纺捻线、染色、倒线、牵线、装筘、滚线、捡综、翻篙、捡花、捆杆上机、织布边、挑织。土家族织锦的图纹样式约150种,多采用象征和概括的方式。图纹样式表现的内容十分广泛,涉及土家族人日常起居的各个方面,涵盖了自然界中的动植物、日常生活用品、几何图案和文字等,都是土家族文化精华的体现。这些图案设计独到、形象奇特,真实地反映出土家族人的方方面面,表现了土家人对生活的热情和对自然的崇敬。

传统的土家族织锦在色彩上有着自己固有的要求——黑配黄,跳的出;红配绿,丑的哭;黄配绿,显不出。他们世代遵循恪守"传图不传色"的规矩,也就是图案要求依据传统纹样不准更改,但是颜色能够依照织造者本人爱好来组合。在色彩采用上,土家族织锦以饱和度高的颜色为主,更多地使用了热闹、欢畅、喜庆的红色以及黑色、黄色、绿色等。现代的土家族织锦,不再固执地使用原有的色彩要求,更常见的是根据时代变化和产品需求来自由配色。

(三)传承价值

近年来,湖南省和湘西州加大政策和资金的扶持力度,土家族织锦技艺得到了很好的保护传承。目前,土家族织锦已经走出湖南,走向世界。代表性传承人叶水云(叶明莲)从小便同著名土家族织锦传承人,也是她的姑婆叶玉翠学习织锦技艺,不到20岁的她在吉首织锦厂任技术负责人,负责技术和生产。她的作品《岩墙花》获湖南省首届民间工艺美术大奖赛的金奖,《宴乐狩猎水陆攻战图》更是被中国国家博物馆馆藏。

二、苗族银饰锻制技艺(表3-88)

表3-88　苗族银饰锻制技艺

入选时间	2006年第一批
保护单位	凤凰县传承民族工艺有限责任公司
编号	Ⅷ-40

苗族银饰锻制技艺

(一)历史源流

苗银锻造技艺历史悠久。据史料记载,明代以来,苗族人民喜好银饰已成为日常风俗。苗银制品主要为头冠、发钗、耳坠、项链等装饰品或碗、酒盅、筷子等生活用品。苗族人口占全县人口70%的湖南湘西凤凰县,至今仍广泛使用苗银制品,苗族银饰锻制技艺广泛分布和流传在麻冲、腊尔山、阿拉、吉信等地。

(二)艺术特色

苗银锻造的设施和用具多、工序非常复杂。苗银锻制技艺有工艺美术的普遍特征,而苗银饰品是中国民族民间造型艺术的主要构成部分,能集中体现苗族文化独特的少数民族文化内涵。苗银锻制技艺有古朴的手工特性,大山中的少数民族交通闭塞、生产工具相对落后,至今仍然保持着长久以来的手工性。苗银锻制还有专一的传承特性,苗族人民将银饰的制作方法清晰地记录下来并传承给一代又一代的银匠。苗族银饰既是苗族人民古往今来的生活写照,也是苗族人民风俗和文化的主要体现。留存至今的银饰锻制手工技艺,蕴含着苗族人民的智慧和生活哲学,达到了内涵和审美的统一,是中华民族优秀历史文化中不可或缺的一部分。

(三)传承发展

麻茂庭,男,苗族,湖南凤凰县山江镇人,1953年6月生,第一批国家级非物质文化遗产传承人。祖孙五代从事苗银锻制,从小耳濡目染,掌握了娴熟的手艺。他创作的作品地方性特征浓厚、民族性特征明显,完全还原了苗银的古朴。

龙米谷,男,苗族,湖南凤凰县山江镇人,1948年10月出生,第一批国家级非物质文化遗产传承人。龙米谷从小就师从当地有名的银匠张云林,是苗族银饰制作第四代传承人。他善于在苗银锻制中与时俱进,在设计上敢于创新,作品深受当地人喜欢。

三、浏阳花炮制作技艺(表3-89)

表3-89　浏阳花炮制作技艺

入选时间	2006年第一批
保护单位	浏阳市烟花爆竹总会
编号	VIII-86

70周年焰火

(一)历史源流

爆竹的历史源远流长,湖南浏阳的花炮更是影响深远。据记载,唐朝时期,浏阳人李畋便开始使用火药医病驱魔。清康熙时期,浏阳花炮已远销全国各地,具备了巨大的市场影响力和占有率。发展至今,浏阳花炮已经享誉全球,频繁响起在国内外各大盛典里,"浏阳花炮响世界,世界花炮数浏阳"。

(二)主要功能

花炮主要具有三大功能。一是传统节日里祈愿祝福。中国传统节日和习俗很多,除夕、元宵、端午、中秋等,历来都有燃放花炮表示对美好生活祈愿的传统。二是重大庆典喜庆添彩。古往今来,外宾来华或我国举行各类盛大活动的时候,都会燃放烟花来表示重视、欢庆。三是日常生活中的娱乐功能。花炮种类繁多、造型优美、色彩绚丽,男女老幼都愿意欣赏和玩耍。

(三)传承价值

20 世纪 90 年代,浏阳花炮工厂便开始了产业转型,实现了企业生产设施设备的提升改造。原来的浏阳花炮是纯手工技艺,共有 12 个流程和 72 个工序。这样就导致了生产效率低,并且安全问题较大。随着生产设施设备的升级,浏阳花炮在各级政府的资金和技术支持下,在安全责任制度的建立下,有了更多更好的发展。近年来,浏阳花炮为北京奥运会、北京 APEC 峰会、上海世博会等国内外重大活动增添光彩。2008 年北京奥运会开幕式上,燃放的烟花多达 8 万发。2019 年的"一乡一品"国际商品博览会上,浏阳花炮以"一带一路一世界·一乡一品一梦想"为主题,在共商、共建、共享的国际平台上,展示了浏阳花炮的绚丽多彩。

四、醴陵釉下五彩瓷烧制技艺(表 3-90)

表 3-90 醴陵釉下五彩瓷烧制技艺

入选时间	2008 年第二批
保护单位	醴陵市文化馆
编号	VIII-95

(一)历史源流

醴陵釉下五彩瓷烧制技艺,是湖南省醴陵市地方传统釉下五彩瓷烧制技艺,国家级非物质文化遗产之一。早在公元 8 世纪的中唐时期,长沙铜官窑就首创了高温釉下彩绘的新技术,醴陵釉下五彩瓷烧制技艺就源自此。据史料记载,醴陵釉下五彩在 1907 年左右迅速发展,数年间就烧制出各种各样的高温釉下彩,号称釉下五彩。2018 年 5 月 15 日,醴陵釉下五彩瓷烧制技艺入选第一批国家传统工艺振兴目录。

(二)艺术特色

醴陵釉下五彩瓷从原料到成品要经过近一百道工序,全部靠手工完成。制瓷填料、釉料和颜料均选用醴陵本地优质原料制作而成。其彩绘图画采用自制釉下色料,运用双勾分水填色等技法将画面溶于釉下,使其平滑光亮,具有饱满的水分感。覆盖在纹饰上的釉经高温烧成后,形成玻璃质,更显得莹润光洁。釉下五彩瓷所用颜料以金属氧化物为着色剂,其溶剂中不含铅、镉等有毒物质,能耐酸碱。坯件成型后须经 800℃ 素烧,以提高坯件的强度。坯件彩绘完毕,以喷釉覆盖其画面,而后以 1350~1410℃ 高温烧制出成品,使五颜六色的画面从釉层中显现出来。

釉下彩绘的题材丰富多彩，有翎毛、花卉、人物、山水、昆虫、走兽、书法、图案等等，既有中国画的传统继承，也有西洋画的风格吸收。釉下彩绘在表现形式上有着色与水墨，工笔与写意之分；在技法上有双勾混水填色或用颜色直接点染形象之分。也有兼勾带点，半工半写，交错运用。

(三)传承价值

彩绘是全手工完成的，它赋予了釉下五彩瓷灵魂和生命。中国工艺美术大师邓文科先生从事釉下彩绘研究创作六十余年，在中国书画方面亦有很高的造诣，尤以花鸟、篆隶见长，创造了豪放而又富有装饰性的写意画法和多种新的装饰技法，形成了自己的个性风格。他设计创作了大量的釉下陶瓷精品，有的苍劲凝重，有的清新秀雅，有的五彩绚丽，有的朴素单纯，有的工细严谨，有的写意豪放，丰富了醴陵釉下五彩瓷装饰艺术和彩绘技法的宝库。

五、侗锦织造技艺(表3-91)

表3-91　侗锦织造技艺

入选时间	2008年第二批
保护单位	通道侗族自治县非物质文化遗产保护中心
编号	Ⅷ-104

(一)历史源流

侗锦又叫诸葛锦，古时称轮织，是一种世代相传的纯手工织品，主要分布在通道侗族自治县的播阳、独坡乡、黄土乡、牙屯堡镇、甘溪乡等地方。距今有两千多年历史的侗锦，被誉为我国"女织"文化的活化石。侗族世代居住在亚热带地区，降水丰沛、气候宜人、土地肥沃，植物茂盛，盛产可用来捻线织网和纺纱织布的植物。春秋战国时期侗锦就有了发展雏形，到唐宋时期已相对成熟，明清时候，侗锦文化享誉全国，而侗锦则以它独具一格的织造工艺、富含民族文化内涵的纹饰图案、绚烂多彩的颜色搭配，成为我国著名的织锦。侗族女性从小就学习织造，普遍擅长织锦，并喜欢在日常生活中利用侗锦织造的产品，一个女孩的侗锦织得好不好成为判断她们是否贤惠的标准。2008年，侗锦织造技艺经国务院批准，入选国家级非物质文化遗产名录传统技艺类。被官方认可的侗锦织造技艺，成为体现侗族文化的实物载体，蕴藏丰富的侗民族内涵，是侗族文化经典名片。

(二)艺术特色

侗锦作品被人喜爱，跟它的表现主题、颜色使用和织造工艺紧密相连。

(1)主题上，善于利用当地民俗文化，提取民族文化内涵编绘图案，在"萨神"文化的基础上做出蜘蛛纹、太阳纹、磨子纹样、灯笼纹、山水纹等，寓意对美好生活的向往。

(2)颜色上，用色讲究。侗锦分为素锦和彩锦，素锦一般只用一到两种颜色进行搭配，一般是黑白、黑蓝、黑红等双色，用色简单纯朴，清新淡雅；彩锦由编织色块的颜色不同来构成色调，织造产品绚丽多姿，用色大胆而和谐，绚烂而不张扬。

（3）纹样上，侗锦的构图自然和谐，主次分明，不拘泥于形式。侗锦使用的材料大都是自纺、自染的棉线、麻线等。侗锦织造技艺的工序较多，据研究考证有轧棉、纺、染纱、绞纱、绞经、排经、织锦等十多道工序。侗锦的纹样是由两种工艺实现的，分别是织花和挑花，织花和挑花都有用材简单、随地编织的特性。妇女到山上放牛时，将其钉在树干上，就可随时编织。

（三）传承价值

侗锦没有专门的师傅，侗族妇女学织锦是从小在家里耳濡目染，从自己母亲身边点点滴滴学来的。以前在侗族，织锦不是一类专门的职业，而是妇女们代代相传的"女工活"，是勤劳妇女持家必备的技能。侗家人用织锦技艺的高低，来衡量一个姑娘是否聪慧。所以妇女人人从小学织锦。通道侗锦织锦技艺展示了侗族源远流长的民俗文化。经过长时间的历史熏陶，文化内涵愈发深厚，艺术格局也越来越高。

六、黑茶制作技艺（千两茶制作技艺）（茯砖茶制作技艺）（表3-92）

表3-92 黑茶制作技艺（千两茶制作技艺）（茯砖茶制作技艺）

入选时间	2008年第二批	2008年第二批
保护单位	安化县文化馆（千两茶制作技艺）	益阳茶厂有限公司（茯砖茶制作技艺）
编号	Ⅷ-152	Ⅷ-152

（一）历史源流

千两茶的产地是湖南省益阳市安化县，安化古称梅山，是梅山文化的中心和发源地。安化县的山地面积高达82%，且水系发达，是天然的茶树种植基地。早在明朝时期，安化黑茶就因为物美价廉而被确定作官茶，全国各地的茶叶商人汇聚于此，将味道好、产量高、价格美的黑茶推广至全国。如何能使茶叶更利于保存和运输，成了茶叶商人们费神的问题。直至清道光年，陕西的茶叶商人在采购安化黑茶之时，无意间发现将茶叶扎成一捆呈圆柱形的捆包茶，更利于保存和运输。首先是一百两的百两茶，到后来当地人研究出千两茶的做法，黑茶制作技艺（千两茶制作技艺）就是在这样的情况下应运而生。

中国六大茶类之一的茯砖茶也是以黑茶为原料，是产自于湖南省益阳市的一类名茶。跟千两茶一样，长久以来，黑茶作为原材料被全国各地的茶商认可并收购。西北茶商率先发明出将黑茶加工制作成砖的方法，1939年，黑茶理论之父彭先泽在此基础上研究制造出属于湖南省的茯砖茶。

（二）艺术特色

千两茶制作工艺特殊、费时长久、标准严格，生产与包装同时进行，全过程手工操作，劳动强度大，要求选茶准、烘茶干、装茶满、踩茶紧等，生产流程环环相扣、一丝不苟。千两茶制作技艺科技含量高,加工工艺一直继承着传统的手工工艺,没有许多机械加工设备,从加工开始到入库,茶叶始终没有落地,用来包裹茶叶的箬叶和棕叶等材料都是老百姓常用来包装食品的,符合现代卫生要求,是安化黑茶传统工艺的结晶。

茯砖茶作为黑茶的代表以及当地的文化符号一直传承到现在。茯砖的工序十分复杂,工艺程度十分精湛,收藏价值和保健价值也十分高。其特有的发花技术所产生的冠突散囊菌——百姓称"金花"——对加快人体新陈代谢、美容驻颜、加强免疫力都十分有利。

(三)传承价值

黑茶以及黑茶的制作技艺承载着记录历史和文明的作用,千两茶和茯砖茶通过其独具一格的茶文化展现了别样的魅力。新中国成立之后,当地的白沙溪茶厂在保护和发展千两茶制作技艺上发挥了关键作用,使得千两茶在当代社会得以传承,让爱茶之人能够一如既往地品尝这醇厚的黑茶香气。数百年来,富含茯茶素 A 和茯茶素 B 的茯砖茶,一直深受沙漠和草原的西北游牧人民喜爱,对人体起了养生保健的作用。茯砖茶的制作工艺还被列为国家二级机密,它的价值受到国内专家的重视。

七、蓝印花布印染技艺(邵阳县文化馆)(表3-93)

表3-93　蓝印花布印染技艺(邵阳县文化馆)

入选时间	2008 年第二批
保护单位	邵阳县文化馆
编号	VIII-24

(一)历史源流

在湖南省邵阳县塘渡口镇、白仓镇、五峰铺镇、塘田市镇、古县城、宝庆城及周边城镇等地,一种蓝色的回忆在棉布上默默延续了近千年,它就是邵阳蓝印花布。据记载,唐代贞观年间,邵阳蓝印花布根据苗族和瑶族人的"阑干斑布"和"蜡缬"改变而来。邵阳地方人民在民族蜡染的底子上,发明了用豆浆石灰代蜡防染的印染法,所以邵阳蓝印花布又叫"豆浆布"。明清年代,邵阳因为水陆交通便利,成为华南甚至西南地区最大的蓝印花布印染、产出、销售中心。邵阳蓝印花布技艺独特,作品富有民俗审美特性,代表作有《鸳鸯戏水》《凤凰牡丹》《吉庆有余》《金鱼戏莲》等等。

(二)艺术特色

邵阳蓝印花布既是传统美术又是传统技艺。它一般是白底蓝花或蓝底白花,耐搓揉、耐暴晒,不容易褪色。邵阳蓝印花布的工艺流程大致为:先用厚实的油纸将图案纹样雕刻出来,再把雕刻好的油纸板铺在布料上,然后用刷子蘸取石灰与豆浆调和的防染浆在油纸版的镂空处刷上去;晒干了将布料放进蓝靛染缸中加染,染后去灰浆,漂洗晒干铺整齐。邵阳蓝印花布工艺质朴,使用的工具和程序都较简便。其染出的布面多用在床单、桌布、枕巾、腰带、兜肚、被面等生活用品上。

(三)传承价值

由于大众审美、需求的变化，市场对邵阳蓝印花布的需求越来越少，专门从事相关工作的手艺人也越来越少，蓝印花布的传播传承面临困难。将邵阳蓝印花布技艺列入国家级非遗名录，对邵阳蓝印花布及其美术特性、实用性、地域文化的传承保护，起到了巨大的作用。

蒋良寿，男，汉族，1951年出生，湖南邵阳五峰铺人，蓝印花布印染技艺国家级非物质文化遗产传承人。他从小就喜欢在外公的染布房玩耍，在质朴美丽的蓝印花布中生长。因为热爱蓝印花布，1980年，他被特招进织染厂工作。工作期间，他创新生产出的枕巾、桌布、被套等产品十分受欢迎。蒋良寿对邵阳蓝印花布是有情怀的，他觉得这种古朴的艺术形式，应该被人重视。他主动担起"邵阳蓝印花布"传承重任，用自己的力量传播传承这项经典的民间技艺。

八、蓝印花布印染技艺(凤凰县非物质文化遗产保护中心)(表3-94)

表3-94 蓝印花布印染技艺(凤凰县非物质文化遗产保护中心)

入选时间	2008年第二批
保护单位	凤凰县非物质文化遗产保护中心
编号	Ⅷ-24

(一)历史源流

地处湘西偏远山区的凤凰苗族自治县，民风淳实，物资丰富，让人印象深刻。其中以沱江镇为中心分布的凤凰蓝印花布最近备受大家欢迎，湘西凤凰蓝印花布承载湘西人民的古朴，富含湘西文化深厚的内涵，是湘西地区的一大亮点。历史悠久的凤凰蓝印花布大致可分传统石染、正宗拔染、彩绘蜡染、针扎浸染、现代扎染五种。凤凰蓝印花布的手感好，轻柔细软，纹饰图案设计巧妙，生动地反映了当地的民俗民风，有浓厚的民俗性、审美性和实用性。

(二)艺术特色

凤凰蓝印花布是一种集民间美术与民间工艺于一体的民间艺术品，印染非常细腻，古朴与优雅共存，图案完美，非常耐看，有很高的审美价值。首先，表现在它材质纯朴、色彩鲜明、装饰效果丰富的特殊美感上，也体现在其加工工艺和表现技巧的精湛上。由于刻版和刮灰浆的原因，点线既不能太大，又不能太小。太大的点或线段，灰浆容易在染色时剥落；太小的点，灰浆又不容易附着。虽然蓝印花布受到简单的工具、天然材料和加工工艺上的制约，但它们产生出来的艺术效果却令人叹服。这种工艺技术造就的图案特征已经固定为其他艺术种类无法替代的个性。凤凰蓝印花布的工艺精细复杂，一般分为雕版、调浆、刮浆、再下靛，搅缸、染色、漂染、晾晒、滚踩等。

(三)传承价值

刘贡鑫(刘大炮)，男，1939年5月出生，湖南省凤凰人，第二批国家级非物质文化遗产项目蓝印花布印染技艺代表性传承人。湘西地区蓝印花布的制作主要是他和家人来传承。幼年时，家中兄弟都不愿意学习这门技艺，只有他克服困难坚持了下来。《凤戏牡丹》《鹤鹿同春》《凤凰牡丹》《狮子绣球》《四福争春》《吉庆升平》等都是他的代表作。

九、长沙窑铜官陶瓷烧制技艺（表3-95）

表3-95　长沙窑铜官陶瓷烧制技艺

入选时间	2011年第三批
保护单位	长沙市望城区铜官陶瓷行业协会
编号	Ⅷ-191

（一）历史源流

长沙窑铜官陶瓷烧制技艺始于初唐，窑址在长沙市望城区石渚湖彩陶源村，是商业性窑口。唐代时期被叫作"石渚窑"，现在大多叫"长沙窑"或"铜官窑"。在殷商之前，舜帝就率领百姓在湘江流域开展制陶业，进行原始的手工创造。据查，《监略妥注》中记载：舜陶于河滨，而器不苦窳。距今已有1200多年历史的长沙窑，是釉下彩和铜红釉的发祥地。自1956年被发现以来，出土文物已过万件，被考古学家称为"千年前的世界工厂"。在海上丝绸之路的考古寻访过程中，考古专家先后在伊朗、坦桑尼亚、日本、印度尼西亚、斯里兰卡等二十多个国家发现了长沙窑铜官陶瓷的存在。

（二）艺术特色

被称为千年前世界工厂的"长沙窑"，作品装饰技巧精彩丰满，不仅有模印贴花等技艺，还有压花、剔花、雕花、堆花、印花、塑花、划花、捏花多种技术手法。由于长沙铜官窑很早就率先吸收了外国文化，"长沙窑"在彩色、彩饰、彩绘、彩变上有着不同于其他陶瓷的变化和特色。长沙窑铜官陶瓷器型生动活泼，造型生动美丽，图案新鲜多样，颜色明艳靓丽，手法技艺纯熟、有趣有意境。釉下彩和铜红釉就是长沙窑发明的，这两样陶瓷技艺在我国的陶瓷史上有非凡的重要意义。有了这两样不同于前的新技术，长沙窑的能工巧匠们将绘画、雕塑等艺术方式运用到陶瓷装饰上，将黄、绿、褐等颜色巧妙地使用，在陶瓷上绘以花草树木、飞禽走兽、山水人物，让陶瓷装饰精彩纷呈，丰富多变。著名考古学家周世荣把长沙窑的陶瓷比喻为"一位绚丽多彩、才华横溢、国色天香的湘妹子"。

（三）传承价值

长沙窑铜官窑陶瓷烧制技艺自古沿袭至今，如何让这门传统的手工技艺凸显出全新的社会活力、重现旧时风采？湖南省和长沙市政府高度重视，从整体性保护、实践开发和教育传承等多方面实施了各项复兴传承计划。2010年10月27日，长沙市第十三届人民代表大会常务委员会第二十六次会议通过了我国首部关于窑址保护的条例——《长沙铜官窑遗址保护管理条例》，2011年1月1日正式施行。条例对窑址范围、馆藏文物等历史文物做了详细的保护规定。

长沙新华联铜官窑古镇项目是湖南省第一个投资超过百亿的文化旅游项目,历史悠久的长沙铜官窑遗址,借历史文化、陶瓷文化、唐风韵律,再现了汉唐时期的盛世景象,传播传承了湖湘优秀文化。据官方统计,目前长沙铜官现有陶瓷生产企业40余家,大师作坊近30家,生产性传承保护基地20余处。

长沙窑铜官窑烧制技艺,蕴含了工匠精神、创造精神,所以铜官窑陶瓷从古至今都在向全世界展现其独特的艺术魅力。现在,我们要做的是保护好这门传统手工技艺,守护好非物质文化遗产所承载的文化内涵和文化风度。长沙铜官窑的历史文化价值无可比拟,对长沙铜官窑陶瓷烧制技艺的传承与生产性保护,会给长沙铜官窑的整体性保护和发展带来更多的机会,使这张湖南名片焕发新的生命活力。

十、土家族吊脚楼营造技艺(表3-96)

表3-96 土家族吊脚楼营造技艺

入选时间	2011年第三批
保护单位	永顺县非物质文化遗产保护中心
编号	Ⅷ-211

(一)历史源流

湖南永顺土家族吊脚楼历史悠久,在春秋战国时期就有记录。永顺县,隶属于湖南省湘西土家族苗族自治州,位于湖南省西北部,那里的土家族吊脚楼滨水而建、靠山而立、鳞次栉比,颇为壮观。据考证,远古时期,土家族人主要聚居在武陵山区,这里山高坡陡,河流湍急,为了适应恶劣的自然环境,保障日常生活安全,土家先民最早利用现成的大树作为支点,其上架设竹、木,再将木柱、横梁立起,盖上茅草或树皮作为顶篷,把居所架空离开地面,建造出一座座"空中住房"。这种形式的建筑既可以防潮又可以防止野兽袭击,很快就在族人中流传开来,经过不断更新,改进成如今的吊脚楼。

(二)艺术特色

土家族吊脚楼营造技艺是土家族在长期社会生活中为适应自然环境而创造的建筑艺术,有着与自然和谐相处的古朴理念。吊脚楼建筑各部分组合方式自由、灵活,有错层、退层的样式,且广泛采用了悬挑、掉层、架空等办法,让建筑的空间造型与周边山水环境和谐统一、完美结合。由于吊脚楼是全实木构成,木雕是它最主要的装饰手法,土家人对此十分讲究。以窗户为例,多用代表吉祥如意的纹样图案,有喜鹊登枝、双朝阳、狮子滚绣球、牡丹、菊花等。这些纹饰设计精巧、排版讲究,造型灵动有趣,有很强的地域性和民俗特征。在装饰的颜色上,吊脚楼主要利用木质材料本身的色泽与纹理,不会过多使用艳丽的色彩。只有部分采用了钴蓝、天蓝、土红和土黄做装饰点缀,整个建筑在色彩上也能与周围自然环境和谐共处,不显突兀。

(三)传承价值

随着改革开放的进行、中国经济和城市化进程的加速,吊脚楼这类传统的全实木建筑逐渐被物美价廉的混凝土加钢筋取代。土家族青年一辈认为吊脚楼营造技艺已经不能为自己带来实际的作用,既赚不到钱也没有砖房好住,吊脚楼和其营造技艺面临失传的危险。永顺土家族吊脚楼既是南方少数民族适应潮湿环境和利用空间的杰作,也是土家文化的重要原生态载体。湖南省永顺县作为土家族重要发祥地,近年来,政府和相关职能部门出台了多项政策,呼吁采用传统工艺和传统材料,用传统技艺对吊脚楼进行修复。这样既保护传承了吊脚楼文化,又还原了吊脚楼的传统之美。

十一、竹纸制作技艺(蔡伦古法造纸技艺)(表3-97)

表3-97 竹纸制作技艺(蔡伦古法造纸技艺)

入选时间	2014年第四批
保护单位	耒阳市蔡伦纪念馆
编号	VIII-71

(一)历史源流

耒阳在湖南省东南部,属于亚热带季风气候区,当地日常降水丰沛,水系发达,为造纸的原材料生长提供了有利条件。古法造纸技艺是由耒阳人蔡伦在东汉永元年间(89—105)发明的。后来蔡伦回到家乡传授造纸技艺,利用植物纤维造纸的技艺在耒阳境内迅速传开,世代传承。今耒阳蔡伦纪念园内尚存蔡伦传授造纸术时开掘的蔡子池、捣制造纸原料的石臼等。南朝宋盛弘《荆州记》记载"县人今犹多能造纸,盖蔡伦遗业焉。"千百年来,祭拜蔡伦成为了传统习俗,蔡侯祠旁尚存唐代祭祀蔡伦用的石质香炉"宝鼎"。每逢初第二、五起槽(即年内准备抄纸)、散槽(年内抄纸结束)等,造纸工匠都会祭祀蔡伦,这种传统一直延续至今。

(二)艺术特色

耒阳境内的黄市、大河滩、上堡、陶洲、盐沙、三都等10余个乡镇普遍生产楠竹,广泛分布着竹纸造纸作坊,大约有500家。竹纸制作工序多,工艺繁杂,分为选竹、砍竹、破竹(竹)、截条、打拥、随加石灰、清水、清洗、水浸、晾干、水浸、压榨、将料、捞渣、将料、捞渣、输槽、沉浆等60余道。竹纸制作技艺历史悠久,从原材料选择起就要求十分严格。用作原料的竹必须是抽枝条还没有长叶的新竹,采集时间要在立夏之后,小满之前。竹纸制作技艺的主要工具会在纸料制作、制纸、纸帘制作中用到,有柴刀、草席、料刀、沤料池、箩筐、水桶、灶、大锅、篾刀、匀刀、马凳、线架等。

(三)传承价值

古法造纸技艺是中国四大发明之一造纸术的"活化石",耒阳制造的各种纸类产品广泛应用于人民生活,造纸技艺是耒阳文化、湖湘文明乃至中华传统优秀文化的集中体现。

十二、竹纸制作技艺(滩头手工抄纸技艺)(表3-98)

表3-98　竹纸制作技艺(滩头手工抄纸技艺)

入选时间	2014 年第四批
保护单位	隆回县非物质文化遗产保护中心
编号	Ⅷ-71

滩头手工抄纸
技艺视频

(一)历史源流

隆回曾经被誉为"南方纸都",滩头手工抄纸技艺存在于湖南省隆回县。滩头手工抄纸技艺也是在蔡伦古法造纸技艺上继承发展而来的。明朝时候,滩头手工抄纸工艺已经相对成熟,清朝时期、民国时代达到发展巅峰。据统计,当时在滩头古镇和周边几十个村庄,拥有造纸作坊一千余家,能工巧匠 2000 余名,主要生产土纸,还衍生出香粉纸、宣纸、皮纸、色纸、炮簾纸等多类产品。滩头手工抄纸技艺的繁荣,使滩头木版年画、手工纸伞,隆回鞭炮、宝庆书局、梅山纸马等多种文化产品和产业蓬勃发展。

(二)艺术特色

滩头手工抄纸技艺作为古法造纸技艺,它的制作以毛竹为原材料。毛竹经过泡料、煮料、洗料、晒白等 10 余道细致的手工程序最后变成纸。其大致流程为倒山破料、扎料下凼、洗料、踩料、抄纸、晒纸、捆扎打包等。其中最重要的工艺环节是抄纸,讲求"眼到、手到、心到"。如果不细心,抄出来的纸张就会不光洁平整,不柔软细腻。这种传统技法,主要靠制纸人在日复一日的工作中总结经验。

(三)传承价值

现代社会,竹纸制造技艺不仅仅是一项传统手工艺技术,更是中国优秀传统文化的传承和体现。我们为发明和创造这一项技艺而自豪的同时,更要爱护这种珍贵的非物质文化遗产。通过政策推动、财政支持和文化科研并举,同时创新发展竹纸制造技艺,竹纸制造技艺将顺应时代需求,焕发出更大的活力。

随堂练习 >>

醴陵釉下五彩坯件彩绘完后,用喷釉覆盖其画面,而后用(　　)高温烧制成品
A. 1350℃～1410℃　　B. 130℃～140℃. 350℃～410℃　D. 1000℃

思考探究 >>

谈谈非物质文化遗产传统技艺所面临的传承现状。

第九节　传统医药

传统医药是指在当代医药之前独立发展的医疗知识或医疗手段,主要包括了中医药、民族医药和民间医药三个组成部分,传统医药的医学药学都具有很高的科学认识和实践价值。2006年5月,国务院颁布了第一批国家级非物质文化遗产保护名录,传统医药类成为第九大项目进入国家名录。传统医药作为非物质文化遗产名录的一个项目,是中华优秀文化的载体,是国家法律保护和发展的对象。据中国非物质文化遗产网·中国非物质文化遗产数字博物馆官方统计,现在正式列入国家级非遗名录的传统医药项目(含新增项目和扩展项目)共137项,湖南省有四项,分别是传统中医药文化(九芝堂传统中药文化)、苗医药(癫痫症疗法)、苗医药(钻节风疗法)和中医正骨疗法(新邵孙氏正骨术)(表3-99)。

表3-99　湖南省国家级非物质文化遗产传统医药类(共4项)

序号	项目名称	申报地区
1	传统中医药文化(九芝堂传统中药文化)	湖南省九芝堂股份有限公司
2	苗医药(癫痫症疗法)	湖南省凤凰县
3	苗医药(钻节风疗法)	湖南省花垣县
4	中医正骨疗法(新邵孙氏正骨术)	湖南省新邵县

一、传统中医药文化(九芝堂传统中药文化)(表3-100)

表3-100　传统中医药文化(九芝堂传统中药文化)

入选时间	2008年第二批
保护单位	九芝堂股份有限公司
编号	IX-11

(一)历史源流

我国历史上有很多关于中医药的故事和人物,"神龙尝百草""药王孙思邈",这都代表了中医药学源远流长,有厚重的历史文化。清代顺治七年(1650),江苏人劳澄在湖南长沙坡子街开了一间药店,坐诊行医,救死扶伤。劳澄研制的药都是以"吾药必吾先尝之"为准则,利民惠民。这间小药店因为良心从业而发展壮大,成为了湖南最大的药铺——九芝堂。已经有370年历史的九芝堂,经历了抗战时期文夕大火,遇到了新中国成立后公私合营的全新局面,在2000年完成了挂牌上市,现在的九芝堂成为了誉满全国的老字号中医药品牌。

(二)传承发展

九芝堂以"药者当付全力,医者当问良心"的祖训作为行为准则,形成了九芝堂传统中药文化特有的人文精神，传承着"悬壶济世、利泽生民"的湖湘中医药文化传统精髓，推崇着"药材纯正质地好，药方独特爱更新，悬壶济世为慈善，用人经营讲规矩"的经营理念，成为中国传统中医药文化的一部分。随着我国改革开放和经济的飞速发展，优质中药药材的原产地持续缩减。与此同时，因为中国传统医药的制药要求严谨和承袭办法复杂，中医药贤才也变得少之又少。九芝堂理性地看清事实，迅速行动起来，努力克服现代环境下中医药发展的困境和难处，对企业经营和制药工艺进行了创新和改革。值得一提的是九芝堂恢复了中医药材的师承制度，在企业中遴选有悟性的学生，让他们跟随资深老师傅学医鉴药，从源头上把控药的品质。九芝堂还主动对接现代医学诊疗实践，从临床中发挥中医药对病患的诊治作用。九芝堂在各类药品里，用科学严谨的实验方式不断进行论证，使得药品更有效，品牌更有价值。

(三)传承价值

九芝堂作为我国传统中医药文化的组成部分，有着非凡的文化内涵、医学影响、历史意义、社会价值和经济性。至今仍通过自己近四百年的经验和格局服务人民，影响社会。九芝堂的药品大致分为颗粒剂类、针剂类、片剂类、药酒类、口服液类、小蜜丸类和其他类。其中蜜丸类产品全国年销量过亿，市面上常见的有六味地黄丸、银翘解毒丸、逍遥丸、知柏地黄丸、通宣理肺丸、杞菊地黄丸、补中益气丸、健肺丸、归脾丸、金锁固精丸、桑葛降脂丸、补肾固齿丸、玉泉丸、润肠丸、保和丸、桂附地黄丸、十全大补丸等。九芝堂因时而进、因时而新，面对现代医学和药学的不断发展，坚持在经典处方中持续进行着科学研究和改进创新。

二、苗医药(癫痫症疗法、钻节风疗法)(表 3-101)

表 3-101　苗医药(癫痫症疗法、钻节风疗法)

入选时间	2011 年第三批	2011 年第三批
保护单位	凤凰县非物质文化遗产保护中心	湘西青山苗族医学文化有限公司
编号	IX-15	IX-15

(一)历史源流

广泛分布在贵州黔东南、湖南湘西、云南、广西等苗族聚居地的苗族医药，是历代苗族人从日常生活和生产实践中得出来的医药治疗方法。这些地区高山茂密、气候湿润、植被种类多，拥有充足的草药资源，这有利于苗族人民积累草药知识，熟知各种药物的药用价值。基本上，每个当代苗人都掌握几种甚至几十种苗医药治疗方法，有些家庭自己种植一些常用草药，以备不时之需。苗族人长期生活在高山峻岭之中，生活条件并不优渥，为了适应自然和求得发展，千百年来，他们用百折不挠的精神为苗医药的发展记录了壮丽的一笔，留下了值得被传承下去的医药经典，民间流有"千年苗医，万年苗药"的说法。

(二)苗医药癫痫治疗法和钻节风治疗法简介

(1)癫痫俗称的"羊角风"或"羊癫风"，是大脑的神经元突然异常放电，导致暂时的大脑功能障碍的一种慢性疾病。癫痫发作时，可表现为神志不清、口吐白沫等。癫痫一直是中西医努力科研攻关的医学难题。苗医药在癫痫治疗上也能起到一定的作用，著名苗医龙玉年对癫痫症有特效治疗手段，通过家传秘方，加以治疗，效果十分明显，治愈率高达90%以上。龙玉年将癫痫成因归类为先天因素和后天因素，后天因素又分为出生时脑缺氧、脑外伤、受刺激和高烧炎症。苗医治疗癫痫症分为内服和外敷，内服是用猪心灌药，外敷是将苗草药加工磨制成粉，再加水调和变糊状了戴于头上。这种疗法广泛存在于湖南省湘西的古丈县、凤凰县、花垣县、保靖县、泸溪县等苗族人民聚居地。

(2)钻节风疗法是针对钻节风的苗族医药疗法，主要流传于湖南省湘西苗人居住的吉首市、凤凰县、花垣县、古丈县、保靖县以及贵州和重庆的苗族地区。苗医把关节骨头疾病一概称为钻节风，历经世世代代的生活经验和行医用药实践，这门民族特色典型的医疗技艺逐步成熟。

(三)传承价值

1.历史价值。苗医药就是苗族世代人民用经验书写的医药典和医药史，是苗族文化的独特表现，记录了不同历史阶段的苗族人对自然界的认识，也承载了苗族文化乃至中华民族文化的内涵，是社会进步和发展的集中体现。

2.医学价值。苗医药是中国医药的一部分，极富医学价值，为中华民族的医学发展积累了丰富的经验。苗族医师发现了"三千苗药，八百单方"，并对每味草药进行命名，创立了家望、号脉、询问、触摸的"四诊"辨病方法，把疾病分成36症72疾，为中华民族的医学发展积累了丰富的经验。

3.社会价值。苗医以"治病救人，救死扶伤"为准则，治病不分人等，用药小心细致，他们使用的药和治疗方法经济、便宜、实效，帮助病人摆脱看病难、买药贵的困扰，为群众排忧解难，也为政府分忧。

三、中医正骨疗法(新邵孙氏正骨术)(表3-102)

表3-102　中医正骨疗法(新邵孙氏正骨术)

入选时间	2014年第四批
保护单位	新邵县中医医院
编号	IX-6

(一)历史源流

孙氏正骨术起源于湖南民间梅山文化当中的梅山断骨接续术。民国时期，梅山郎中孙孝焜巡游全国，精练医术，练就少林医治骨伤的优秀技艺。学成回乡后，孙孝焜大胆地将所学与本地传的梅山骨伤医术巧妙融合，悬壶济世，医治人民。到后来，成为湘中地区名声鹊起的骨伤名医。新中国成立后，孙孝焜响应政府号召，在新邵县城开设了第一家有一定规模的骨伤联合诊所。孙广生是孙氏正骨术的第二代传人，从小跟伯父孙孝焜学习医术，得到了孙氏正骨法的真传。孙广生从小耳濡目染，有一颗救死扶伤的良心。在孙孝焜去世后，为了弘扬这门优秀技艺，他先后在湖南省卫生干部学校、湖南中医学院、贵阳中医学院、天津医学院深造学习，汲取新知识，融会中西医优秀之处，在创新学习和传承经典的观念下，提出了"形神并重、整体调治、理筋正骨、期位治"的正骨治伤理论。后来，他将手术开放复位、内固定治疗严重移位的关节内骨折、开放性骨折、陈旧性骨折等现代骨伤技术引进。发展至今，孙氏正骨术从骨伤理论上、临床治疗上、组方配伍上，都有全面的理论和实践经验。

(二)主要特点

作为一种起源于民间的医术方式，孙氏正骨术是中华民族传统中医学的体现，是孙氏传人和各级政府原生态传承保护下的一门独特技艺。孙氏正骨术具有广泛的使用性和可操作性，正骨术医生以保守治疗思想为原则，使用推、拉、端、扯等手法正骨手法，辅以内服外敷的祖传药方，用经济便利的方式使患者脱离痛苦，快速恢复身体健康。孙氏正骨法的主要手法有高突复平、碎骨复原、险坑复起、抻摸、推摩、端整、按手、对接、正位、小固定等。其特色孙氏接骨散用药主要有乳香、降真香、藏红花、没药、当归、川乌泡、土整、苏木、麝香、海马、自然铜、地龙、血褐花、大三七、五加皮等。具体治疗中，会因伤者受伤的轻重程度，来酌情用药。

(三)传承价值

孙氏正骨术产生于古"梅山文化"的核心圈——新邵，是神秘的湖湘民间传统正骨伤医术与现代正骨术的有机融合的产物，对研究湖湘文化，揭示梅山医术的科学成分，丰富我国传统的正骨医术具有极大的传承意义。

随堂练习 ▶▶

传统医药的九芝堂现有经典药品(　　)。
A.六味地黄丸　　　B.银翘解毒丸　　　C.逍遥丸　　　D.知柏地黄丸

思考探究 ▶▶

试述传统医药的普遍价值。

第十节　民俗

民俗就是民间风俗，是一个国家或一个民族在社会生产实践里逐步形成并沿袭至今、比较稳定的文化内容。它来自人类社会群体生活生产的需要，在特有的民族、时间和地域不断扩张、变化和形成，劳作时有生产劳动的民俗，日常里有与生活息息相关的民俗，节日中有传统的特色民俗，它蕴藏于民众的生活之中。湖南省国家级非物质文化遗产民俗分类表见表3-103。

表 3-103　湖南省国家级非物质文化遗产民俗类(共 14 项)

序号	项目名称	申报地区
1	端午节(汨罗江畔端午习俗)	湖南省汨罗市
2	炎帝陵祭典	湖南省炎陵市
3	女书习俗	湖南省江永县
4	苗族四月八姑娘节	湖南省绥宁县
5	庙会(火宫殿庙会)	湖南省长沙市
6	苗族服饰	湖南省湘西土家族苗族自治州
7	抬阁(宜章夜故事)	湖南省宜章县
8	抬阁(长乐抬阁故事会)	湖南省汨罗市
9	抬阁(珠梅抬故事)	湖南省涟源市
10	苗族四月八	湖南省吉首市
11	土家年	湖南省永顺县
12	舜帝祭典	湖南省宁远县
13	农历二十四节气(苗族赶秋)	湖南省花垣县
14	农历二十四节气(安仁赶分社)	湖南省安仁县

一、端午节(汨罗江畔端午习俗)(表 3-104)

表 3-104　端午节(汨罗江畔端午习俗)

入选时间	2006 年第一批
保护单位	汨罗市文化馆
编号	X-3

(一)历史源流

农历的五月初五,是中国传统的端午节,它跟中秋节、清明节、春节被称作中国四大传统节日。端午节又被民众叫作龙舟节、重午节、正阳节、端阳节、龙节、天中节等,是对天象的崇敬,是由上古时代祭龙变化而来。端午节原来是南方吴越先民创立的、用于辟邪祈福、拜祭龙祖的纪念日,后来因传闻战国时期,楚国诗人屈原五月五日在汨罗江投江自尽,人们也将端午节作为祭奠屈原的节日。2006 年 5 月,国务院将其列入第一批国家级非物质文化遗产名录,从 2008 年起,端午节被列为国家法定节假日。2009 年 9 月,联合国教科文组织正式批准将其列入《人类非物质文化遗产代表作名录》,端午节是中国第一个成为世界非遗的节日。

(二)主要形式

汨罗江边的端午节主要风俗有吃粽子、赛龙舟、插艾草、喝雄黄酒等,是一套特别、神秘、全面的文化活动。端午节的主要活动朝庙、偷神木、雕龙头、龙头上红、祭龙、龙舟下水、唱赞词、祭屈等都有特别的文化价值和神秘的仪式感。民间还流传诸多端午歌谣如"宁荒一年田，不输五月船"等。回娘家、观龙舟、辞端阳等都有浓厚的地方色彩。在汨罗江畔，端午节是隆重的纪念日，通常从农历五月初一起到十五日结束，整个节日活动具有普遍的群众性、悠久的历史性、丰富的多样性、浓郁的地域性、参与的积极性和深远的感染力。公元424年颜延之的《祭屈原文》、公元6世纪初吴均的《续齐谐记》及《荆楚岁时记》《隋书·地理志》等均有对上述文化习俗和文化景况的描写。

(三)传承价值

端午是一个值得关注的文化记忆，屈原在汨罗江沉沙自尽后，端午节被赋予了悼念屈原的含义。自此，文人墨客多有以端午为题材的诗词歌赋，汨罗江也被称赞为"蓝墨水的上游"。端午节及其文化内涵影响深远，遍布全球，很多国家和地区特别是东南亚国家和地区也有庆贺端午的相关活动。"汨罗江畔端午习俗"则受到了世界的关注。自20世纪80年代以来，每逢过端午，全球各地的新闻媒体都会大篇幅专题报道端午节，美国、英国、韩国等多家电视台还用专题形式向世界推广、介绍龙舟竞渡活动，向世人展示了屈原、屈子祠和汨罗江的文化内涵。

二、炎帝陵祭典(表3-105)

表3-105 炎帝陵祭典

入选时间	2006年第一批
保护单位	湖南省炎陵县文化馆
编号	X-33

(一)历史源流

中古时节，炎帝驾崩南方。炎帝陵地处湖南株洲市炎陵县，炎帝陵祭典是纪念中华民族先祖炎帝的重大祭祀典礼。炎帝陵祭祀在黄帝时起源，汉唐时期兴起，明清时期定制。经历历朝历代的时代沉淀和传承，这一古老且经典的文化式样，不管是标准、内涵，还是式样、仪程，都形成了严格规范和完备的传统规制。

(二)主要形式

炎帝陵祭典分为官方祭祀和民间祭祀两种。民间祭祀日常不断，自古以来连绵不绝，香火旺盛，持续到现在。港澳台胞、海外华人赴炎陵祭祖，不拘规模，不究时节，成为一种常态。官方的公祭、告祭也从过去沿袭至今，元、明、清的祭祀活动从没中断过。中华人民共和国成立以来，特别是改革开放以来，炎帝陵祭祀愈发受到全球华人的关注，祭祀规模也越来越盛大。1989年炎帝陵重修竣工之后，湖南省各级政府、各界举行的大型公祭活动，一般是春季清明节或秋季国庆节前后，在帝陵殿前举行。祭典仪程庄严隆重。炎帝殿上陈设为豆类、谷、鲜活中草药、鲜果。吉日吉时，主祭、陪祭和参祭人员都各自佩戴胸花，经仪仗队引导，步行到朝觐广场；锣鼓、角号齐鸣，龙狮腾舞，鼓乐齐奏《大开门》，开启午门；队伍由花篮引导，依次由午门入；至行礼亭敬香、三鞠躬，然后肃立恭候；九时九分，祭祀仪式开始；主祭人就位；鼓九通，金九响；鸣炮、奏乐；敬献贡品(五谷、三牲、鲜果)、花篮；向炎帝神农坐像三鞠躬；主祭人恭读祭文；焚帛书；鸣炮、奏乐、礼成。仪式结束后全体谒陵。

(三)传承价值

炎帝是中华民族的始祖。祭祀炎帝被广大中华儿女当作寻求民族认同、期盼国家统一、抒发家国情怀的重要手段。举办炎帝陵祭典，对于凝集民族感情、维护民族关系与促进国家统一都具有非同一般的意义。

三、女书习俗(表3-106)

表3-106 女书习俗

入选时间	2006年第一批
保护单位	江永县文化遗产保护中心
编号	X-69

(一)历史源流

1982年武汉大学的宫哲兵教授在湖南省江永县发现了江永女书，女书又叫女字，据调研，江永女书过去流行在湖南省永州市江永县及其毗邻的道县、江华瑶族自治县的大瑶山和广西部分地区的女性之间。女书产生于汉代，是一种经女性发明、在妇女中流传的、举世无双的女性文字符号体系。女书来源于方块汉字，是方块汉字的演变和创新，女书的字形虽然参考汉字，但两者有明显的区别。通过调查研究，女书的基本字有1000余个。外形上，女书字呈"多"字式体势的长菱形，左下低右上高，斜体修长，秀美清丽，粗看有些像甲骨文字，细看却有很多熟识的汉字。女书是音节表音文字，基本每个字对应一个音节。日本著名的中国文化学家户奇泽然在探究日本片假名时发现，它与中国女书极为相似，有中国女书的形状。

(二)主要形式

从前当地很多有才华的深情女性采用这种男性同胞不认识的女书互相诉说心事、倾诉心声，还将它刻画、戳印、刺绣、书写在书、扇、纸、巾上。目前，相关专家已收集到20万字左右的女书作品，其中大部分是歌体，具有美学价值。据对女书的载体具体研究发现，写在纸张上的女书，四个角上大多配有花纹；写在纸扇上的，大多绘制了花鸟图案；织造在毛巾手帕上的，大都是细致魅力的纯手工艺品。尽管承载方式不一样，但女工字体都有着秀美清丽、字形独特、意蕴深长的特点。它的内容多是描写当地妇女的日常生活，包括女红、三朝书、坐歌堂、农事歌、婚礼贺、儿歌等，它的目的多是用来结婚回门、记录日常、亲友通信、结识姐妹等，而文章题材大都是七字韵文。

(三) 传承价值

"女书"对于研究世界文化起源、文字发明创造、女性文化内涵等都有非凡的作用,在社会学、人类学、语言学、民族学、文字学、民俗学、考古学等多个方面,都有不可小觑的价值。它是一种从古流传至今的别具韵味的女性文化的体现。从前,女书多作为殉葬品被埋葬或焚烧,仅有很少一部分被保存下来,因此留存至今的作品并不多。目前,"中国女书文化抢救工程"已经启动,女书重新焕发生命力。自1983年江永的"女书"被世人知晓开始,全世界都被惊动并开始关注。永州市踊跃采取措施保护和拯救女书文化,通过建设女书博物馆、建立女书文化村、创新发展女书工艺品来弘扬女书文化产业,使女书得以发展,重现活力。

四、苗族四月八姑娘节(表3-107)

表3-107　苗族四月八姑娘节

入选时间	2008 年第二批
保护单位	绥宁县文化馆
编号	X-77

(一) 历史源流

农历四月初八是苗族的姑娘节,苗族姑娘节民俗主要在湖南省绥宁县地区盛行,据当地人说,是为了纪念女英雄杨八妹。据说北宋期间,大将杨文广奉旨平蛮,打了败仗后被朝廷奸臣诬陷,被困狱中,亲友探监带去的食物被牢里官兵和其他犯人抢光。杨文广的妹妹杨八妹想了一个办法,施药草把白色米饭做成乌米饭,这样别人就怕饭有毒不再抢食。杨文广也因为妹妹的办法吃饱了肚子,恢复了体力,在农历四月八日的晚上,兄妹里应外合越狱逃走。听闻演化至今,成了苗族时代传承的传统纪念日。

(二) 主要形式

姑娘节过去以让出嫁的姑娘回门探亲为主,现演变为一个全族欢喜庆祝的节日。这期间的主要活动有祭奠神灵祖先、接嫁出去的女儿回娘家、舞龙舞狮、祭狗祭牛、赶菜、舂糍粑、吃黑饭、山歌堆场、吹木叶、跳傩舞、爬藤、抬阁抬故事、跳花跳月等,其中吃黑饭和祭祖是最主要的活动,表现出苗族尊崇女性的特别风习。唱歌以感叹自然、歌颂祖先、男女情感、传播杨家兄妹传说故事为主。活动里运用的牛皮鼓、芦笙、铜锣、琵琶、唢呐、竹笛洞箫、蛇皮琴等物件绝大部分都是取材于身边,是由苗族的能人巧匠们自己制作。姑娘节活动除了这些,还会用到五彩狮、傩面具、纸扎花、裹衣、傩刀等物件。姑娘节已经深刻融入苗族群众的日常生活中。

(三) 传承价值

苗族四月八姑娘节彰显了苗族人民的智慧,存留了大量从古流传至今的民风民俗、祭祀仪式和文化内涵。这对于传播少数民族文化、维系民族团结、增进文化认同、凝聚民心,有着不容小觑的影响力。

五、庙会（火宫殿庙会）（表 3-108）

表 3-108　庙会（火宫殿庙会）

入选时间	2008 年第二批
保护单位	长沙饮食集团火宫殿有限公司
编号	X-84

（一）历史源流

建于明万历五年（1577）前的火宫殿古时又叫乾元宫，距今已有 430 余年历史，是敬奉火神祝融的神殿。据传公元前 26 世纪到公元前 21 世纪，帝喾任用独立管理火源的火官，因祝融管理火源有道，为了怀念和感谢他，在长沙坡子街建立了火神庙。长沙火宫殿火神文化由来已久，古时主要殿宇有火神庙、弥陀阁、财神庙、普慈阁等建筑，面积六千多平方米。抗战时期一场文夕大火，所有殿宇毁之一炬，直至民国三十年（1941）重修，当时只恢复了火神庙堂。中华人民共和国成立后，市场经济发达，饮食业日渐繁荣，火宫殿逐渐成为以湖南小吃闻名世界的场地。2001 年来，长沙市相关部门投入专项资金恢复其旧貌，重现传统。火宫殿火神庙会是一个有地方特色的文化活动，它将宗教信仰、文化交流、民间技艺、休闲娱乐融为一体。

（二）艺术特色

火宫殿庙会民俗活动由来已久。新中国成立后，每到春节、五一、国庆等节日都会举办。2013 年长沙火宫殿开始举办庙会。由于其独特的民俗性，火宫殿庙会逐渐传承为中南地区最有代表性的大规模活动之一。它深受市民和游客欢迎，是长沙悠久历史民俗文化的一张名片。火宫殿庙会时间一般是从南方小年（农历腊月二十四）开始，持续到正月十五元宵节，一起设立了七项主要活动，启动仪式之后，有美食庙会、文创庙会、潮拍庙会、嗨唱庙会、视觉庙会、欢喜庙会六项主要活动，各类经典民俗文化、新潮时尚节目在线上和线下同时展现，十分热烈。

（三）传承价值

民以食为天。近百年来，湖南省有接近 100 座火神庙消失，只有火宫殿得以保存和发展，其根本原因除纪念保民平安的火官外，也在于火宫殿具有独特的美食文化。抗日战争时期，延安五老之一徐特立在火宫殿作了抗日救国十大纲领的演讲；文艺工作者田汉常在火宫殿同朋友联络感情；党和国家领导人毛泽东、彭德怀、叶剑英、王首道、王震、胡耀邦都曾光临过火宫殿；1973 年 5 月，数学家华罗庚在火宫殿开展了时长达 1 个月的"优选法"测验；1975 年著名音乐大师谭盾，曾为《毛主席视察火宫殿》配乐诗朗诵作曲；火宫殿先后招待过多国的政界官员；全世界多个报纸杂志都先后在突出位置刊登介绍火宫殿的风味小吃的文章。1958 年4 月 12 日毛泽东主席视察火宫殿并试吃了风味小吃，他连声称赞："火宫殿臭豆腐闻起来臭，吃起来香。"

六、苗族服饰（表3-109）

表3-109　苗族服饰

入选时间	2008年第二批
保护单位	湘西土家族苗族自治州毕果民族服饰研制中心
编号	X-65

苗族服饰

（一）历史源流

湘西地处湘渝黔鄂交界区，古称"五溪蛮地"，目前主要有苗族、瑶族、土家族、侗族等少数民族，其中苗族占湘西人口的绝大部分。明清以后，政府全面施行废土官、改派朝廷流官的"改土归流"政策，汉民族文化对湘西苗族衣饰文化产生了猛烈影响，苗族服饰在各种文化的融合和交流中碰撞出火花，在继承传统之中不断创新，催生了光彩夺目的苗族服饰文化内涵，彰显出优秀苗族传统文化的社会属性。湘西服饰有颜色绚丽、图纹活泼、古朴自然等特征，是湘西少数民族文化的象征。它的传承和发展依照苗族民众的日常需求，经过大众审美筛选，逐步成为有着独特风格的文化象征。湘西苗族服饰通过手绣、织造、印染等高超的技艺，打造出漂亮的衣服、精美的银饰，展现出别具一格的民俗文化特征。

（二）艺术特色

1.服饰颜色图案丰富多彩。湘西苗族民众欣赏美、推崇美、追逐美、制造美，他们将对美的喜爱之情发挥在自己的衣饰上，在衣服的衣襟、围兜、袖口、裤脚、背裙等处都绣上各式各类巧妙的纹样和图案。湘西苗族服饰的纹样图案，大致分为动物纹、几何纹和植物纹，这些纹样图案生动活泼，颇有用意，呈现了苗族民众对美好日子的追求和对幸福生活的渴望。在颜色的运用上苗族服饰也颇为讲究，十分敢用。据记载，秦汉时期的苗族人就好"五色衣服"，这表明，苗族人自古以来就喜欢五彩斑斓的衣服和饰品。

2.服饰制作工序复杂讲究。苗族服饰是苗族文化的精髓，是富有民族文化的内涵艺术品。制作苗族服饰的工序非常复杂，从布料选择和加工到纹样的设计再到色彩的构成，每一步都需要用心才能完成一件精美的衣服。苗族服饰是苗族文化的"活化石"，服饰上的图案纹样表明了苗族历史的悠久和文化的璀璨。

（三）传承价值

随着中国经济和科技的发展，很多优秀传统文化在社会发展的进程中被忽略甚至面临消失，苗族服饰也不例外。苗族的年轻人的欣赏水平也随社会和时代变化，对传统苗族服饰不再有太深的情感，取而代之的是现代感强的潮流时装。另外苗族服饰的生产过程较长、工序复杂，在快节奏的现代社会，这些都不利于它的传承和发展。苗族服饰的现状岌岌可危，为了保护和传承这一优秀苗族文化，我们应该采取政策引导、财政支持等手段。具体可以在对苗族服饰制作工艺的传承人身上着力，让他们带学徒、建班子、创新发展苗族服饰制作工艺；还可以把苗族服饰制作技艺引申进课堂，在中小学推介这一优秀传统的文化，在高等院校建立科研平台研究苗族服饰的保护和发展。

七、抬阁(表3-110～表3-112)

抬阁,又叫擡阁,是以神话传奇和历史故事为内容,将绘画、戏曲、彩扎、纸塑、杂技等艺术糅合的传统民俗活动形式。抬阁有很多种,全国各地的抬阁艺术形式各不相同,有着地方特色。抬阁雏形是起源于民间的祭祀神灵的活动,后来随着时代的进步、经济的繁荣、文化的稳步发展,人民觉得原来祭祀神灵的活动不丰富没气场,所以对其做了一系列修改。现在的抬阁跟以前相比,在形式编排上更具民间文艺的特性,有相当的活动规模和独特的样式。湖南省有宜章夜故事、珠梅夜故事和长乐抬阁故事会被列入国家级非物质文化遗产名录民俗类。

表3-110 宜章夜故事

入选时间	2011年第三批
保护单位	宜章县文化馆
编号	X-87

(一)历史源流

抬阁(宜章夜故事)是流行于湖南省郴州市宜章县的传统民俗,是一种有着近两百年历史的民俗文化活动。宜章夜故事活动时间在农历正月初一至正月十五,以元宵节为高潮日,将民间传说、神话故事、戏剧人物等汇聚于一个抬桌上,运用化妆、服饰、道具、布景和音乐等戏剧表现手法,对定格的人物进行装扮,然后由两人或四人抬起巡游,令人观其形而会其意。也有用马、轿、车、棚装扮的"走故事",边走边表演,多以单户为单位装扮,也有多户联合装扮的形式。故事巡游爆竹轰隆、灯火辉煌、锣鼓喧天。宜章夜故事作为一种传统的民俗活动,由于它的广泛参与性、便宜性和喜庆特色,深受当地人民群众的喜爱。

(二)艺术特色

宜章夜故事,主旨明确,内容积极,保留了传统民俗、民风。在形式和题材上,神话故事有二十八宿、八仙过海、嫦娥奔月、天仙配、劈山救母、龙官借宝、哪吒闹海、唐僧取经、牛郎织女、观音坐莲等;戏曲故事有桃园结义、孔明借箭、穆桂英挂帅、五虎平南、白蛇传、空城计、平贵回窑、打渔杀家等;民间故事有蛤蚌精、张古董磨豆腐、毛国尖打铁锹、西巴烂抖碓等;现代故事有刘胡兰、阿庆嫂、杨子荣、董存瑞、智取宜章等;时新故事是将十二生肖拟人化,随年变化,如亥年则有"金猪贺春",午年则有"骏马奔腾"等。

(三)传承价值

宜章夜故事是一种简单、易为的群众性文化活动,故事主题、内容都是大众熟悉的,故事道具是现有现取、就地取材,故事服装则由缝纫师制作或购买成品。所以,只要是有激情、有思维能力的人或是稍有活动能力的家庭都可以举行"宜章夜故事"。宜章夜故事一看就会,无须专门拜师学艺，只要有人操心劳神就行，其承传方式也是一代接一代依照着往下传递。

表3-111　长乐抬阁故事会

入选时间	2011 年第三批
保护单位	汨罗市文化馆
编号	X-87

(一)历史源流

汨罗地处湖南省岳阳市。战国时期著名文学家屈原自尽于汨罗江，至今这里还有屈原墓、屈子祠等祭奠屈原的建筑。汨罗不仅因屈原而出名，在长乐还有一个有着近 2000 年历史的文化活动——抬阁(长乐抬阁故事会)。长乐抬阁故事会起源于隋唐时期，兴盛于明清时期，是经闹花灯演化来，融惊险、奇巧于一身的传统民俗活动。长乐抬阁故事表现的主要内容有历史、文学、地理、天文、表演、彩绘、民情、时代精神等，是一项特别的、传统、神奇的艺术形式。每年新春期间，汨罗的故事会队伍在长乐街用创意、技艺和人气，互相比武、决一胜负，引四面八方群众前来观看。长乐抬阁故事会成为汨罗人的盛事，传承了千年。

(二)艺术特色

长乐抬阁故事会特色是以历史故事、典型事件的突出人物、画面为镜头，通过人与道具的结合，配以横竖牌匾、会旗、油筒、彩旗、彩灯、威风锣鼓、乐队等，再配以玩龙(彩龙、火龙)、舞狮、采莲船、腰鼓等，通过上、下街的一来一往对垒，以形式来吸引观众。其表演的核心在一个"比"字上。他们比内容、比形式、比构思、比排场、比力量、比消息灵通程度、比反应速度……几乎把能比的一切都拿来比。

(三)传承价值

有着千年历史的长乐抬阁故事会，曾因战争和其他原因中断过几次，但在这充满生机的土地上，这项民众共同参与的民俗并没有因此遗失。在国家政府的支持下，在当地非遗传承人的引领下，它愈发绽放出生命力。

表3-112　珠梅抬故事

入选时间	2014 第四批
保护单位	涟源市文化馆
编号	X-87

(一)历史源流

抬阁(珠梅抬故事)是传承于湖南省中部地区一项具有影响力的民间传统活动，也是在特定的历史氛围中产生的一种文化现象。历史上，"抬故事"活跃在安化大部分地方、毗邻的新化、新邵等地。今天，"抬故事"活动的区域大为缩小，仅限于源市的龙塘乡、伏口、湄江、桥头河、安平等地。珠梅，俗称"珠梅田凼"，位于南岳七十二峰的余脉，是"梅山蛮地"的一部分，相传曾被九黎之首蚩尤视为一块宝地，地处今湖南省涟源市龙塘乡。

(二)艺术特色

珠梅抬故事是从故事中选择人物角色，又以人物角色来表现故事。在人物的选择上，注重把惩恶扬善作为主要标准，只有大家都认同的神灵、贤人、有功之臣和英雄人物，才能入选。珠梅抬故事的主要人物有神话传说里的人物、民众尊崇的帝王、战功显赫的英雄人物等。珠梅抬故事是一种古老的民俗杂戏表演，一般是穿着戏服的小孩站在抬起的四方平台上演出各种故事，故事内容多种多样，表演形式十分独特。一个桌子就是一个舞台，一个造型就是一个故事，所以称"抬故事"。珠梅抬故事是群众自发的表演活动，演出的组织具有流动性和民众性。

(三)传承价值

1.文化和艺术审美价值

珠梅抬故事作为一种传统民俗活动，它相对全面地留存了湖南中部地区的民风民俗，是研究湖南中部地区民众生活和思想的重要根据，对于探究"梅山文化"和湘中民俗文化有非同一般的作用。珠梅抬故事所采用的道具和服饰都十分出众，充分展现了它较高的艺术审美特性，表现出浓厚的民间艺术气质。

2.娱乐价值

珠梅抬故事是全民参与的民俗文化活动，它可以供民众娱乐，它的魅力在于可以吸引民众、使民众在观赏活动的同时调节情绪、心情愉悦。

3.健身价值

珠梅抬故事的演出还掺有舞龙耍狮的活动，对于演职人员，尤其是扛抬"故事"的工作人员来说，有强健身体的作用。

八、苗族四月八(表 3-113)

表 3-113 苗族四月八

入选时间	2011 年第三批
保护单位	吉首市非物质文化遗产保护中心
编号	X-77

(一)历史源流

苗族四月八节是苗族民众欢聚一堂的大日子，中国各地苗族地区都十分推崇这一节日。苗族四月八节起源于祭祀活动，祭神灵、祭先祖、祭英雄。随时间变化，节日活动慢慢推出了歌舞表演和情感交流，内容式样越来越多。四月八当天，从各地赶来的苗族男男女女们身着隆重漂亮的苗族服饰，涌入歌场，深情欢快地对唱苗歌。苗族四月八节展现了苗族传统民俗文化特征，对研究苗族的历史、民俗具有非凡的意义。

(二)主要形式

苗家四月八节日的主要活动内容有赶歌场、跳苗鼓、跳月等。唱苗歌几乎占据活动的全部。苗歌有高腔、平腔两大声腔，它的主要内容是苗族历史传说、日常生活、风土人情风俗等，彰显了苗族人民用歌传递感情、用歌记录生活、用歌愉悦生活的特性。苗鼓舞的表演也是苗族四月八节的主要内容，分为猴儿鼓舞、生活鼓舞等形式，按参与的人数可分为单人鼓、双人鼓、多人团圆鼓舞等，鼓舞大多在"跳月"时演出。

(三)传承价值

苗家四月八是苗族人民的隆重的纪念日，参加的苗族民众千千万万，融歌舞于一身，不同于其他民族，它极富民族特性。苗族四月八节增强了民族意识，增进了民族凝聚力，对于促进民族和谐有重要意义。它是中华少数民族文化的承载，同时又能起到传统文化的教育作用。保护湘西苗族四月八节日文化遗产，有着重大的历史价值、学术价值、教育价值和群众文化活动价值。

九、土家年(表3-114)

表3-114　土家年

入选时间	2011年第三批
保护单位	湖南永顺县文化馆
编号	X-128

(一)历史源流

土家年是土家族的纪念日，又叫"过赶年"，意思是赶在汉族过年的头一天(腊月二十九)完成，小年在腊月二十八。土家年主要流传在湖南省永顺县和云贵高原山脉的湘、鄂、渝、黔五陵山地区土家族聚集地，每个土家族人对于土家年都有深深的感情。土家年的由来有许多传说。一种说法是在明代嘉靖年间，东南沿海一带经常受到外族侵袭，统治者不得不在年关时节征集士兵抵御外敌。当时正值过年关头，要按时到达战场，那就要在过年前就启程，为了让即将奔赴战场的将士过年后再出发，土家族人提前过年。后来士兵打败外敌，战绩斐然。后人为了纪念赫赫战功，之后都提前一天过年，并将这种风俗慢慢承袭至今。另一种说法是土家族先祖并不富裕，提前一天过年是为了躲避债务，到过年当日，别人上门追债，他们已躲进山中，家里空无一人。提前一天过年，成了土家族的风俗。

(二)主要形式

土家年的活动形式多样，土家年的主要活动是祭奠先祖，有家祭和众祭。众祭由土家族有声望的老人主持，在调年坪进行，后辈磕头，祭祀完毕由主祭人卜筮，祈福愿先人庇佑后代。家祭是在每家自己的堂屋举行,家中设立的供桌上,摆有鲤鱼、猪脚和猪头,敬奉自家先祖。除此之外,还有做年饭、办年货、走访亲戚、跳摆手舞、唱梯玛歌等,是土家族人民的一项盛事。

(三)传承价值

土家年民俗,对于探究土家族文化和历史具有非常重要的意义。土家人的过年风俗,展现了土家族人的观念、情趣和思想,也反映出土家族人对恶势力的斗争,和对美好生活的向往。

十、舜帝祭典(表3-115)

表3-115　舜帝祭典

入选时间	2011年第三批
保护单位	宁远县文化馆
编号	X-132

(一)历史源流

四千余年前,父系氏族社会晚期的舜,是中国氏族社会后期部落的领袖。舜又叫虞舜,姓姚,名重华,字都君,冀州诸冯(今永济市张营乡舜帝村)人。传说,舜帝受尧帝禅让,继承帝位之后在蒲坂(即今永济)建都,是"三皇五帝"中的一位明君。舜帝陵地处湖南省宁远县九嶷山,是我国目前考古发现的历史最悠久、规模最浩大的"三皇五帝"陵墓古迹,是中华儿女祭奠祖先的胜景。舜帝祭典活动始于夏朝,主要在湖南宁远县,日久岁深,颇具影响力。据《史记》记载:"舜南巡狩,崩于苍梧之野,葬于江南九嶷,是为零陵"。

(二)主要形式

舜帝祭典仪式分为民间祭祀和官方祭祀两种形式。舜帝祭典官方祭祀活动历史悠久,历朝历代祭拜从未间断。时间上一般分为每年两祭,分别是农历的二月和八月上甲日,现在大多在农历八月十二日的舜帝生辰日进行。舜帝祭典官方活动传承演化到现在,主要是公祭大典。整个祭祀仪式分为迎宾仪式、导引仪式、祭典仪程、瞻仰仪式、谒陵仪式和祭文碑揭碑仪式。祭祀仪程有鸣金、击鼓、鸣炮、敬供品、献花、行礼、乐舞告祭、敬香、献酒、盥手、上香、读祭文、焚帛书、礼成。每到官祭,都有专人篆刻祭文,在陵园内立碑,以告民众。

舜帝祭典的民间祭祀,大都是家庭和民间团体的祭祀活动,祭祀日期没有规定。除开清明节和舜帝诞辰,日子由主祭人自行选择。民间团体的祭典仪式大多参照各地的祭祀议程举办,有进香、摆祭酒、敬供品、念祭文等,仪程进行中还配有民间音乐。以家庭为单位的民间祭典主要是进香、叩首拜礼,还宰杀牲禽敬奉舜帝。

(三)传承价值

现在的舜帝祭典大都以"尊祖爱国、传承文明、凝聚人心、促进发展"作主题,祭典议程既存留了经典的祭典程式，又增加了现代性的献花篮、行鞠躬礼、文艺表演等活动内容。近些日子，越来越多的中华儿女都前来舜帝参与祭典，使舜帝祭典逐渐成为一项民族性的悼念活动。

十一、农历二十四节气(苗族赶秋)(表3-116)

表3-116　农历二十四节气(苗族赶秋)

入选时间	2014年第四批
保护单位	花垣县非物质文化遗产保护中心
编号	X-68

(一)历史源流

农历二十四节气(苗族赶秋)是湘西苗族目前已知的最古旧的经典社交礼仪活动之一，其中以湖南省花垣苗族赶秋活动最为热烈。苗语的赶秋叫作"赶场秋"，汉语是"秋场"。立秋这日，苗族人民穿着隆重的苗族服饰，从四面八方赶来共同庆祝。秋收时节，庄稼成熟，丰收有望，苗家年长者带着闲情逸致，开心赶秋；青年男女，访友寻情。苗族赶秋是苗族民众庆祝收获的纪念日，也是苗族青年男女进行社交的日子。以前，赶秋活动是由村寨轮流承办，现在多由乡镇或者县区举办。时至今日，每年的秋场上依然十分热闹，人来人往。历经多年，苗族赶秋成为当地民俗。

(二)艺术特色

苗族赶秋主要有接龙、鼓舞、拦门酒、打八人秋、耍龙舞狮、苗族绝技、对歌等形式。它集合了舞蹈、体育、武术、音乐等多门民俗民间艺术，并利用这些传播传承苗族传统优秀文化、增进苗族人民的团结和谐。这些丰富的表现形式决定了苗族赶秋具有风格独特，内容多样、民族性浓厚、综合完整等特征。

(三)传承价值

苗族赶秋作为苗族目前存有最古旧的民族传统文化形式之一，留存了许多崇尚自然、崇拜图腾、尊崇先祖的内容，是五彩斑斓的民俗民风文化形式，彰显了苗族文化的独特性。绘声绘色的民间神话，朗朗上口的苗族古歌，赏心悦目的苗族绝技，是传承和弘扬民族文化、振奋民族精神、凸显民族特色的载体。

十二、农历二十四节气(安仁赶分社)(表3-117)

表3-117　农历二十四节气(安仁赶分社)

入选时间	2014年第四批
保护单位	安仁县文化馆(非物质文化遗产保护中心)
编号	X-68

（一）历史源流

安仁县地处湖南省郴州市的北边、湖南的东南部，东边跟炎陵接壤。安仁赶分社起始于汉代，兴于唐朝，盛于宋代，是以祭祀药王神农为主要内容，以中草药贸易为主体的贸易集会。据说，神农率领八位随从前往安仁豪山，尝遍百草，并教民众在田野耕作。神农深入山林摘药，为民医病，受到人民的喜爱。为了纪念神农，人们在神农采药的地方建了九龙庵，在神农休憩的地方设了香火堂，在神农晒制草药的地方"南门洲"每年一度举办的集会。

（二）主要形式

1. 祭祀。春分节这天，祭祀在神农殿或药王庙举行，分官方和民间两种方式祭祀。人民祭祀神农以求社会吉祥平安、农作物丰收、生活美满。长年累月的祭祀演化成一套固定的仪式：打供、鸣炮、起乐、献谷草、上香、供三牲、读祭文。

2. 集会。民众参加祭祀活动后，互相走亲访友，聚在一起交流日常、谈天说地，互相祝福来年庄稼有好收成。如此一来，赶分社成为人们每年欢聚庆祝的重要活动。

3. 交易。安仁民众很早便开始在"赶分社"时期进行物资的兑换和交流。民众聚集在一起进行田间农具、日用家具以及中草药材的贸易活动。

（三）传承价值

在安仁赶分社民俗活动里，祭奠神农和崇拜土地是必不可少的。人们在这几天，通过活动集聚在一起，表现晚辈对祖先的悼念，富含感情。所以说安仁赶分社对维护民族情感，推进民众对国家认同感有重要影响。它的历史价值、民俗价值、医药学价值、文化价值都值得人细品。

随堂练习 >>

端午节的主要习俗有（   ）。
A.赛龙舟   B.吃粽子   C.插艾挂菖   D.喝雄黄酒

思考探究 >>

了解一项民俗并探究其现实意义。

第四章　非物质文化遗产的政策法规

第一节　非物质文化遗产法律保护的原则与类别

一、非物质文化遗产法律保护的原则

(一) 人本原则

建立具有中国特色的法律制度与以人为本的思想密不可分。以人为本是法律制度中的一项原则，要求我们尊重人性，在平等的基础上保护每个人，并在立法、执法中重视人的价值，在尊重和维护的前提下实现人的价值。以人为本在我国社会主义现代法治建设中具有重要意义，对社会发展和法治进程有不可或缺的作用。"以人为本的法律观以人的全面发展和人民根本利益为出发点与落脚点，以保障人权为根本目的，要求法律要合乎人性、尊重人格、体现人道、体恤人情、保障人权。"非物质文化遗产的法律保护是建立在以人为本的原则基础上的，也符合社会和谐与人文价值观念。

非物质文化遗产的特征之一是非物质文化遗产的生产和发展与人类的生产和生活活动密不可分。因此，以人为本是非物质文化遗产法律保护的首要原则。在规范非物质文化遗产的法律保护中，重要的是要从以人为本的原则出发，以人文精神为准则，以人民的需求为指导。在保护非物质文化遗产方面，尊重人民和协调利益关系可以指导人民并激发他们积极参与。非物质文化遗产是从群众中产生的，其继承和保护不能与群众分开，要注意引导群众参与，合理制定法律以服务人民，引导人民参与非物质文化遗产的保护。

非物质文化遗产的人本性决定了必须公众参与才能做到。实际上，大多数非物质文化遗产是在人民中间产生或活跃的。没有当地人的积极参与，就不可能保护许多与当地人的生活密切相关的非物质文化遗产。吸引公众参与非物质文化遗产的保护要求我们重视法律宣传，树立保护非物质文化遗产的中心思想，依靠公众参与解决对政府行为的监督问题，从而实现更有效的法律保护。

(二) 科学性原理

非物质文化遗产的法律保护需要遵循一定程度的科学依据。首先，非物质文化遗产的定义和分类要科学，即应根据法律保护的目的对非物质文化遗产的保护进行科学的分类，并界

定法律保护的对象,以便实现有针对性的保护。如果没有科学论证的定义,由于保护对象的不同,非物质文化遗产的保护方法就不确定,具体的法律保护实践也会发生变化,不能真正做到有针对性。其次,按照科学原则对非物质文化遗产进行分类,根据不同的类别选拔专业人才、吸引各类专业人员在非物质文化遗产保护的各个方面发挥应有的作用,从而收集各种非物质文化遗产的形式应受到法律的科学保护。

(三)平等重视文化价值和经济价值的原则

非物质文化遗产作为一种宝贵的人力资源,在人类社会发展的不同阶段、不同地区保存着价值和人类智慧,并具有不可替代的文化价值。同时,在市场经济条件下,非物质文化遗产的文化价值也可以转化为经济价值。因此,在非物质文化遗产的法律保护中,应重视对非物质文化遗产的保护、利用和开发,从而实现两者的有机统一。世界各国高度重视非物质文化遗产的经济和文化价值,并积极探索,我国也不例外。对于非物质文化遗产的开发利用,我们只要以科学原则为指导,确保对非物质文化遗产的有效保护,就有利于非物质文化遗产的保护。当然,如果不放眼未来,只是保护而不充分开发和使用,那么这种保护就不可能持久。对非物质文化遗产的开发利用和对非物质文化遗产经济价值的深入探索,有力地推动了当代文明的进步,将非物质文化遗产的保护与非物质文化的开发利用结合起来。

二、非物质文化遗产法律保护的类别

非物质文化遗产法律保护包括行政法、刑法、知识产权法、著作权法、商标权法、专利法等。

(一)行政法

1.非物质文化遗产的普查制度

《非物质文化遗产法》的颁布是我国非物质文化遗产保护工作有了重要进展的里程碑。这部法律确立了非物质文化遗产调查整理工作的相关规范。

非物质文化遗产的普查是指对所有的非物质文化遗产进行调查,分别登记和记录建档。非物质文化遗产的保护第一步往往是国家有关部门通过对全国或地区的非物质文化遗产进行普查并予以登记记录、编制档案,这些资料和数据是国家制定非物质文化遗产保护的相关政策和措施时极为重要的依据。对非物质文化遗产进行普查也是保护有灭失危险的非物质文化遗产的重要手段,有必要对非物质文化遗产普查制度进行规范,对非物质文化遗产普查的原则和方法以及非物质文化遗产普查范围等均进行明确,并明确责任主体和相关权利义务。通过非物质文化遗产普查,建立相关的非物质文化遗产数据库,对社会公众了解非物质文化遗产提供便利,且有利于非物质文化遗产的传播和利用,也有利于吸引广大民众参与到非物质文化遗产保护中。

我国《非物质文化遗产法》第12条、第13条规定,文化主管部门和其他有关部门进行非物质文化遗产调查时,应当对非物质文化遗产予以认定、记录、建档,建立健全调查信息共享机制。文化主管部门应当全面了解非物质文化遗产有关情况,建立非物质文化遗产档案及相关数据库。除应当依法保密的资料外,非物质文化遗产档案及相关数据信息应当公开,便于公众查阅。

2.非物质文化遗产的名录制度

非物质文化遗产多种多样，对其保护因为存在一定的复杂性亦存在差异，所以世界各国在本国各方面资源有所限制的条件下，对非物质文化遗产的保护是不可能同等进行的。所以在对非物质文化遗产进行普查的基础上，对具有重要文化价值和有灭失风险的有一定价值的非物质文化遗产给予重点保护，这就需要建立非物质文化遗产名录制度。非物质文化遗产名录制度是对非物质文化遗产进行有效保护的主要制度。在保护非物质文化遗产的时候，突出重点、建立非物质文化遗产的名录制度是很重要的一步。建立名录后，依据名录制度来对非物质文化遗产进行分类评定，对纳入名录的非物质文化遗产给予主要保护。

日韩等国早在20世纪五六十年代就开始建立非物质文化遗产名录体系。在国际层面上，《世界遗产公约》的起草过程中，曾经对是否建立世界遗产名录体系的问题展开过热烈讨论。一开始，各公约代表团没有考虑过建立世界遗产名录的问题。所以在1969年，政府间专家会议都认为，为具有普遍性价值的世界遗产建立国际名录体系毫无益处。当然，仍然有部分与会者认为，建立濒危不可移动遗产的"有限名录"有助于改变世界范围内关于遗产的看法。直到《世界遗产公约》通过前不久，由于美国政府坚决主张建立世界遗产名录体系，作为换取美国支持该公约的交换条件，该公约草案才增加了有关名录体系的内容。1972年，教科文组织大会在巴黎举行第十七届会议，通过了《世界遗产公约》。1976年，教科文组织成立了保护世界文化和自然遗产政府间委员会，即"世界遗产委员会"。根据《世界遗产公约》的规定，委员会应当制订、更新和出版一份《世界遗产名录》，每两年分发一次并在必要时制订、更新和出版一份《濒危世界遗产名录》，物质文化遗产的保护从此进入名录时代。《世界遗产名录》推出以后受到了各国的高度重视，在世界范围内获得了极大的成功，它不仅是保护世界遗产的重要方式，也是教科文组织宣传文化保护的重要手段。被列入《世界遗产名录》的世界遗产，会得到全世界的共同保护和帮助，同时也被世界所认识，加快进入全世界人民的视野。越来越多的世界遗产现在已经成为景点，变成全球游客向往的地方。

1998年，教科文组织执行局第155次会议通过了《宣布人类口头和非物质遗产代表作》。国际社会上对于非物质文化遗产名录体系的建立尽管并未形成统一的意见，教科文组织大会仍然于2001年启动了《人类口头和非物质遗产代表作名录》，以弥补《世界遗产公约》中在非物质文化遗产保护方面的缺失。这一重大变动也表示名录制度开始由物质文化遗产保护领域扩展至非物质文化遗产保护领域。正如教科文组织总干事松浦晃一郎先生在宣布第一批人类口头和非物质遗产代表作时所说的，宣布代表作是"两个平行互补的活动形式——世界遗产名录和宣布代表作"之一，"及时结合这两个项目终究将使得各自更加有效"。2003年，教科文组织大会第32届会议通过了《非物质文化遗产公约》以下简称为《公约》。根据该《公约》的规定，建立了《人类非物质文化遗产代表作名录》（以下简称为《代表作名录》）和《急需保护的非物质文化遗产名录》（以下简称为《急需保护的名录》），并把该《公约》生效前宣布的《人类口头与非物质遗产代表作名录》纳入《代表作名录》。由此，名录制度在非物质文化遗产国际保护领域全面展开。

非物质文化遗产名录制度在世界范围内得到认同，这一事实表明建立非物质文化遗产的名录体系对于非物质文化遗产的重要意义。非物质文化遗产名录的建立不仅有利于非物质文化遗产的传承，也有利于发动广大民众参与到非物质文化遗产的保护工作中，同时增强不同民族和个人的自豪感，且对提高非物质文化遗产的来源地域的当地民众的生活水平有积极作用。建立非物质文化遗产名录制度，有利于国家从整体上衡量不同非物质文化遗产的全方位价值和存在状态，对非物质文化遗产的保护方式和保护措施等均有规范作用，从而推动非物质文化遗产的保护与传承。鉴于非物质文化遗产在国际社会上的接纳度很广，它在国家社会的交往中对增进不同国家之间的交往有促进作用，对增进不同群体的文化认同、全球文化的多样性以及文化的有序发展有促进作用。

非物质文化遗产的名录制度虽然在世界上广泛建立，但是对于不同的国家来说，各国建立非物质文化遗产代表作名录体系的具体制度设计存在各自特色。在非物质文化遗产名录的评定程序上，有的国家采用申报制度。采用申报制度的国家，向有权机关部门提出非物质文化遗产代表作项目申报的主体也有不同规定，比如公民、各种组织、各种社会机构以及政府部门。除了非物质文化遗产的所有者可以申报，还赋予一定主体可以代表非物质文化遗产所有者进行申报的权利。如果申报主体是作为非物质文化遗产持有者代表进行申报的，一般应规定，该持有者要事先获得该非物质文化遗产持有者的授权。非物质文化遗产所有者也可以自行提起申报非物质文化遗产，也可以与其他主体联合起来对非物质文化遗产进行申报。在提起申报时，一般应要求申报主体按照相关规定准备符合要求的材料，以便于审查和备案。非物质文化遗产持有者应该是最了解和知晓其持有的非物质文化遗产的，故由其提交申请材料更有利于申报工作的进一步开展。有的国家则没有采用申报制度，而是采用指定程序进行非物质文化遗产的申报。在这些国家中，并不是由申报主体主动申报，而是将相关权力赋予政府或有权机构主动去进行调查并选出指定的项目。与非物质文化遗产的指定程序相比，非物质文化遗产的申报制度是自下而上的，从而无须占用政府的大量资源，进一步节约公共成本，与此同时，随意申报也可能带来各地不规范抢报的乱象。非物质文化遗产指定程序则是自上而下的，这种制度需要国家投入一定的资源成本，占用一部分公共资源，消耗一部分公共资源，但是政府主导下的指定申报也更具备针对性，避免随意申报的乱象。

非物质文化遗产名录制度另一重要方面是确定非物质文化遗产名录的评选标准。而《非物质文化遗产公约》并没有对相关评选标准做出明确规定，根据教科文组织《宣布人类口头和非物质遗产代表作》列举的文化标准，被宣布为"人类口头和非物质遗产代表作"的文化空间或文化表现形式应具有特殊价值，并应证明：（1）或是具有特殊价值的非物质文化遗产的高度集中；（2）或从历史、艺术、人种学、社会学、人类学、语言学或文学等角度来看是具有特殊价值的大众或传统文化表现形式。为了评估有关非物质文化遗产的价值，还应考虑以下标准：是否具有作为人类创作天才代表作的特殊价值；是否根植于相关社区的文化传统或文化历史当中；是否能起到证明有关民族和文化社区的文化特性的作用；是否具有灵感和跨文化交流的源泉以及密切不同民族和不同社区的关系的重要作用以及目前对有关社区是否有文化和社会影响；是否具有超凡的实践技能和技术水平；是否具有某一活态文化传统的唯一见证的价值；是否因缺乏保护和保存手段，或因变革过速、城市化、外来文化侵入而面临消亡的危险。

非物质文化遗产名录制定之后应向社会公布，所以公布非物质文化遗产名录也是非物质文化遗产保护的一个重要环节。在我国推行行政法治的进程中，公布非物质文化遗产代表作名录从这个角度上也是政府信息公开的法律要求，是对社会公众享有的知情权的一种法律满足。正因为以上原因，非物质文化遗产行政法保护制度不仅要重视非物质文化遗产的普查和名录制度，同时也要重视经普查确认的非物质文化遗产的公布制度。《非物质文化遗产法》第三章专章规定了"非物质文化遗产代表性名录"，其中也详细规定了非物质文化遗产代表性项目名录的评定程序、公布主体、公布的期限，但未能规定公布的方式及异议的处理。

(二) 刑法

非物质文化遗产的刑法保护也日益受到重视，刑法作为国家强制力的保障，具备惩罚的严酷性，故而只有当一般部门法无法对法律上的利益进行充分保护时，才需要由刑法予以保护。刑法予以禁止的行为一般是其他部门法无法有效保护的。与行政法和知识产权法等其他部门法相比，刑法是非物质文化遗产的最终保障，刑法保护通过对那些具有严重社会危害性的侵犯非物质文化遗产的行为予以纳入刑法调整范围，从而根据刑法的功能来实现对非物质文化遗产的保护。

从我国目前刑法看，涉及非物质文化遗产方面的罪名主要有以下几项：首先是涉及破坏传统善良风俗的罪名。社会传统善良风俗是刑法需要保护的法益，传统善良风俗有一些与非物质文化遗产相关，对破坏传统善良风俗的行为应当予以重视，对严重的破坏传统善良风俗的犯罪行为给予打击。例如我国《刑法》第363、364、365 条规定的罪名，即严厉打击从事淫秽表演、传播淫秽物品的犯罪行为。这些罪名有复制、制作、传播、贩卖淫秽物品牟利罪，组织淫秽表演罪等。这些淫秽表演、淫秽物品侵犯了传统善良风俗，这些犯罪行为可能涉及侵犯非物质文化遗产代表的文化价值，也不利于现代社会健康风俗的确立，是刑法的规制范围。其次是破坏公民传统宗教、文化信仰的行为。在宗教政策方面，我国实施的是宗教信仰自由。我国公民可选择信仰宗教，也可以选择不信仰宗教。公民拥有对自己是否信仰宗教的自主选择权，但任何公民不能随意侵犯其他公民的信仰自由。我国《刑法》第251 条规定的有侵犯少数民族风俗习惯罪、非法剥夺公民宗教信仰自由罪。上述罪名针对的是侵犯公民宗教信仰自由的行为，主要保护的是涉及宗教文化的非物质文化遗产。另外我国《刑法》第324 条至329 条针对破坏非物质文化遗产的场所等有形载体类的行为，设置了妨害文物管理罪。主要罪名有过失损毁文物罪、倒卖文物罪、故意损毁名胜古迹罪等罪名，这类罪名直接指向与非物质文化遗产相关的场所、有形载体等，当发生侵害非物质文化遗产的有形载体行为时，可以适用这些罪名对其进行打击。再次，知识产权犯罪在我国刑法有所规定，在破坏与知识产权相关的非物质文化遗产时，根据我国刑法的规定，有些严重破坏非物质文化遗产知识产权的行为属于犯罪。比如假冒注册商标罪、销售假冒注册商标的商品罪等商标类犯罪；危害非物质文化遗产专利权犯罪，比如假冒专利罪；危害非物质文化遗产著作权的罪名；侵犯商业秘密罪。除此之外，对非物质文化遗产保护主体，即负有管理职责的国家工作人员来说，还涉及渎职类犯罪。最后，非物质文化遗产保护工作中政府机构是重要的管理主体，政府机构的国家工作人员在法律保护中必然发挥重要作用。国家工作人员不依法履行其保护职责，违反刑法，造成严重后果，可能涉及犯罪。比如我国刑法规定的滥用职权罪、玩忽职守罪、失职造成珍贵文物损毁、流失罪等。

涉及非物质文化遗产保护的罪名一般针对的不仅是含非物质文化遗产法益，同时也包含传统法益，传统法益与非物质文化法益有一定的矛盾之处。现行刑法在定罪量刑标准等方面，并未专门强调对非物质文化遗产的保护，主要中心仍然是传统法益，忽视了非物质文化遗产特有的无形性。对很多非物质文化遗产来说，无法从我国现行刑法中获得有效的保护。在保护的重心上，由于刑法并没有考虑非物质文化遗产的特点，所以非物质文化遗产法益常常是在受到侵害后才能得到处理，不能得到或不能及时获得刑法保护。所以现有的刑法规定无法对非物质文化遗产进行有效的保护，我国的非物质文化遗产的刑法保护仍然需要完善。

典型案例

2019 年 10 月，谢某某提供作案工具及车辆，与杨某某、李某某等 8 人共同盗掘乌图布拉格土墩墓(第六批自治区级文物保护单位)。后因盗洞塌方渗水，盗掘行动被迫停止。经新疆维吾尔自治区文物考古研究所认定，盗掘人员采用掏挖盗洞的方式进行盗掘，盗洞深处已达墓葬封堆下中部位置，接近墓室，盗掘行为已对墓葬本体造成了严重破坏。

新疆维吾尔自治区博乐市人民检察院(以下简称博乐市院)在审查谢某某等 9 人涉嫌盗掘古文化遗址、古墓葬罪一案时，发现上述 9 人盗掘古墓葬的行为可能损害社会公共利益，遂将该案线索移送至公益诉讼检察部门审查。

为确定盗掘行为对古墓葬造成的损害价值，博乐市院委托自治区文物考古研究所进行现场勘察、评估修复费用，该所出具《关于博乐市乌图布拉格 1 号墓群(乌图布拉格土墩墓)被盗墓葬现场勘查报告》，确定墓葬盗洞深处已达墓葬封堆下中部位置，已接近墓室，盗掘行为已对墓葬本体造成了严重破坏；结合新疆伊犁地区同类型土墩墓的发掘工作，初步判断被盗乌图布拉格土墩墓所属年代为战国至汉代时期，从墓葬规模来看，其体量巨大，等级较高。

9 月 24 日，博乐市人民法院依法判令谢某某等 9 名被告人犯盗掘古墓葬罪，判处有期徒刑及罚金，并通过国家级媒体向社会公众赔礼道歉。

盗掘古墓葬严重危害文物安全。本案中，违法行为人盗掘古墓葬致使墓葬受到严重破坏，检察机关追究其刑事责任的同时，对其提起民事公益诉讼，并委托文物考古研究机构出具勘察报告，准确确定其修复责任和费用，在惩治犯罪的同时，保证被破坏文物得以有效、专业的修复，为非遗民事公益诉讼制度在文物保护方面的应用提供了有益样本。

(三)知识产权法

为了防止非物质文化遗产被不当利用，防止产生诸如域外人士通过对非物质文化遗产进行商业利用获取经济利益、不给来源地人民任何回报的不公平现象，很多国家创设了一种私法保护机制，为非物质文化遗产提供司法上的保护，特别根据非物质文化遗产与知识产权存在的很多契合之处，在知识产权框架内设立相关制度。如早在 1976 年，世界知识产权组织就开始和联合国教科文组织合作，为发展中国家修订著作权法，比如制定了《突尼斯著作权示范法》，提出了民间文艺受独立保护的概念。《伯尔尼公约》是世界上第一个国际版权公约。1967 年伯尔尼公约会员国在斯德哥尔摩召开外交会议讨论《伯尔尼公约》修正案时，印度代表提出了"用著作权保护民间文学作品"的提议，此项提议在与会成员国中获得了极大反响。虽然众成员国在这个提议上未达成共识，但经过努力，《伯尔尼公约》在修正时还是增加了第

15 条第 4 款（著作权之推定），规定"未发行的著作物，其作者不能证明，但有相当的理由足以认定其为同盟国国家之国民，该同盟国的依法令指定一有权限之机关代表著作人并在同盟国家行使及保全著作人权利，如果有充分的依据认定作者为本联盟某一成员国国民，那么由何种主管机关代表作者在本联盟所有成员国保护并行使权利，将由该国的国内立法来确定"。该条款可以理解为主管机关代表作者行使权利的做法是为了维护民间文学艺术无人主张权利的情形，主管机关仅仅是权利人的代表人，其利益的承受与义务的承担仍可以由权利人直接主张。需要说明的是该条款只保护已形成作品的民间文学艺术，对那些还没有被有形载体固定的民间文学艺术表达，《伯尔尼公约》未做回答。但是《伯尔尼公约》为在著作权领域保护民间文学艺术形式提供了一个保护途径，而且，公约要求各国通过国内立法的方式来确保权利的行使，因此，《伯尔尼公约》的规定为国内立法采用知识产权制度保护民间文学艺术预留了空间。

在非洲和南美洲的一些不发达国家，为了防止对其本国的非物质文化遗产表达的任何不适当的利用，特别是防止境外人士实施的通过对其本国拥有的非物质文化遗产的利益谋取经济利益却拒绝向该艺术发源地民众支付任何报酬的行为，故该地区国家先后通过国内立法和区域性国际条约的形式确立了对民间文学艺术的保护。这些国家先后通过了以《非洲知识产权组织班吉协定》和《阿拉伯著作权公约》等为代表的一系列国内立法和区域性国际条约，确定了民间文学艺术作为一个国家或民族的"文化遗产"或"传统遗产"的地位——任何人想要使用这种资源必须支付相应的费用。一些国家甚至将民间文学艺术的作者界定为以群体形态存在的该国的国民，不再是某个人或某一些人。特定群体的人民或国民作为一个整体，共同享有权利。

我国文化部于 1984 年颁布的《图书、期刊版权保护试行条例》，依据该条例第 10 条规定，民间文学艺术和其他民间传统作品的整理本，版权归整理者所有，但他人仍可对同一作品进行整理并获得版权。民间文学艺术和其他民间传统作品发表时，整理者还应当注明主要素材提供者，并依素材提供者的贡献大小向其支付适当报酬。《图书、期刊版权保护试行条例实施细则》第 10 条具体规定了民间文学艺术和其他民间传统作品发表时，整理者应在前言或后记中说明主要素材包括口头材料和书面材料提供者，并向其支付报酬，支付总额为整理者所得报酬的 30%～40%。这也曾是从知识产权法角度出发对非物质文化遗产所进行的保护。但这两部规范性文件失效后，我国还未制定新的针对民间文学作品进行保护的法律。

在经济全球化的新形势下，知识产权日益成为最重要的产权，在国际社会也是目前国与国之间很高级别的竞争方式。保护知识产权不仅是保护知识产权所有者的权利，同时也是保护一个国家的利益。截至目前，我国还没有建立完备的非物质文化遗产的知识产权制度。为了保护我国的利益，保护非物质文化遗产权利人的精神权益和物质权益，我们应当加快建立、健全相应的知识产权制度，这是保护非物质文化遗产不容忽视的举措。

(四)著作权法

著作权法规定的著作权包含著作人身权和著作财产权两类权利。其中，人身权包括发表权、署名权、修改权、保护作品完整权；财产权包括复制权、表演权、播放权、展览权、发行权、放映权和摄制权、翻译权、注释权和整理权、编辑权等。

尽管非物质文化遗产的权利主体、权利客体都具备不同于传统知识产权的特性，但总体来说非物质文化遗产具备知识产权的属性。一方面它包含了传统民间文学艺术和传统知识、传统标记等各方面符合知识产权法保护的内容，另一方面它具备知识产权创造性、非物质性、公开性、社会性的特点。故确定非物质文化遗产著作权权利内容时，应体现出著作权权利内容的相关特征。非物质文化遗产著作权权利内容总的来说应该包含精神权利和财产权利两个方面。

1. 精神权利

精神权利应当包括如下三点：

第一，标明来源权。即权利人可以要求使用者在使用非物质文化遗产时标明来源和出处。这样能使非物质文化遗产创作群体和来源地的自身价值得到足够的肯定以及充分的尊重，还能有效避免和防止一些类似本案侵权情况的发生。

1982 年 UNESCO 与 WIPO 共同制定的《保护民间文学艺术作品表达、防止不正当利用及其他侵害行为的国内示范法条》第 5 条第 1 款规定了标明来源的权利："在一切向公众传播的印刷出版物中，均须以适当方式注明一切来源明确地民间文学艺术表达形式的出处，指出所使用的有关表达形式出自的居民团体或（和）地理位置。"巴西在 2001 年出台的《与取得遗传资源有关的传统知识的知识产权保护》规定获得知识产权时，凡涉及传统知识的商品或方法，必须标注知识来源。我国也应当明确规定权利主体享有"标明来源"的权利。这里的标明来源，不仅仅是指需要标明该非遗的创作主体，也需要标明其来源地域。

第二，保护非物质文化遗产完整权。即要充分尊重非物质文化遗产的文化属性，防止其被歪曲和丑化。因为非物质文化遗产的形成具有一定的历史背景和特殊形式，它蕴含了创作群体大众的思想情感，体现了该地域自身的特色和传统。因此，不能对其歪曲、滥用，否则不仅损害其特征和文化内涵，还会伤害来源群体的情感。规定保护非物质文化遗产完整权使得权利人对他人以歪曲、丑化等方式使用非物质文化遗产的行为得以追究民事责任。

第三，发表、传播自由权。即拥有选择是否发表或者是否传播的权利。很多非物质文化遗产与创作群体的世界观、宗教观密切相关，任由他人公开会损害其群体精神利益。权利人有权选择是否公之于众，以及何时何地以何种方式发表或者传播。

2. 财产权利

财产权利应当包括：事先告知同意权和利益分享权。事先告知同意权是指使用者在使用非物质文化遗产之前对权利人进行告知，获得其同意后方可使用。利益分享权是非物质文化遗产权利人可以要求使用者支付一定的报酬或者要求分享使用者商业使用后所获得的利益。利益分享权是完全符合知识产权法的宗旨的，使非物质文化遗产在使用过程中实现其自身的经济价值。现实中已有非物质文化遗产被他人任意使用，有的已经产生巨大的经济利益，但创作群体却没有获得任何回报的情况发生。

国际上一些立法也都规定了这两项权利。《保护民间文学艺术表达、防止不正当利用和其他侵害行为的国内法示范条约》第 3 条明确了民间文学艺术的营利性使用属于授权使用，换言之，只有得到民间文学艺术的拥有人或来源国的管理机关的明确授权才能使用，否则构成侵权。《菲律宾原住民权利法》第 35 条规定：根据有关传统社区依据其习惯法事先知情同意后，外方才能获得有关生物遗传资源及保存、利用该种资源的传统知识。巴拿马在 2000 年和 2001 年分别通过了第 20 号法令及 12 号行政命令，制定了专门保护传统知识的保护法，规定要使用该非物质文化遗产必须预先告知当事人或者经巴拿马工商部的同意，使用该非物质文化遗产必须签署授权使用合同并支付一定的费用。巴西在 2001 出台的《与取得遗传资源有关的传统知识的知识产权保护》规定了利用传统知识所生产的商品而获得商业收益时，应当按照公平的方式进行分享。

我国《非物质文化遗产法》规定，境外组织或者个人在中华人民共和国境内进行非物质文化遗产调查，应当报经省、自治区、直辖市人民政府文化主管部门批准；调查在两个以上省、自治区、直辖市行政区域进行的，应当报经国务院文化主管部门批准；调查结束后，应当向批准调查的文化主管部门提交调查报告和调查中取得的实物图片、资料复制件。这一规定仅从行政角度上给予规范，应进一步对使用非物质文化遗产的行为规定司法上的事先知情同意权并对使用者商业使用后所获得的利益享有利益分享权。

《保护民间文学艺术表达免被滥用国内立法示范法》已有关于著作人身权的相关规定，"在一切向公众传播的印刷出版物中，均需以适当方式注明一切来源明确的民间文学表达形式的出处，即指出所使用的有关表达所出自的居民团体或地理位置"，可看作是与署名权类似的标明来源权。著作财产权方面，许多现有保护非物质文化遗产作品法律的国家，都授予权利主体以"复制权""翻译权"以及与之相应的"传播权"等。但对于是否赋予非物质文化遗产的改编权，目前学界存在截然不同的看法。本书认为，应授予非物质文化遗产以改编权。授予改编权时，必须提醒创作者对非物质文化遗产的尊重，保证非物质文化遗产的正常发展，防止他人对非物质文化遗产的任意改编、歪曲非物质文化遗产。同时还可以保护非物质文化遗产发源地的利益。非物质文化遗产改编权的授予需注意改编作品与非物质文化遗产本身的划分，否则会影响非物质文化遗产的发展、传播。在认定作品为非物质文化遗产本身或是改编作品时，主要是判定作品是否具有独创性，能否达到独立并可明显区别于非物质文化遗产的程度。

典型案例

非遗第一案张艺谋《千里走单骑》成被告[①]

《千里走单骑》由张艺谋执导，于 2005 年热映。影片讲述一位日本父亲为消除与病危儿子间的隔阂，只身前往云南丽江拍摄"面具戏"的感人故事。安顺市文化局在诉状中称，作为故事主线贯穿影片始终的"云南面具戏"事实上是"安顺地戏"。

安顺文化局表示，安顺市詹家屯的詹学彦等八位地戏演员应剧组的邀请前往丽江，表演了"安顺地戏"传统剧目中的《战潼关》和《千里走单骑》，并被剪辑到影片中。演员、面具、队形动作等全部属于安顺地戏。但影片却将其说成是"云南面具戏"。被告没有在任何场合为影片中"面具戏"的真实身份证明，以致观众以为面具戏起源地就在云南。安顺市文化局认为，被告侵犯"安顺地戏"署名权的行为伤害了安顺人民的情感，因此请求法院判令张艺谋等被告分别在媒体刊登声明，消除影

---

① 中国法院网 https://www.chinacourt.org/index.php/article/detail/2010/05/id/408237.shtml]

响，以任何形式播放电影时注明安顺地戏。安顺文化局的代理律师刚刚从云南丽江回来，他告诉记者，现在丽江向新画面公司买了版权，常年播放《千里走单骑》。有爱好者甚至专程去云南找电影中的"面具戏"。电影的误导性由此可见。

经过两次庭审，张艺谋地戏侵权案，于 2011 年 5 月 20 日在北京西城区法院一审结束。法官说，安顺地戏作为我国非物质文化遗产项目之一，应当依法予以高度的尊重与保护，这并无异议，但涉案影片《千里走单骑》使用安顺地戏进行一定程度的创作虚构，并不违反我国《著作权法》的规定，判决如下：驳回原告贵州省安顺市文化局之诉讼请求。

这场官司被称为中国文艺类非物质文化遗产维权第一案。法院判决后，安顺市文化体育局不服，目前又提出了上诉。现在，很多地方都在开发旅游资源、发展旅游产业，一个历史故事，一个文化遗迹，都可能成为一个旅游景点从而和当地的经济利益挂上钩。在这种背景下，文学作品、影视剧作品，都可能成为某一现象的推手和见证，因此法院在下达判决时，也对被告张艺谋一方进行了提醒，希望他今后应当增强对有关法律的学习运用，谨慎从业，尽可能预防和避免民事纠纷的发生。

(五) 商标权法

商标权法保护制度是非物质文化遗产知识产权法保护一个重要且必不可少的组成部分，商标权法保护非物质文化遗产是知识产权保护其他制度所不可替代的。依据我国商标法的规定，商标是由特定的符号、颜色、字母或图形、三维标志等组合而成。世界各国都有将非物质文化遗产注册成商标进行保护的案例。比如我国的铜梁龙舞，铜梁龙舞是 2006 年作为第一批国家非物质文化遗产名录被保护的非物质文化遗产之一。铜梁火龙源于铁路业的行业龙，历史悠久，是流传于重庆市铜梁地区的一种传统龙舞表演，通常由两条火龙配合玩舞，外加吹灯乐队、干花队、铁水花队以及喷花、烟火、火流星等助阵。国家工商行政管理总局商标局于 2004 年 6 月 4 日核准铜梁县高楼镇火龙文化服务中心注册"铜梁火龙"为商品商标的申请。将该商标注册的核定服务项目为：文娱活动、组织表演、演出、节目制作、录像等。铜梁火龙通过注册商标实现了通过商标法实现对非物质文化遗产特别是经济价值的保护。

商标具有以下功能：(1)表示自己的商品以与他人的商品相区别；(2)表示所有贴附同一商标之商品乃出自同一来源；(3)表示所有贴附同一商标之商品具有相同水准之品质；(4)作为广告促销商品之主要工具。正是因为商标具有上述功能，通过商标对非物质文化遗产的标示，对非物质文化遗产的保护具有一定作用。首先，非物质文化遗产具有经济和文化双重价值，所以商标的标记和彰显信誉功能可以帮助实现非物质文化遗产的经济价值。商标保护了非物质传统资源的经济价值，只有通过商标法才能实现对非物质文化遗产的标记功能并且通过标记在对非物质文化遗产的开发利用过程中对其商业信誉进行保护。其次，商标法对非物质文化遗产的保护与非物质遗产权利主体的群体性也不冲突，由于非物质文化遗产的群体性，其创造主体往往是一定的民族、社区等群体，非物质文化遗产的商标权主体也是集体，非物质文化遗产的知识产权保护主要障碍也是主体的集体性，与其他传统知识产权相比，著作权法、专利法对非物质文化遗产保护就面临这个问题，商标法对非物质文化遗产的保护却没有面临这个问题。商标制度中有集体商标制度，根据我国《商标法》第 3 条的规定，集体商标是指以团体、协会或者其他组织名义注册，供该组织成员在商事活动中使用，以表明使用者在该组织中的成员资格的标志。所以，集体商标的权利主体可以是某些特定的集体。集体商标不同于一般意义上的商标，某个集体以集体的名字拥有集体商标，集体内部的成员与该集体商标均有法律上的联系。集体商标通过将分散的个人集合成一个集体使之成为具有共同利益的集体，通过商标法享有共同的权利，也属于集中资源。最后，非物质文化遗产由于其传承性的特点也需要长期的保护，而商标法对非物质文化遗产可以给予永久性的保护。非物质传统资源一般都是在长期的生产生活实践中产生并得到发展的，并且还要不断地传承下去，所以对非物质文化遗产的保护也应当是无期限限制的，商标法虽然有保护期限的限制，但是不同于专利法等，商标法的期限在届满后并非终止，而是能得到续期，并且续展的次数都没有限制。所以通过商标法对非物质文化遗产保护没有保护期限限制的矛盾，只要根据法律规定按期续展，商标权就不会终止。这正好符合保护非物质文化遗产永久性的要求。最后，非物质文化遗产具备非物质性的特点，在商标法上对非物质性也可以解决，由于在商标法保护模式下，商标是非物质文化遗产的一个标记，并不是非物质文化遗产的内容本身，不涉及非物质传统资源的具体内容，哪怕非物质文化遗产在传承中发生变化了，也对其商标没有影响。正因为如此，商标法的保护对非物质文化遗产简易又有效果。

典型案例

申请历时八年"古井"烧鹅被抢注

原告余某 2003 年 12 月向国家工商行政管理总局申请注册"古井"文字商标，商标局于 2005 年 7 月发布初审公告。公告后，安徽古井贡酒股份有限公司向商标局提出异议，2010 年 12 月，商标评审委员会做出复审裁定，认为安徽古井贡酒股份有限公司的"古井"商标未能认定为驰名商标，而且原告的"古井"商标申请注册的烧鹅等商品类别与该公司"古井"商标使用的酒类商品类别不同，因此对该公司的异议和复审请求不予支持，对原告申请的"古井"商标予以核准注册。

2011 年 3 月，国家商标局发布注册公告，向原告签发了"古井"商标注册证，核准使用商品为第 29 类的"烤鹅、烤鸭、烤鸡、熏猪肉、死家禽、腌肉、肉片、肉、板鸭、香肠"，注册有效期限为 2005 年 10 月 14 日至 2015 年 10 月 13 日。

原告："古井烧腊坊"涉嫌侵权

蓬江区钟×古井烧腊坊是被告钟某经营的个体工商户，2009 年 7 月开始经营，经营范围为制售广式烧腊快餐、零售烧腊。其店面悬挂有"古井烧腊坊"的招牌，宣传广告上印有"驰名古井烧鹅"字样。原告认为，如果被告的烧鹅是在江门古井镇或安徽亳州古井镇出品，使用"江门市古井镇钟威烧鹅""亳州市古井镇钟威烧鹅"属于地名正当使用，但其直接使用原告注册的"古井"文字商标，不属于商标法规定的标明产地来源的正当使用，构成侵权。

被告："我用的就是地名"

被告认为，被告所使用的古井二字是江门市新会区古井镇的地名，是一个公众所知的地理名词，"古井烧鹅"是一个公众品牌。其次，被告是江门市本地人，其妻子是新会区古井镇人，夫妻两人在江门本地经营"古井烧鹅"是对地方一个公众资源的善意运用，被告使用"古井烧鹅"是为了表明被告所经营的烧鹅的产地来源，并非表明是使用的古井牌烧鹅。此外，原告的"古井"商标真正核准注册的时间是2011年3月，而被告经营销售"古井烧鹅"商品早于该时间，根据商标法规定，商标的专用权保护是自核准注册之日起计算的，所以被告没有侵犯原告的商标专用权。

一审判决："古井烧腊坊"属于正当使用地名

江门市蓬江区法院做出一审判决，认为被告使用的"古井烧腊坊""古井烧鹅"等字样，属于对地名的正当使用。

蓬江区法院认为，"古井烧鹅"作为具有地方特色的传统食品，被告使用"古井烧腊坊"字样的店面招牌与其经营的烧鹅产品相对应，是为了强调其烧鹅产品与传统食品"古井烧鹅"之间的联系，并非强调"古井"商标。

其次，"古井"这一地名，因"古井烧鹅"这一地方特色食品在江门地区已有相当悠久的历史，已有相当高的知名度。而"古井"作为商标，原告并没有证据证明其注册后已经实际进行使用或许可他人使用，没有证据证明"古井"作为商标在公众中具有知名度。站在普通消费者的角度，被告使用的"古井烧腊坊""古井烧鹅"名称，惯常会将其理解为标明烧鹅产品的产地、制作工艺、风味特色等，而并非理解为商标。

依据商标法规定，本案中，争议商标由汉字"古井"二字构成，核定使用在"烤鹅、烤鸭、烤鸡、熏猪肉、死家禽、腌肉、肉片、肉、板鸭、香肠"商品上。争议商标并不属于商标法第十一条第一款各项规定的缺乏显著特征的情形，因此，一审判决有关争议商标的注册并未违反商标法第十一条第一款第(三)项规定的认定并无不当，二审法院予以维持。

本案中，虽然"古井烧鹅"2009年被广东省江门市人民政府认定为传统手工技艺类的非物质文化遗产，但是，该非物质文化遗产所认定的是广东省江门市新会区古井镇地区制作烧鹅的特色手工技艺，而非采用该手工技艺制作的相关商品。而且，"古井"二字本身具有固有含义，并不能直接等同于"古井烧鹅"，当然更不能等同于"古井烧鹅"传统手工技艺这一非物质文化遗产。即使考虑对"古井烧鹅"非物质文化遗产的保护、保存，维持争议商标的注册亦不会影响"古井烧鹅"传统手工技艺这一非物质文化遗产的传承。如果相关市场主体在传承非物质文化遗产层面上使用"古井烧鹅"标志并且未突出"古井"二字，则不属于商标法意义上的商标使用行为。因此，被诉裁定有关相关公众不宜将争议商标作为商标加以识别因而缺乏显著特征的相关认定缺乏事实和法律依据，原审判决对此予以纠正并无不当，二审法院予以维持。

典型案例

"泥人张"不正当竞争纠纷案

清朝张明山在世时因精于捏塑被群众称为"泥人张"，其后代继承和发展了家族的泥塑艺术。如第二代"泥人张"传人之一张玉亭分别于1914年和1915年在国际上获奖，第三代"泥人张"传人之一张景祜于 1956 年在中央工艺美术学院设张景祜泥塑工作室。张锠为张景祜之子，系"泥人张"第四代传人之一。张宏岳为张锠之子，系"泥人张"第五代传人之一。张明山的后代在经营活动中长期使用"泥人张"作为商业标识。2006 年 6 月，"泥塑（天津泥人张）"入选第一批国家级非物质文化遗产名录。北京泥人张艺术开发有限责任公司成立于 1997 年 8 月，法定代表人为张宏岳。北京泥人张博古陶艺厂和北京泥人张艺术品有限公司分别于 1982 年 11 月和 1994 年 7 月成立，法定代表人均为张铁成，在经营中均使用了"泥人张"。

2005 年 10 月 8 日登录北京泥人张艺术品有限公司网站，"公司简介"中有"'北京泥人张'始于清的最早报道为道光年间，至今已有近 160 年的历史"和"张铁成系'北京泥人张'的第四代传人"等内容。1979 年 7 月 13 日的《北京日报》载有关于"北京泥人张"。三原告向北京市第二中级人民法院提起诉讼，请求判令三被告停止侵权、赔礼道歉并赔偿经济损失 110 万元等。一审法院认为，三被告的行为构成侵犯"泥人张"名称专有权和不正当竞争，因三原告过于懈怠行使自己的权利，故判决三被告停止侵权、赔偿合理费用一万元等。张铁成等不服提起上诉，北京市高级人民法院二审认为，张铁成使用"北京泥人张"有其合理依据，故判决三被告赔偿合理费用一万元、在"nirenzhang"域名前附加区别性标识，撤销了一审关于停止使用"泥人张"专有名称的判项。最高人民法院再审认为，"泥人张"作为对张明山及其后几代人中泥塑艺人的特定称谓和他们所传承的特定技艺以及创作、生产作品的特定名称，社会知名度很高，承载着极大的商业价值；三被告在明知"泥人张"知名度的情况下，将其作为商业标识使用，又不能提供充分证据证明其使用的合法合理依据，客观上足以造成公众的混淆、误认，其行为构成不正当竞争，故判决撤销二审判决，维持一审判决。

本案双方当事人主张的家族传承历史久远，涉及法律关系复杂，判决结果对于双方当事人有重大影响，因而受到了社会的广泛关注。再审判决书在全面充分清楚展现案情、事实和诉辩主张的基础上，准确适用法律，结合法理和情理，对通用称谓的认定、"泥人张"特定称谓体现的权益及保护、公开出版物记载内容真实性的审查判断、三被告是否构成不正当竞争等问题进行了深入分析，保证了裁判结果的说服力，取得了良好的法律效果。"泥人张"特定称谓有 160 余年的历史传承，享誉海内外，所指代的泥塑艺术品体现了本土文化特色，并入选第一批国家级非物质文化遗产名录，本案依法保护了"泥人张"这一知名老字号，得到了社会各界的充分肯定，取得了良好的社会效果。

（六）专利权

随着经济的发展，非物质文化遗产越来越体现出其蕴含的巨大经济价值，这一方面给非物质文化遗产发源地带来了经济利益，另一方面也出现对非物质文化遗产权利进行不合法利用，从而谋取不当利益的严重后果。为了避免物质文化遗产受到随意的利用，实践中出现了使用专利法保护非物质文化遗产的模式。非物质文化遗产的专利权保护主要是将可以纳入专利法客体的发明、实用新型或外观设计的非物质文化遗产纳入专利法保护，通过专利申请注册而受到专利法保护。根据《保护非物质文化遗产公约》和我国《非物质文化遗产法》规定，适用专利法保护的非物质文化遗产客体主要是该公约里第四类——有关自然界和宇宙的知识和实践和第五类——传统的手工艺。非物质文化遗产专利法保护的权利内容主要是财产权和人身权。依据我国专利法规定,公民依法提起专利申请并经过审核批准后就可以享有相应的专利权,包含人身权和财产权。非物质文化遗产在专利法享有的人身权应该保护非物质文化遗产的创始人可以在相关专利证书中标明来源地权利,以明确非物质文化遗产的来源。非物质文化遗产在专利法享有的财产权即专利权人所拥有的财产占有、支配、使用的权利。非物质文化遗产的专利财产权依据我国专利法应当享有独占实施权和实施许可,任何人未经权利人许可,不能以营利为目的,非物质文化遗产的专利财产权还应包括获得利益等权利。

如上所述,非物质文化遗产有通过专利法保护的必要性和可行性,然而也存在一定的矛盾性。比如,根据专利法规定,专利法的保护对象需要具备新颖性、创造性和实用性。非物质文化遗产中很多产生在久远年代,在历史长河中很多已经被人们熟知,很难说还具备新颖性,那么,如何能满足专利法的这一要求就是需要解决的首要问题。正如著作权法保护非物质文化遗产模式一样,虽然具备可行性,但仍然需要确立专门针对非物质文化遗产保护的专利制度以针对其特殊性进行专门规定,比如对新颖性的要求应当与传统专利法要求不同,审查条件应有所区别。适用专利法保护,同时应确立权利主体,由于非物质文化遗产的传承性、群体性等特点,专利申请人也应根据其特殊性有相应的规定。非物质文化遗产如符合专利法保护的条件,由于该非物质文化遗产具体的传承人对该非物质文化遗产的技能掌握得最为熟练,对该非物质文化遗产申请专利的资料和知识具备也是最全面,尤其作为申请人申请专利更利于实践操作。同时其他程序也应当相应简化,降低非物质文化遗产获得专利法保护的门槛,实现对非物质文化遗产的专利法保护。

随 堂 练 习 ▶▶

非物质文化遗产法律保护的原则包括(　　)。

B. 人本原则

B. 科学性原理

C. 平等重视文化价值和经济价值的原则

D. 公平性原则

第二节　非物质文化遗产的政策法规

在非物质文化遗产保护的许多方式中,法律无疑起着举足轻重的作用。只有进一步完善有关法律法规,逐步建立规范、完善的法律保护制度,珍贵的文化遗产才能恢复昔日的辉煌。非物质文化遗产的法律保护不同于文化领域中其他事物,以及人身权和财产权的保护。非物质文化遗产与其他物质文化遗产之间的区别是显而易见的。因此,非物质文化遗产不能完全受一部法律限制。

一、国家关于非物质文化遗产保护的立法

我国的非物质文化遗产立法工作始于 1988 年,全国人大教科文卫委员会先后赴云南、广西、贵州、四川、新疆、江苏、浙江、山东等地,就民间文化艺术、传统工艺、民间艺术之乡的

保护现状以及存在的问题进行了深入调研，提出了研究起草《民族民间传统文化保护法》的建议，并会同国家文物局等部门召开了立法工作座谈会和国际研讨会。2002 年 8 月，原文化部向第九届全国人大教科文卫委员会报送了立法建议稿，全国人大教科文卫委员会成立起草小组，并于 2003 年 11 月形成了《中华人民共和国民族民间传统文化保护法（草案）》，这就是后来《非遗法》的雏形。2004 年我国加入联合国《非物质文化遗产保护公约》后，"非遗"这一概念逐渐取代了"民族民间文化"一词。同时，由于加入了联合国教科文组织《保护非物质文化遗产公约》以及国内的文化建设发展较快，全国人大教科文卫委员会决定由原文化部牵头，组织有关方面的力量，在之前已有的立法起草工作的基础上，将这部保护非遗的法律草案重新起草，同时协调各方加快该法的立法进程。其间，全国人大教科文卫委员会还积极推动一些地方立法机关如云南、贵州、福建、广西、江苏、山东、浙江、宁夏、新疆等省区的人大常委会制定出台相关的地方性法规。地方各级政府非遗保护政策措施的深入展开和地方立法实践的推行，为国家立法提供了参照和依据。

2006 年 9 月，原文化部经过广泛征求意见，正式将法律草案向国务院报请审议，国务院法制办公室对草案送审稿反复研究修改，形成了《中华人民共和国非物质文化遗产保护法（草案）》。2010 年 8 月，该草案提请第十一届全国人大常委会第十六次会议审议后，全国人大常委会将草案及草案说明公布，向社会公开征集意见。同年 10 月，第十一届全国人大常委会第十八次会议第二次审议该草案，去掉了其中的"保护"二字。2011 年 2 月 25 日，《非遗法》正式通过，并于 2011 年 6 月 1 日起施行。《非遗法》是我国保护非遗的基本法。一方面，这部法律是继《文物保护法》颁布近 30 年后文化领域的又一部重要法律，丰富完善了我国文化法规体系；另一方面，《非遗法》的出台无疑为加强非遗的保护工作提供了坚实的法律保障。随着非物质文化遗产保护工作的逐步深入，国家和社会公众都逐渐意识到它的重要性，也都认识到保护非物质文化遗产是一项长期而艰巨的任务，需要法律与其他各项措施相结合。

在《非遗法》出台实施以前，虽然各地方也颁布了一些在本地区实施的保护非遗的地方性法规，但整个国家层面的立法仍是一片空白。《非遗法》的出台恰恰弥补了这一空白，将之前各地区保护非遗的有效经验上升为法律规范，将地方各级政府部门保护非遗的职责上升为法律责任，为非物质文化遗产保护政策的长期实施和有效运行提供了坚实的法律保障。与此同时，这部法律也是我国履行国际公约义务的重要体现。我国是联合国《保护非物质文化遗产公约》的缔约国之一，而以法律的形式保护自己国家的非物质文化遗产是该项公约赋予缔约国的重要职责。中国作为一个负责任的大国，既有责任也有义务为国际社会的非物质文化遗产保护贡献出自己的一份力量。而《非遗法》的制定与出台，正是我国全面履行国际公约义务的体现，是我们国家为了促进世界的非遗保护、维护人类文化的多样性所做出的积极贡献。

二、湖南省关于非物质文化遗产保护的政策和法规

(一)湖南省政策

政策是指党和国家为了维护社会稳定和经济发展,对一定时期内的各项公共事务制定的行动规范和准则。文化作为一种意识形态的表现,对其进行政策上的规制不仅体现了统治阶级在某一历史时期的文化自觉与文化意志,也规定了文化的战略走向。

非物质文化遗产保护政策的制定、决策和实施必须遵循真实性、完整性和继承性的基本原则。首先,应尊重其原始形式,保留其独特的历史基因和地域特征,不允许"虚假遗产"广泛传播,并且出于暂时的经济利益,不要让"真实遗产"被埋在历史的深处。其次,为了保护非物质文化遗产,应将其生存和发展的人文和自然环境打包在一起进行保护。非物质文化遗产的生产和发展取决于其所处的特定地理环境以及该地区人民的精神生活。如果将其与活泼的土壤分开,它将变成死的外壳,对其保护也将失去其意义。最后,非物质文化遗产生活的连续性在于它的连续传承。通过世代相传的人们的活动,它可以不断吸收当代文化的养分,并与当今社会充分融合,使不同时代的人们可以接受和重新分配。这样它才能继续发展并具有新的活力。

(1)2005年,湖南省政府发文《湖南省人民政府办公厅关于加强非物质文化遗产保护工作的意见》(湘政办发〔2005〕27号),意见指出要积极开展非物质文化遗产普查工作,将其作为非物质文化遗产保护的基础性工作来开展。意见中对非物质文化遗产的普查工作提出了具体的措施,要在湖南十部民间文艺集成志等工作成果和研究成果的基础上,分不同的地区、不同的类别制定普查的工作方案,对全省的非物质文化遗产的项目和现状进行调查,全方位、多渠道的了解和掌握湖南不同地区、不同民族的非物质文化遗产的分布情况、种类数量、传承现状、生存情况等。运用文字,并结合录音、录像、数字化多媒体技术手段进行真实性的记录整理,建立非物质文化遗产数据档案资源库。同时,在充分调查的基础上组织开展非物质文化遗产保护试点工作,以国家的综合性试点地区湘西土家族苗族自治州作为湖南省非物质文化遗产保护的政策法规建设、投入机制和组织工作体系等进行探索,推动同一门类非物质文化遗产保护的思路和方法。为更好地推动湖南省的非物质文化遗产保护工作,建立县、市、省级非物质文化遗产代表作名录体系,组织各类文化、科研和高校等单位加强对非物质文化遗产的研究、认定和保存传播工作。

(2)2006年,湖南省政府发文《湖南省人民政府关于切实做好文化遗产保护工作的通知》(湘政发〔2006〕24号),再次明确充分认识保护文化遗产的重要性和紧迫性,进一步明确加强文化遗产保护的指导思想和工作目标,通过做好文物普查工作、编制文物保护规划、合理利用文物资源等数十个方面切实加大物质文化遗产保护工作力度。通过积极开展非物质文化遗产普查工作、加快制定非物质文化遗产保护规划、组织非物质文化遗产保护试点工作、建立非物质文化遗产代表作名录体系、积极抢救珍贵非物质文化遗产、建立科学有效的非物质文化遗产传承机制等方面积极推进非物质文化遗产保护工作。

(二)湖南省法规

2016年,湖南省第十二届人民代表大会常务委员会第二十二次会议通过《湖南省实施

〈中华人民共和国非物质文化遗产法〉办法》（2016年）（以下简称《实施办法》），湖南的非物质文化遗产保护工作有法可依。实施办法规定：县级以上人民政府应当依法建立本级非物质文化遗产代表性项目名录。县级人民政府文化主管部门负有对濒临消失的非物质文化遗产代表性项目进行抢救性记录，运用科技手段将其内容、表现形式、技艺流程等进行全面、真实的记录，并收集整理有关实物资料予以妥善保存的责任。在加强非物质文化遗产保护和传承方面，《实施办法》规定：县级以上文化主管部门应当明确非物质文化遗产项目保护单位及传承人。代表性项目保护单位必须履行制定并实施该项目保护计划，全面收集、保管该项目的实物、资料并登记、整理、建档，有效保护该项目所依存的场所等职责；代表性项目传承人享有开展传艺、展示技艺、教学以及学术研究、交流等活动，享受政府规定的传承补助，向他人提供有关原始资料、实物、场所等权利。

对于非物质文化遗产资源丰富、集中且保持较完整，具有重要历史文化价值和广泛群众基础的特定区域，《实施办法》明确县级以上人民政府可以设立文化生态保护区，对非物质文化遗产实行区域性整体保护。与非物质文化遗产代表性项目直接关联的建筑物、场所、遗迹及其附属物，县级以上人民政府应当划定保护范围，并在文物保护、城乡规划和建设中采取有效措施予以保护。

《实施办法》规定了非物质文化遗产保护、保存应当注重其真实性、整体性和传承性，坚持保护为主、抢救第一、合理利用、传承发展的方针；明确了相关部门的法律责任，以及非遗项目保护单位和传承人的权利和义务，对非遗资源丰富的少数民族地区、边远贫困地区给予资金、人才方面的扶持等条款，为湖南的非物质文化遗产事业提供切实有力的法制保障。

《实施办法》建立了代表性项目、项目保护单位和传承人的退出机制。《实施办法》的第十一条、第十三条、第十七条分别规定了项目、保护单位和传承人的退出机制，促使他们从"重申报"向"重保护"转变，推动我省非遗保护工作向纵深发展。

《实施办法》还明确了法律责任，县级以上人民政府文化主管部门和其他部门对濒临消失的非物质文化遗产项目未采取有效措施进行抢救性保护并造成严重后果、不依法制定非物质文化遗产代表性保护规划或者不对保护规划的实施进行监督检查并造成严重后果等情形，将对直接负责的主管人员和其他直接责任人员依法追究法律责任。

典型案例

2015年11月21日，原告谭江注册了第15388598号"御骨堂+图形"商标。2017年3月23日，被告余志斌保健按摩店注册，经营者余志斌。2017年3月1日郑州御骨堂生物科技有限公司(以下简称"御骨堂公司")与余志斌签订合作协议，授权其在湖南省长沙市岳麓区设立郭氏御骨堂加盟店。

御骨堂公司提交了湘潭市雨湖区人民政府出具的《关于公布第四批区级非物质文化遗产项目名录及第三批区级非物质文化遗产项目代表性传承人的通知》，拟证明"御骨堂"的知名度。经本院组织质证，对御骨堂公司提交的新证据，余志斌保健按摩店对真实性、合法性无异议，但对关联性有异议，认为不能达到其证明目的。本院认为，御骨堂公司提交的证据真实、合法与本案有关联，本院予以采信。法院经审查，郑州御骨堂生物科技有限公司申请注册的第22723101号商标系"郭氏御骨堂"文字商标,而非"郭氏御骨堂+图形"商标,法院予以纠正。

关于余志斌保健按摩店的行为是否构成商标侵权。本案中,被上诉人的企业名称为"长沙市岳麓区余志斌保健按摩店",其提供的系理疗、按摩服务,据此可以认定余志斌保健按摩店提供的服务包含理疗服务,与涉案商标核定使用服务第44类中的"理疗"属于相同服务。另就商标的功能来说,商标使用主要在于区分和识别商品或服务来源。本案被诉侵权标识突出使用在涉案店铺招牌的正中间,起到了标识服务来源地作用,系商标性使用。御骨堂公司诉请保护商标系"御骨堂"图文商标,消费者注意并呼叫的部分主要系"御骨堂"三个字。被诉侵权标识"郭氏御骨堂"中的"郭氏"一般用于指代姓氏,在"御骨堂"图文商标已经注册,且"御骨堂"作为主要识别部分的情况下,余志斌保健按摩店在"御骨堂"前附加姓氏容易引起相关公众的误认,会误认余志斌保健按摩店与御骨堂公司在理疗服务上具有一定的联系。特别是在"御骨堂"经过御骨堂公司持续地使用推广,在理疗服务上具有一定知名度的情况下,普通消费者在对文字字样予以识别的过程中认定二者近似的可能性更大。因此,被诉侵权标识"郭氏御骨堂"与诉请保护的"御骨堂"图文商标构成近似,且在"御骨堂"图文商标有一定知名度的情况下,在"御骨堂"前加上姓氏容易淡化"御骨堂"商标的识别性,对"御骨堂"图文商标权造成损害。余志斌保健按摩店抗辩"御骨堂"系对服务功能、用途的描述,涉案商标显著性弱。对此法院认为,余志斌保健按摩店未提交证据证明"御骨堂"系理疗行业的通用名称,在御骨堂公司的"御骨堂"图文商标系注册商标且现行有效的情况下,该商标权应受保护。综上,余志斌保健按摩店未经许可在相同服务上使用与涉案商标近似的标识,容易造成相关公众对服务来源产生混淆和误认,构成商标侵权。

关于责任的承担。本案中,御骨堂公司未提交证据证明因被侵权所受到的实际损失、侵权人因侵权所获得的利益以及注册商标许可使用费,综合考虑涉案"御骨堂"图文商标的知名度,余志斌保健按摩店的侵权期间、主观过错程度,当地的经济发展水平,以及御骨堂公司为制止侵权所支付的合理开支,法院酌情确定余志斌保健按摩店赔偿御骨堂公司30000元(含合理维权费用)。

综上,御骨堂公司的上诉请求部分成立。判决如下:

1.撤销湖南省长沙市中级人民法院(2019)湘01知民初239号民事判决;

2.长沙市岳麓区余志斌保健按摩店于本判决生效之日起立即停止侵犯湘潭市御骨堂保健有限公司第15388598号注册商标专用权的行为;

3.长沙市岳麓区余志斌保健按摩店于本判决生效之日起十日内,赔偿湘潭市御骨堂保健有限公司30000元(含合理维权费用);

4.驳回湘潭市御骨堂保健有限公司的其他诉讼请求。

三、湖南省地方关于非物质文化遗产保护的相关法规

除了全省范围内的立法外,湖南省非物质文化遗产保护工作还针对各地方进行法律条文方面的规范,其中湘西民族区域自治州的立法工作最早启动。湘西州人大常委会在组织民族区域自治立法的过程中,把民族区域自治这一地方特色,摆在立法的突出位置,使立法规范"接地气"。

2006 年 6 月 10 日,《湘西土家族苗族自治州民族民间文化遗产保护条例》(以下简称《条例》)正式施行,从此民族民间文化遗产保护工作,被纳入了全州各级政府的工作日程,推动了民族民间文化遗产的抢救和挖掘。

2011 年《中华人民共和国非物质文化遗产法》(以下简称《非遗法》)颁布后,省内专家以《非遗法》为指导,结合本区域内民族政治、经济、文化、社会等特色,立足于各县市具体非遗保护工作,对《条例》的名称、抢救与保护、认定与传承、管理与利用等方面提出了切实有效的修改建议。在《条例》中对非遗代表性项目保护单位的有关内容做了比较详细的规定,并完善了项目保护单位的监督和退出机制。为加强文化生态保护区建设,《条例》因地制宜,对民间原生性文化生态保护区、民族文化艺术之乡保护主体等做出了明确规定,体现出鲜明的地方特色。

2010 年 5 月,"武陵山区(湘西)土家族苗族文化生态保护试验区"获得文化部批准,同年 11 月在州府吉首市正式挂牌,是湖南省首个国家级文化生态保护试验区。

截至 2018 年底,湘西州共有国家重点文物保护单位 13 处,国家级民族民间文化艺术之乡 3 个,国家级非物质文化遗产保护名录 26 项,国家级代表性传承人 33 位,湘西苗族赶秋被列为联合国人类非物质文化遗产项目。2013 年 7 月,《老司城遗址保护条例》颁布实施,为2015 年 7 月 4 日永顺县老司城成功入选世界文化遗产奠定了坚实的基础。为推动湘西州历史文化名城名镇的保护,自 2004 年开始,经过多次制定、修订与修改,《凤凰历史文化名城保护条例》《里耶历史文化名镇保护条例》《边城历史文化名镇保护条例》和《浦市历史文化名镇保护条例》先后实施。四个古城古镇条例实施后,湘西州从国家和省府争取了上亿元的保护资金,为古城古镇的修缮、文物保护、设施配套、开发利用提供了法制保障。2019 年 6 月,芙蓉镇历史文化名镇立法工作正式启动,至此,湘西州将实现国家级历史文化名城名镇立法保护的全覆盖。

随堂练习 >>

《中华人民共和国非物质文化遗产法》于( )正式通过。

A. 2009 年 2 月 25 日　　　　　　B. 2010 年 2 月 25 日

C. 2011 年 2 月 25 日　　　　　　D. 2012 年 2 月 25 日

思考探究 >>

1. 非物质文化遗产保护的法律分类中哪一类比较容易被触犯而不自知?我们应该如何尽量避免?

2. 请综合运用网络、实地调研等方式,分析目前湖南省的非物质文化遗产政策主要侧重哪些片区?我们应该怎样更全面地从政策层面进行活态传承?

参考文献

专著

[1] 王文章. 非物质文化遗产概论[M]. 北京：文化艺术出版社，2006.

[2] 湖南省文化厅. 湖南省非物质文化遗产资源分布图集[M]. 长沙：湖南人民出版社，2015.

[3] 湖南省文化厅. 湖湘文库(湖南省非物质文化遗产名录)[M]. 长沙：湖南人民出版社，2009.

[4] 陈平. 中国非物质文化遗产发展报告(2015)[M]. 长沙：社会科学文献出版社，2015.

[5] 杨红. 非物质文化遗产数字化研究[M]. 北京：社会科学文献出版社，2014.

[6] 宋俊华，王开桃. 非物质文化遗产保护研究[M]. 广州：中山大学出版社，2013.

[7] 汪欣. 传统村落与非物质文化遗产保护研究[M]. 北京：知识产权出版社，2014

[8] 冯骥才. 中国非物质文化遗产百科全书·代表性项目卷(上、下)[M]. 北京：中国文联出版社，2015.

[9] 李龙. 人本法律观研[M]. 北京：中国社会科学出版社，2006.

[10] 孙文辉. 蛮野寻根：长沙：湖南非物质文化遗产源流[M]. 岳麓书社，2015.

[11] 湖南省文化厅. 湖湘文库(湖南省非物质文化遗产名录)[M]. 长沙：湖南人民出版社，2009
(12)：1-14.

[12] 张永安. 泸溪县志[M]. 北京：社会科学文献出版社，1993.

[13] (宋)赵希鹄. 洞天清录[M]. 杭州：浙江人民美术出版社，2006.

[14] (清)江昱. 潇湘听雨录卷八[M]. 乾隆二十八年(1763)刊本.

[15] (清)张官五，吴嗣仲等. 沅州府志卷二十物产[M]. 同治十二年(1873)刊本.

[16] 陈廷亮. 守护民族精神家园——湘西少数民族非物质文化遗产研究[M]. 北京：世界图书出版公
司，2013.

[17] 彭继宽、彭勃. 土家族摆手活动史料辑[M]. 长沙：岳麓书社，2000.

[18] 湖南省文化厅. 湖湘文库(湖南省非物质文化遗产名录)[M]. 长沙：湖南人民出版社，2009(12).

期刊

[1] 熊英. 非物质文化遗产的界定[J]. 中国地质大学学报(社会科学版)，2008，8(5)：33-38.

[2] 彭岚嘉. 物质文化遗产与非物质文化遗产的关系[J]. 西北师大学报(社会科学版)，2006，43
(6)：102-104.

[3] 韩成艳. "非物质文化遗产"概念的理论建设尝试[J]. 广西民族大学学报(哲学社会科学版)，2020，42
(2)：53-58.

[4] 叶伟平. 湖南非物质文化遗产的特征及价值[J]. 艺术中国，2018(7)：127-129.

[5] 徐美辉. 湖南非物质文化遗产生成发展的环境及其特征[J]. 文史博览(理论)，2010(4)：22-24.

[6] 贺小荣，易佳. 湖南省非物质文化遗产时空分布特征及影响因素分析[J]. 中国林业科技大学学报(社会
科学版)，2018，12(04)：75-82.

[7] 徐美辉. 湖南非物质文化遗产普查报告(一)[J]. 文艺生活(艺术中国), 2012(9): 112-119.

[8] 徐美辉. 湖南非物质文化遗产普查报告(二)[J]. 文艺生活(艺术中国), 2012(10): 120-127.

[9] 徐美辉. 湖南非物质文化遗产普查报告(三)[J]. 文艺生活(艺术中国), 2012(12): 102-109.

[10] 李荣启. 论非物质文化遗产保护的主要原则与方法[J]. 广西民族研究, 2008(2): 185-190.

[11] 陈雅忱. 湖南省非物质文化遗产的保护与地方性开发路径[J]. 经济地理, 2020, 40(2): 227-232.

[12] 刘原. 非物质文化遗产及其法律保护体系探析[J]. 人文天下, 2020(23): 42-46.

[13] 邓建辉, 单人俊. 我国非物质文化遗产的法律保护研究[J]. 人民论坛. 2011(7): 98-99.

[14] 吴汉东. 论传统文化的法律保护——以非物质文化遗产和传统文化表现形式为对象[J]. 中国法学, 2010(1): 50-62.

[15] 徐辉鸿. 非物质文化遗产传承人的公法与私法保护研究[J]. 政治与律, 2008(2): 76-81.

[16] 安雪梅. 非物质文化遗产保护与知识产权制度的兼容与互动[J]. 河北法学, 2007(12): 65-70.

[17] 牛爱军, 虞定海. 非物质文化遗产与民族传统体育研究中若干问题的思考——兼与王晓同志商榷[J]. 上海体育学院学报, 2007, 31(4): 57-59+69.

[18] 祁庆富. 论非物质文化遗产保护中的传承及传承人[J]. 西北民族研究, 2006(3): 114-123+199.

[19] 李顺德. 非物质文化遗产的法律界定及知识产权保护[J]. 江西社会科学, 2006(5): 7-12.

[20] 费安玲. 非物质文化遗产法律保护的基本思考[J]. 江西社会科学, 2006(5): 12-16.

[21] 陈庆云. 非物质文化遗产保护法律问题研究[J]. 中央民族大学学报, 2006(1): 40-44.

[22] 李宗辉. 非物质文化遗产的法律保护——以知识产权法为中心的思考[J]. 知识产权, 2005(6): 54-57.

[23] 黄明珠. 论舞蹈教育在素质教育中的作用[J]. 福建师范大学学报(哲学社会科学版), 1999(3): 151-153.

[24] 刘大可. 明、清官式琉璃艺术概论(上)[J]. 古建园林技术, 1995(4): 29-32. 明跃玲. 盘瓠神话与瓦乡人的认同[J]. 黑龙江民族丛刊, 2006(5): 78.

[25] 杨俊军. 梅山武术及其文化特征[J]. 体育成人教育学刊, 2004, 20(5): 34-35.

[26] 彭西. 梯玛歌的传承与变迁——以彭继龙的表演为例[J]. 民族音乐, 2019(6): 16-18.

[27] 任志强. 盘瓠神话的历史原型与形成因素[J]. 文教资料, 200(28): 106-108.

[28] 胡晓. 论瑶族《盘王大歌》的艺术特征及文化功能[J]. 广西科技师范学院学报, 2017, 32(3): 28-30.

[29] 张映兰. 洞庭渔歌的界定及其分类研究[J]. 云梦学刊, 2013(5): 124-126.

[30] 许昊, 柳集文. 传统音乐类非物质文化遗产的生存现状与整合传播——基于湖南岳阳洞庭渔歌的考察[J]. 传媒论坛, 2020(7): 121-126.

[31] 熊晓辉. 文化生态视域下的土家族民歌研究[J]. 昌吉学院学报, 2016(8): 1-10.

[32] 张璨. 浏阳文庙祭孔礼乐的变迁及当代呈现[J]. 人民音乐, 2016(10): 68-70.

[33] 张璨. 祭孔礼乐之民族文化价值探析——以浏阳文庙祭孔为例[J]. 学术前沿, 2017(9): 119-122.

[34] 王义彬, 徐成彬. 浏阳古乐"非遗"特性与传承研究[J]. 音乐传播, 2013(2): 17-20.

[35] 罗婉红. 非物质文化遗产保护视野下苗族鼓舞的传承与发展——基于湘西州的考察[J]. 南京体育学院学报, 2012(10): 9-12.

[36] 向水针, 李亚男, 李林. 湖南瑶族长鼓舞文化遗产保护现状及其传承研究[J]. 大众体育, 2016(9): 147-148.

[37] 周生来, 刘玲燕. 瑶族祭祀语境下瑶族长鼓舞的文化阐释[J]. 清远职业技术学院学报, 2018(6): 15-18.

[38] 赵勇. 由"美"中来再到"美"中去——初探瑶族长鼓舞之"美"[J]. 黄河之声, 2013(10): 110-111.

[39] 胡翔飞. 湘南汝城"香火龙"艺术研究[J]. 艺术科技, 2016(8): 57.

[40] 徐晓琴, 雷军蓉. 村落民俗体育非物质文化遗产的传承模式——以郴州汝城香火龙考察为例[J]. 搏击

· 武术科学. 2010(12)：96-98.

[41] 覃嫔. 芷江侗族鳌龙舞的艺术特征[J]. 音乐创作. 2013(11)：168-170.

[42] 刘筱凛. 传统村落的保存现状与对策思考——以城步古村落为例[J]. 青春岁月，2017(12)：426-427.

[43] 袁杰雄. 文化符号学视域下舞蹈符号圈的整体性特征分析——以洞口瑶族棕包脑舞蹈为例[J]. 长江师范学院学报，2019(6)：72-82.

[44] 谭萌. 从生活仪式到舞台展演："非遗"视野下土家族撒叶儿嗬仪式的变迁[J]. 贵州民族研究，2019(1)：98-103.

[45] 周佳欢. 桑植白族"仗鼓舞"的当代变迁[J]. 歌海，2015(1)：77-79.

[46] 张佩. 湖南省隆回县滩头木版年画的传承与发展[J]. 课程教育研究，2013(35)：220.

[47] 许凡、徐青青. 湖南湘绣艺术特色研究[J]. 南京艺术学院学报，2008(6)：127-130.

[48] 申瑞瑾. 云端上的溆浦花瑶[J]. 散文百家，2015(6)：51-53.

[49] 彭秀莲. 苗画初探[J]. 民族论坛，2010(9)：47-48.

[50] 徐艺乙. 沅州石雕《鱼藻图》[J]. 民族艺术，2019(6).

[51] 李燕. 湘西土家织锦的艺术特色及现代变迁[J]. 中国艺术研究院，2020(7)：45-49.

[52] 段知力. 浅析湘西凤凰县苗族银饰锻制技艺的旅游价值与开发[J]. 才智，2016(19)：269.

[53] 宋燧文. 谈谈烟花爆竹的文化功能[J]. 标准生活，2018(2)：74-77.

[54] 黎波. 湖南地域特色文化产品的传承发展之路——醴陵釉下五彩瓷[J]. 陶瓷科学与艺术，2018，52(10)：14-16.

[55] 万清. 通道侗锦典型纹样的美学特征与艺术性研究[J]. 美与时代：创意(上)，2017(4)：17-18.

[56] 徐星航. 基于"非遗"概念下的安化黑茶多元价值分析[J]. 中国商贸，2014(2)：163-164.

[57] 何力、谭智琼. 湘西凤凰蓝印花布艺术特征探析[J]. 美术大观，2016(12)：96-97.

[58] 黄菁. 土家族吊脚楼营造技艺传承与保护策略[J]. 作家，2014(6)：227-228.

[59] 王忆萍. 九芝堂——雨沧桑四百年[J]. 老字号品牌营销，2020(9)：1-2.

[60] 刘绪银，孙燕，孙炜，孙江波，廖怀章. 孙氏正骨术学术思想探讨[J]. 湖南中医杂志，2015(11)：4-7.

[61] 高欢欢，刘可慧. 湘昆剧目中的湖湘特色[J]. 华夏艺谭，2015(8)：16-19.

[62] 周秦. 吴歌楚舞各千秋——谈湘昆艺术的审美特征[J]. 苏州科技大学学报(社会科学版)，2019(1)：58-62.

[63] 李燕. 湘西北辰州傩戏的特征及其传承价值[J]. 湖南工业大学学报(社会科学版)，2015(10)：111-114.

[64] 张文华. 辰州傩戏特征初探[J]. 中国音乐，2010(2)：181-183.

[65] 刘冰清，王文明. 辰州傩戏、傩技古朴神奇的活性美[J]. 湖南文理学院学报(社会科学版)，2008(3)：90-91.

[66] 杨果朋. 侗族"咚咚推"的艺术特征及赏析[J]. 中国音乐，2009(2)：184-191.

[67] 覃嫔. 侗族傩戏"咚咚推"的表演特征及价值初探[J]. 科技信息(学术研究)，2008(11)：697-698.

[68] 钮小静，张敏，王淑贞，王文明. 侗族傩戏"咚咚推"的构成与特点新探[J]. 艺术研究，2014(8)：121-123.

[69] 徐益，翟婧媛. 湘中梅山傩戏传承现状与解困论析——以梅山傩戏代表性坛班阳君坛为例[J]. 贵州大学学报(艺术版)，2019(8)：75-78.

[70] 周邦春. 梅山祭祀乐舞——傩戏的历史衍变及内涵特征分析[J]. 艺术评鉴，2020(3)：153-155.

[71] 熊晓辉. 辰河高腔的行当与表演技巧[J]. 贵州工程应用技术学院学报，2016(5)：116-120.

[72] 蔡多奇，王文笑. 辰河高腔目连戏的音乐特点及其发展的思考[J]. 音乐创作 2011(4)：142-144.

[73] 熊晓辉. 辰河高腔的行当与表演技巧[J]. 贵州工程应用技术学院学报，2016(5)：116-120.

[74] 蔡多奇，王文笑. 辰河高腔目连戏的音乐特点及其发展的思考[J]. 音乐创作，2011(4)：142-144.

［75］彭泽科. 湖南皮影本体技艺的传承与创新发展初探［J］. 中国木偶皮影艺术学会会议论文集，2013（11）：94-99.

［76］张映兰. 洞庭渔歌的界定及其分类研究［J］. 云梦学刊，2013（5）：124-126 .

［77］许昊，柳集文. 传统音乐类非物质文化遗产的生存现状与整合传播——基于湖南岳阳洞庭渔歌的考察［J］. 传媒论坛，2020（7）. 121-126.

［78］张璨. 浏阳文庙祭孔礼乐的变迁及当代呈现［J］. 人民音乐，2016（10）：68-70.

［79］张璨. 祭孔礼乐之民族文化价值探析——以浏阳文庙祭孔为例［J］. 学术前沿，2017（9）：119-122.

［80］王义彬，徐成彬. 浏阳古乐"非遗"特性与传承研究［J］. 音乐传播. 2013（2）：17-20.

［81］罗婉红. 非物质文化遗产保护视野下苗族鼓舞的传承与发展——基于湘西州的考察［J］. 南京体育学院学报，2012（10）：9-12.

［82］向水针，李亚男，李林. 湖南瑶族长鼓舞文化遗产保护现状及其传承研究［J］. 大众体育，2016（9）：147-148.

［83］周生来，刘玲燕. 瑶族祭祀语境下瑶族长鼓舞的文化阐释［J］. 清远职业技术学院学报，2018（6）：15-18.

［84］赵勇. 由"美"中来再到"美"中去—初探瑶族长鼓舞之"美"［J］. 黄河之声，2013（10）：110-111.

［85］胡翔飞. 湘南汝城"香火龙"艺术研究［J］. 艺术科技，2016（8）：57.

［86］徐晓琴，雷军蓉. 村落民俗体育非物质文化遗产的传承模式——以郴州汝城香火龙考察为例［J］. 博击·武术科学. 2010（12）：96-98.

［87］覃嫄. 芷江侗族擎龙舞的艺术特征［J］. 音乐创作，2013（11）：168-170.

［88］刘筱凛. 传统村落的保存现状与对策思考——以城步古村落为例［J］. 青春岁月，2017（12）：426-427.

［89］袁杰雄. 文化符号学视域下舞蹈符号圈的整体性特征分析——以洞口瑶族棕包脑舞蹈为例［J］. 长江师范学院学报，2019（6）：72-82.

［90］谭萌. 从生活仪式到舞台展演："非遗"视野下土家族撒叶儿嗬仪式的变迁［J］. 贵州民族研究，2019（1）：98-103.

［91］周佳欢. 桑植白族"仗鼓舞"的当代变迁［J］. 歌海，2015（1）：77-79.

［92］许凡、徐青青. 湖南湘绣艺术特色研究［J］. 南京艺术学院学报，2008（6）.

［93］彭秀莲. 苗画初探［J］. 民族论坛，2010（9）.

［94］徐艺乙. 沅州石雕《鱼藻图》［J］. 民族艺术，2019（6）.

［95］李燕. 湘西土家织锦的艺术特色及现代变迁［J］. 中国艺术研究院. 2020（7）：45-49.

［96］段知力. 浅析湘西凤凰县苗族银饰锻制技艺的旅游价值与开发［J］. 才智，2016，（19）：269.

［97］宋燧文. 谈谈烟花爆竹的文化功能［J］. 标准生活，2018（2）：74-77.

［98］黎波. 湖南地域特色文化产品的传承发展之路——醴陵釉下五彩瓷［J］. 陶瓷科学与艺术，2018（10）.

［99］万清. 通道侗锦典型纹样的美学特征与艺术性研究［J］. 美与时代：创意（上），2017（4）：17-18.

［100］徐星航. 基于"非遗"概念下的安化黑茶多元价值分析［J］. 中国商贸，2014（2）：163-164.

［101］何力，谭智琼. 湘西凤凰蓝印花布艺术特征探析［J］. 美术大观，2016（12）：96-97.

［102］徐美辉. 长沙窑铜官陶瓷生产性保护的新探索［J］. 文艺生活（艺术中国），2014（5）：109-112.

［103］黄菁. 土家族吊脚楼营造技艺传承与保护策略［J］. 作家，2014（6）：227-228.

［104］王忆萍. 九芝堂——雨沧桑四百年［J］. 老字号品牌营销. 2020（9）：1-2.

［105］刘绪银，孙燕，孙炜，孙江波，廖怀章. 孙氏正骨术学术思想探讨［J］. 湖南中医杂志. 2015（11）：4-7.

学位论文

［1］李墨丝. 非物质文化遗产保护法制研究［D］. 华东政法大学，2009.

［2］王琨. 我国非物质文化遗产保护政策体系研究［D］. 西安：长安大学，2012.

［3］舒景. 沅陵传统龙舟运动的历史传承与现代发展［D］. 吉首：吉首大学，2015.

[4]向荫耀. 辰河目连戏之探究[D]. 郑州：河南大学. 2012.

[5]杨婷. 岳阳巴陵戏艺术特征和保护传承研究[D]. 长沙：湖南师范大学. 2011.

[6]谭真明. 湖南花鼓戏研究[D]. 曲阜：曲阜师范大学，2007.

[7]雷济菁. 长沙弹词唱腔研究[D]. 长沙：湖南师范大学，2007.

[8]郑爱华. 武冈丝弦艺术研究[D]. 长沙：湖南师范大学，2010.

[9]唐佳乐. 浅析武冈丝弦的艺术特征与表现形式[D]. 长沙：湖南师范大学，2018.

[10]曾文彬. 常德丝弦的艺术特征及说唱研究[D]. 湘潭：湖南科技大学，2017.

[11]洞庭渔歌的艺术特色分析——以《好多码头下河来》、《十二月渔民苦》为例[D]. 天津：天津音乐学院，2016.

[12]郑爱华. 武冈丝弦艺术研究[D]. 长沙：湖南师范大学，2010.

[13]徐晓琴. 非物质文化遗产视角下湖南民间舞龙运动的流变及发展前景研究[D]. 长沙：湖南师范大学. 2009.

[14]谌莉. 湘西苗族鼓舞生存现状与开发对策研究[D]. 北京：中国艺术研究院，2014.

[15]胡平秀. 湘西毛古斯的开展现状及传承发展对策的研究[D]. 北京：北京体育大学，2012.

[16]王竞. 湘西土家族摆手舞的活态传承研究[D]. 长沙：湖南师范大学，2014.

[17]朱梓珺. 芷江侗族非物质文化遗产旅游开发研究[D]. 兰州：西北师范大学. 2019.

[18]王昌武. 城步苗族吊龙舞研究[D]. 桂林：广西师范大学. 2012.

[19]孙萌竹. 城步苗乡吊龙文化研究[D]. 北京：中国艺术研究院. 2013.

[20]罗昕. 湖南南县地花鼓的舞蹈艺术特征研究[D]. 长沙：湖南师范大学. 2014.

[21]王璐璐. 土家族撒叶儿嗬之传承与变迁——野三关撒叶儿嗬的个案研究[D]. 武汉：中南民族大学. 2007.

[22]朱梓珺. 芷江侗族非物质文化遗产旅游开发研究[D]. 兰州：西北师范大学. 2019.

[23]孙萌竹. 城步苗乡吊龙文化研究[D]. 北京：中国艺术研究院. 2013..

网站

[1]联合国教科文组织官方网站 https://en.unesco.org/.

[2]湖南日报 https://china.huanqiu.com/article/9CaKrnJWdst.

[3]华声在线 https://hunan.voc.com.cn/article/201910/201910140828178772.html.

[4]联合国教科文组织官方网站 http://www.unesco.org/culture/ich/en/convention.

[5]湖南非物质文化遗产官网 http://www.huaxia.com/.

[6]中国非物质文化遗产网·中国非物质文化遗产数字博物馆. http://www.ihchina.cn/Article/Index/detail?id=13877，2018-12-14.